ALBERTO TESSORE

Farfalle in volo

Continuo viaggio alla ricerca di...

Farfalle in volo/Continuo viaggio alla ricerca di...

Autore - *Alberto Tessore*

Copyright 2024 by *Alberto Tessore*

Progetto di copertina
Alberto Tessore

Impaginazione grafica
Ubaldo Munzi

Disegni
Anna Girault

Immagine farfalle
design by *freepik*

Print ISBN: 978-1-4457-3197-1

Stampa: Lulu.com

a Anna, Dag, Dorian
a Catherine, compagna di vita
agli amici più cari

Indice

Aprire gli occhi sul mondo   13

Sognando l'India   28

Turchia, Iran, Afghanistan   38

Finalmente in India - Incontro con Nehru   51

Trionfo e morte della Balilla   67

L'India del Sud   77

Inizia il ritorno avventuroso   90

Fotoreporter in giro nel mondo   104

Un anno in America Latina   124

Alla ricerca di nuova vita   156

Vita in Italia   178

Etiopia   201

Nuova vita in Italia: progetti artistici   221

Ultimi slanci di vita   252

Postfazione   270

Prefazione

Non ci avevo mai pensato, di voler raccontare la mia vita... non la consideravo di tale rilievo... ma col passare degli anni, ho realizzato che sarebbe stato interessante... suggerendomi di raccontare i miei viaggi... soprattutto quello in India, dove ero andato con una vecchia Balilla.
Fin da giovane, avevo tenuto i miei diari, strumenti per colloquiare con me stesso, usati intensamente, essendo io sempre stato un solitario, salvo rari incontri...

Su continuo suggerimento, ho cominciato a raccontare il viaggio in India... facendolo però, mi è parso ovvio mettere in luce la motivazione del viaggio... come ero riuscito a farlo, e cosa aveva significato per me quel viaggio... come ne ha spalancato la strada a tanti altri, nel corso degli anni, con continui cambiamenti di vita... avendo, come punto centrale, il *cercarne un senso...* del viaggiare... ma sopratutto *della vita...*
Ho vissuto situazioni strane, che mi è parso logico raccontare... ho cominciato riguardando i vecchi diari, che non aprivo da tempo... cercando di ricordare i tanti momenti curiosi... situazioni injconsuete, talvolta rischiose, ma che hanno contribuito ad arricchirmi la vita.

Ormai ho 87 anni... e quasi uno intero, l'ho dedicato a scrivere questo libro... ne sono soddisfatto, poiché mi ha fatto rivivere momenti della vita, alcuni importanti, che mi han perfino fatto venire lacrime agli occhi... la vita si matura gradualmente... ho imparato a dare giudizi di me stesso... mi piace condividere tutto ciò con gli amici più cari... e forse dare la possibilità a qualche nipotino, di conoscere la vita del nonno.

Oggi, siamo sopraffatti da internet... la rete ci offre praticamente tutto... mentre al tempo della mia gioventù, la vita si svolgeva differentemente... anche il modo di viaggiare era diverso... i paesi europei erano padroni di gran parte del mondo... nell'arco dei 70 anni di vita che ricordo... il mondo è cambiato radicalmente...

I romanzi sono spesso la storia di una vita inventata, immaginata... in questo caso, è *la mia storia*... viaggiando per anni in giro per il mondo... poi, stabilendomi nella campagna laziale... come contadino e professore d'inglese... poi, per cinque anni, in Etiopia, col Ministero degli Affari Esteri... dal quale mi auto licenziai con rabbia... situazione mai successa nel settore del ministero, per il quale lavoravo... inventandomi poi nuove strade di vita... così mi tuffai nel mondo dell'arte... sviluppando e facendo vivere situazioni artistiche di rilievo... ho pubblicato alcuni libri... cercando di giocare con la vita, prendendola spesso alla buona, ridendoci sopra come in queste due foto... giocando coi miei figli bambini... facendo loro conoscere il mondo della poesia, che io vivo quotidianamente nel mio studio, il quale si arricchisce, anche grazie a regali di altri artisti, amici che intendono lasciare traccia della propria vita, ma che inconsciamente mi aiutano a sviluppare nuove idee in questo spazio, in cui amo ancora vagare..

con un grazie

a Catherine e Dorian che mi hanno convinto a fare questo libro

a Dag e alla mia amica Lula per la correzione delle bozze

a Anna, che segue corsi di disegno e di pianoforte, per i 6 disegni qui presenti

all'amico Ubaldo, per aver curato l'impaginazione grafica e per il continuo aiuto in tutto ciò che riguarda problemi col computer, che io uso quotidianamente senza amarlo…

piacere di scrivere e leggere

io uso molto i 3 punti (…), perché mi piace immaginare che questo libro sia come un testo, che leggo a voce alta… quindi, lasciare spesso un breve spazio di ripensamento… immaginare qualcosa… del resto, mi sento libero di utilizzare la punteggiatura come meglio mi pare…

ho usato quasi sempre il verbo al presente… come se il testo fosse stato scritto allora e non adesso… perché ritengo che dia maggiore intensità… sono l'Alberto di allora che… pensa, ragiona, decide.

Aprire gli occhi sul mondo

Comincio con due parole da piccolo, quando ho vissuto la guerra... ricordo la splendida villa a due piani con giardino e spazio per un grande orto, che mio padre aveva costruito in periferia torinese, e che vide totalmente distrutta da un bombardamento nel 1944, dopo solo sei anni da quando avevamo cominciato a viverci.

Fortunatamente da alcuni mesi non vivevamo più in quella casa, essendo, come molti altri, sfollati, costretti a vivere in due sole stanze in un casolare di una piccolissima borgata, nella campagna intorno a Giaveno, paese in cui, dopo due anni, ci trasferimmo avendo trovato un alloggio più grande, e dove, almeno, c'erano le scuole. Ho fatto le elementari dalle suore, con classi diverse per i maschietti e le femminucce, e la quinta nel seminario regionale, che aveva sede a Giaveno.

La media dai Salesiani, ma poi sono tornato al seminario per i due anni del ginnasio e l'inizio del primo anno di liceo... finalmente, mio padre decise di affittare un appartamento a Torino... troppo faticoso per i figli maggiori andare ogni giorno a scuola in treno... mi sono allora trovato catapultato in una classe liceale, dove tutti già si conoscevano... due file di banchi per le femmine, una per i maschi... non restava che un solo posto libero, accanto a una ragazza... mi sono sentito piuttosto stralunato....

Mi trovo contento di vivere in città... improvvisamente, dopo anni di vita in campagna... ogni giorno attraversare il centro cittadino a piedi, per andare al liceo...

Incomincio a capire come funziona il mondo... nell'insieme, Torino non mi piace granché... è una città divisa tra gente che si considera partecipe di uno spirito più o meno nobiliare, grazie alla storia dei Savoia, e la massa di operai venuti dal sud, su richiesta della FIAT... spesso, sulle case, si trova scritto non si affitta ai terroni... qualificati come persone da poco... succede talvolta che non sappiano nemmeno utilizzare un bagno, credendolo una vasca per coltivare verdure!!!

Ho molta curiosità di comprendere come funziona la città... il mondo... desidero conoscere modi di vivere diversi da quello di Torino... ho voglia di vedere altre città... tutto mi spinge a viaggiare, fin da giovanissimo...

Il denaro in casa è pochissimo in quel periodo di dopoguerra... quindi per me, l'unico modo di viaggiare è in bicicletta... una vecchia bici di mio padre, che pesa 18 chili e ha un buon portapacchi, dove riesco a caricare fino a 10 chili.

Dopo continue scappate nei dintorni di Torino, il primo vero viaggio è con mio fratello maggiore, Sandro, insieme a mio cugino Gianfranco, per scoprire un pezzo d'Italia, dove non siamo mai stati: in dodici giorni visitiamo Genova, Firenze, Venezia, Verona e Milano. Facciamo almeno 100 chilometri al giorno, dormendo negli ostelli della gioventù, e visitando rapidamente le città... il nostro scopo è di conoscere un pezzo d'Italia, riuscendo a fare il viaggio, rinforzando i muscoli delle gambe, in vista di un viaggio ancor più lungo... dieci giorni a pedalare, mangiando panini portati da casa grazie a una zia, che lavora negli uffici che organizzano vacanze al mare o in montagna per i bambini, e che quindi ci può rifornire con pacchi di formaggio, scatolette di carne, e di tonno...

Siamo super fieri di aver visitato gli Uffizi, il museo di Firenze di cui tanto si parla anche a scuola, e le strade di Venezia con l'acqua da ogni parte... ma soprattutto, di poter dire che ce l'abbiamo fatta in così pochi giorni... gli ostelli costano poco, ma bisogna pur sempre pagare... e i soldi in tasca sono pochissimi... non si parla affatto di ristoranti... la sola cosa che si compera in viaggio è il pane.

Rientriamo felici e ipotizziamo subito di programmare un viaggio per l'estate prossima... io avrò 16 anni, mio fratello 20 e il cugino 17... l'ipotesi è quella di andare all'estero... per il piacere di essere usciti dall'Italia... di scoprire il mondo in un periodo balordo, quando si vedono ancora, ovunque, macerie della guerra.

Per un anno, non facciamo altro che ipotizzare quale sarebbe il migliore itinerario, non troppo lungo, perché i soldi sono limitati, ma con l'intenzione di visitare città importanti e, almeno, in due o tre paesi diversi. Mi do da fare, guardando continuamente l'atlante scolastico e, soprattutto, leggendo libri presi in biblioteca, per cercar di capire quali siano i paesi più interessanti...

Dopo mesi di ripensamento, il programma è deciso: andare in Olanda, passando per la Svizzera, dopo aver attraversato il Gran San Bernardo, la Germania lungo il Reno, attraversando un tratto del Belgio, per poi piantare la nostra bandierina in riva al mare dell'Olanda...

Mentre per il ritorno, attraverseremo una parte dalla Francia, il cui confine con l'Italia è a circa 100 chilometri da Torino.

Continue chiacchierate tra di noi, discutendo le varie difficoltà, ma comunque convinti che ci saremmo riusciti, anche se con una certa apprensione di dover attraversare il Gran San Bernardo, il che che significa spingere le bici sovraccariche fino a oltre 2.000 metri di altezza... impensabile, infatti, di salirci pedalando, visto che le bici non hanno il cambio e che il peso è notevole... ma il nostro entusiasmo è tale, che siamo proprio decisi, e siamo convinti che ce la faremo... quando arriva l'estate, partiamo con un programma ben preciso... durata 22 giorni... sappiamo dove ci fermeremo ogni notte: in grandi camerate di ostelli della gioventù, a prezzi minimi...

Partiamo, carichi all'estremo di cibo, datoci dalla cara zia... molta fatica per le ore di salita... ma la gioia di arrivare in cima al San Bernardo è tanta... ce l'abbiamo fatta!!!... s'inizia una lunga discesa in Svizzera... siamo all'estero, urliamo!!!... dopo quattro giorni arriviamo in Germania, il paese della guerra, che ha distrutto mezza Europa... pedaliamo lungo il Reno, il meraviglioso fiume tanto decantato dai poeti... dopo giorni, arriviamo a Colonia, la meravigliosa città di cui si parla nei libri di storia, ma che è ancora semidistrutta... chiese completamente in rovina...

La sera nelle camerate, ci godiamo il piacere di poter parlare con molti giovani di vari paesi, arrangiandoci con le poche parole straniere imparate a scuola, e che cerchiamo di ricordare, scrivendole su un piccolo block notes, portato apposta per tentare di capirsi un poco... finalmente, dopo 15 giorni... l'Olanda!!!

Ce l'abbiamo fatta... la meravigliosa Amsterdam con i suoi canali... quasi simile a Venezia... i giorni trascorrono veloci... ci rendiamo conto che il patto chiaro con i nostri genitori è che saremmo tornati dopo 22 giorni... troppo complicato telefonare per dare notizie... inutile spedire una lettera, che arriverà in ritardo... la posta va a rilento... quindi, bisogna mantenere la parola... solo sette giorni per rientrare, scendendo attraverso la Francia... il penultimo giorno restano 120 chilometri... 12 ore di pedalata!!... per poter arrivare a Torino il giorno seguente... in orario per abbracciare i genitori.

Son molto contento di avercela fatta a viaggiare all'estero in bicicletta, ma mi rendo conto che è stato molto faticoso, per cui approfitto quando un amico, i cui genitori affittano ad agosto una casa al mare, mi invita a passarci qualche giorno... dopo tanta fatica, potersi sdraiare in spiaggia... il dolce far niente... che però non riesco a godermi appieno, perché da tempo sono tormentato da un'idea fissa ... prima o poi dovrò andare in India... devo conoscere quel paese... stravaganza che continua a girarmi in testa... al punto che un giorno ne parlo con un'amica di scuola, i cui genitori sono interessati al buddismo e, di conseguenza, anche a lei piace parlare di religioni asiatiche e indiane... compero una minuscola scultura del Budda, che si trova facilmente in vendita, e gliela regalo dicendole... sono proprio convinto che prima o poi andrò in India... non so ancora come, ma lo sento... lei si mette a ridere... ma come farai mai?... ma lo sai quanto è distante l'India?... non riesco a capire da dove venga questa mia idea, ma mi ritorna frequentemente...

Dopo due estati al mare, ospite dell'amico, mi riprende il richiamo del viaggio all'estero... mio fratello ormai è grande e pensa ad altre cose, per cui la bicicletta non è più all'ordine del giorno... nel frattempo, però, sento sempre più parlare di ragazzi che riescono a girare l'Italia e anche l'Europa facendo l'autostop... ci provo anch'io, con uscite giornaliere in

Piemonte... e funziona!!!...posso viaggiare gratuitamente!!!

Inizio a guardare l'atlante dei paesi europei che più mi incuriosiscono, al fine di ipotizzare lunghi percorsi... i paesi che mi attirano maggiormente sono quelli più lontani, come la Turchia o il Portogallo, paese marittimo i cui esploratori sono stati i primi ad aver circuito l'Africa, andando alla scoperta del mondo asiatico, dell'India e dell'Indonesia ...

Il primo anno comincio con la Francia e l'Inghilterra... scopro Parigi e Londra, le capitali di cui si parla sempre a scuola, studiando storia... finalmente le vedo, ho il privilegio di riuscire a restare una settimana a Parigi, anche se ho pochi soldi, dormendo in un ostello, che ha grandi camerate a poco prezzo... visito il Louvre, dove vedo molte delle più importanti opere d'arte mondiali... e Londra, la capitale di quello che è stato, fino a pochi anni prima, il centro di un impero immenso, che comprendeva buona parte dell'Africa, dell'Asia, dell'Australia e, in modo parziale, anche dell'America... nella cui parte Nord si parlano tante lingue, portate dai continui flussi di emigranti, che vi si stabiliscono per sfuggire la povertà, ma la cui lingua ufficiale è l'inglese... e, quindi, è conveniente che io impari un po' d'inglese... diventerà la lingua più importante al mondo, un po' come il latino nei vecchi tempi.

A scuola vado bene, per cui i miei genitori, visto che sono stato via per un mese in Francia e in Inghilterra, l'anno seguente accettano che parta per un mese e mezzo in Scandinavia... paese di cui non so nulla... Danimarca,

Svezia e Norvegia… incomincio a cavarmela con qualche frase in francese e in inglese… capisco che anche i ragazzi del luogo devono imparare varie lingue; la Danimarca è un piccolo paese, per cui se intende aprirsi al mondo, è necessario conoscere altre lingue…

Mi porto sempre dietro il quadernetto, che ho riempito con un certo numero di frasi essenziali, per farmi comprendere un po' ovunque in inglese, francese e tedesco… ed effettivamente ci riesco… ogni giorno aggiungo nuove parole …

Facendo l'autostop, al fine di evitare le lunghe ore di attesa, è importante saper scegliere il posto giusto, in modo che le macchine possano vedermi già da lontano, per poter frenare con facilità, e farmi sa-lire… l'importante è fare subito buona impressione… dire a chi si ferma che sono italiano e dove desidero andare… se ho fatto una buona impressione, capita che lui mi dica che anche se è diretto da un'altra parte, può portarmi almeno fino a un certo punto, dove avrò migliori possibilità di essere "raccolto"… ogni volta è una sorpresa… c'è chi ti prende per pochi chilometri e chi molto più lontano… una volta sono stato proprio fortu-nato… avevo appena lasciato Amburgo, dove ero restato quattro giorni per visitarla bene… cammino fino all'uscita della città, all'inizio dell'autostrada, sperando che si fermi qualcuno che vada verso nord, perché il mio obiettivo è di andare in Danimarca… quando lo dico alla persona che si è fermata, si mette quasi a ridere e… "dai… puoi salire, dato che vado anch'io a Copenaghen, così stiamo insieme"… fortuna incredibile… uso le poche frasi che conosco in tedesco e in inglese, per tenergli un minimo di compagnia….quando decide di fermarsi per il pranzo, mi dice, "dai, vieni a mangiare, che avrai certamente fame"… riuscendo a farsi capire, mi racconta che ha un figlio più o meno della mia età… è stata una vera fortuna…altre volte ho dovuto aspettare per ore e ore…

In autostop, in un mese e mezzo, ho avuto la possibilità di conoscere tutti e tre i paesi in programma, di parlare con decine di giovani, che anche loro viaggiavano in autostop, spesso incontrati la sera negli ostelli… giovani che affrontano problemi simili al mio… il ricordo della guerra... le difficoltà di aprirsi al mondo...

Al ritorno, i miei genitori sono soddisfatti perché si rendono conto che ho migliorato la mia conoscenza delle lingue, e che continuerò bene gli studi, perché ormai sono all'università... sanno che sono serio e studio bene... ma l'idea dell'India continua a girarmi in testa... sono alla ricerca di cosa farò da grande... non so decidermi sul lavoro che mi piacerà... mio fratello studia da medico... i genitori sono contenti e anch'io trovo che sia una bella scelta... ma io...?

Mi piace tutto ciò che aiuta a capire il mondo... ma la mia idea fissa continua a essere quella di viaggiare... di andare in India...

Mi rendo conto che è necessario guadagnare del denaro...ma come? Un amico dell'università un giorno mi dice che a Londra cercano persone che aiutino nei ristoranti, durante il periodo delle feste natalizie... pagano bene... la cosa mi colpisce... ci ragiono su per due o tre giorni e poi decido di parlarne a mia madre... sarei stato via un po' meno di un mese, quindi non avrei perso l'università, ma sarei tornato con un po' di soldi per l'estate, quando avrei certamente voluto viaggiare... la mamma mi dice che ha fiducia in me, che ne avrebbe parlato con mio padre... l'idea viene accettata...

Mi preparo per partire sabato 19 dicembre, per non saltare la scuola... autostop assai difficile in inverno... parto la mattina presto, alle 11 sono già alla frontiera con la Francia... lì aspetto ben tre ore prima di trovare una macchina che si fermi... per fortuna, il conducente mi accompagna fino a Grenoble... buona direzione per me... ormai è quasi sera e cerco un ostello... i più sono chiusi in inverno, ma alla fine trovo un posto dove si può dormire per due soldi.

Il giorno seguente, si fermano poche macchine... e così succede per ben tre giorni, poco divertenti... finalmente giungo alla frontiera, dove si prende la nave per l'Inghilterra... il giorno dopo arriverò a Londra!!!... c'ero già stato due anni prima in estate, quindi so come muovermi una volta arrivato... cercherò immediatamente lavoro in uno dei ristoranti nel centro e, in qualche modo, troverò da dormire.

La mattina seguente, prima di salir sulla nave, bisogna passar la frontiera... brutta sorpresa... mi chiedono il permesso di lavoro... faccio vedere un semplice foglio, fatto compilare da amici, ipotizzando che avrebbero potuto chiedermi qualcosa di simile... conoscendo la mancanza grave di operai in Inghilterra, avevo immaginato che avrebbero accettato anche un foglio di semplice richiesta... invece sono intransigenti... mi rilasciano il visto di soggiorno solo per una settimana, come turista... ci resto malissimo... ho pochi soldi...

Decido comunque di fare l'autostop per Londra, e poi vedrò cosa fare... lunga attesa, ma, dopo un'ora, si ferma un signore gentile... per fortuna il mio inglese è ormai quasi comprensibile... mi chiede cosa faccio... gli racconto la verità... mi dice che la polizia è rigida, ma che forse può aiutarmi lui... un suo amico ha bisogno di un po' di aiuto in casa... mi dà il suo numero di telefono e mi lascia quasi in centro... ho con me la mappa della città, che avevo comprato la volta precedente, e così trovo l'ostello... mi rallegro, constatando che almeno so dove dormire...

Alle nove di sera esco per scoprire Londra di notte... siamo quasi a Natale... tutti i negozi sono addobbati per l'occasione, ma fa freddo... incomincio a gironzolare, ricordando le strade già conosciute... ora i caffè iniziano a chiudere... le strade restano illuminate, ma vuote... si è fatta l'una di notte, e non trovo un caffè aperto... incomincio a essere stanco e infreddolito, ma non ho voglia di rientrare all'ostello... mi incuriosisce vivere la città di notte... chiedo a un vigile di passaggio se non c'è un caffè che resti aperto la notte... mi dice che, per quanto ne sa, solo uno, quello della Victoria Station... mi ci dirigo, sempre con cartina alla mano, ed ecco... il locale è affollato di soldati e di donne di strada... prendo un posto in un angolo e ordino un semplice caffè... so che forse domani non troverò lavoro... e i soldi???

I soldati sono in partenza per la guerra del canale di Suez, in corso da qualche tempo... imprecano tra di loro per aver dovuto lasciare la fidanzata, proprio ora, durante le vacanze natalizie... osservo i soldati che ben presto partiranno per la guerra... ho 19 anni... devo decidermi cosa fare da grande... che lavoro scegliere... ma come faccio a scegliere... se so così poco della vita... per questo devo viaggiare, conoscere altri mondi... modus vivendi... e ricado a pensare all'India... ma cosa avrà mai l'India, di così diverso?... guardo l'orologio... sono le due passate... meglio andare a dormire, se no domani non sarò nemmeno in grado di telefonare all'amico di cui ha parlato il signore che gentilmente mi aveva portato a Londra... il giorno dopo riesco a farlo e, con molta gioia, sento che la cosa è possibile, solo per qualche giorno, però... si tratta di dare una mano durante il trasloco che devono fare... mi considero fortunato... faccio il facchino per tre giorni pieni... mi pagano correttamente... in ogni caso, posso restare a Londra solo per sette giorni... poi andrò a Parigi, per vedere la città che mi è tanto piaciuta, e dove forse posso trovare qualche giorno di lavoro anche là... faccio l'autostop facilmente e mi ritrovo a gironzolare in una Parigi tutta illuminata per i giorni di festa... è molto bella, mi piace, ma non conosco nessuno, non ho un solo amico... non trovo lavoro... me la cavo col denaro guadagnato a Londra e decido di andare al Louvre, museo già visto, ma che rivedo con piacere per un quadro di Van Gogh, che mi aveva profondamente colpito... rendersi conto di tutto il suo dolore, la tragedia della sua vita... ricerca continua di qualcosa che non riesce a raggiungere... in nessun posto... con nessuno.....

Dopo soli due giorni, mi rendo conto che l'università mi aspetta... riprendo quindi l'autostop per Torino... nelle lunghe attese che un'auto mi prenda, continuo a pensare all'India... non ho idea di come potrò fare... ma almeno decido che l'estate seguente potrei prendermi luglio e agosto per un viaggio in autostop... in direzione dell'India... così avrò messo i piedi in Asia!!!

Passo un inverno a studiare, ma anche a preparare un viaggio in Grecia... fino a Istanbul... studio seriamente, ben deciso di affrontare poi il viaggio estivo... tutto in autostop... da solo...

Arrivata l'estate... gli esami vanno bene... quindi posso partire... per la prima volta attraverserò il sud dell'Italia, che sarà il modo più economico per arrivare in Grecia, prendendo il traghetto da Brindisi, anziché da Genova, per Atene... sarà anche l'occasione per scoprire la Puglia, da dove vengono molti operai per lavorare alla Fiat... si dice che la regione da cui vengono sia molto bella... sono curioso di scoprirla... finalmente, parto... molto spesso ore di attesa prima che si fermi una macchina a darmi un passaggio... qui, l'autostop è poco conosciuto e, soprattutto, la circolazione è molto meno intensa che al nord... interminabili ore di attesa... ma il piacere di trovarmi in paesaggi nuovi, così diversi e belli, mi fa accettare tranquillamente le lunghe soste... un pomeriggio, devo attendere ben tre ore, sotto un sole infuocato, prima che si fermi una macchina, ma l'assordante frinire delle cicale e il cinguettio degli uccelli mi ricompensano... mi trovo in un mondo sconosciuto... ricco di vita... le splendide vedute sul mare fermandosi a Bari... la scoperta di questa città assai interessante... e poi continuare per Brindisi... salgo per la prima volta su un traghetto, che attraversa un braccio di mare... e l'arrivo in Grecia...

Piacevole sorpresa di sentirmi ben trattato dal primo camionista che si ferma per farmi salire... avevo un certo timore che, come italiano, non sarei stato ricevuto bene in Grecia, dato che siamo stati in guerra contro di loro... ho paura che chi si fermerà, potrebbe raccontarmi di aver perso un parente in guerra, a causa dell'Italia...

Salito sul camion, per evitare questo rischio, sono io il primo che, avendo capito che il conducente parla qualche parola di italiano, apro il discorso sulla guerra... e scoppio di gioia quando mi dice... "sì, la guerra è stata una brutta cosa... ma noi non ce l'abbiamo tanto contro di voi, perché chi era veramente crudele e uccideva, anche nei villaggi, erano i Tedeschi... gli Italiani spesso sparavano in aria per non uccidere dei poveracci"... non dimenticherò mai quelle sue parole... sono contento di trovarmi in un paese di cui so ben poco, a parte la sua storia antica, imparata a scuola...

Mi sento fortunato di trovarmi nel mondo dell'antica Grecia... ho il mio sacco a pelo per la notte... il camionista mi lascia vicinissimo alla zona dove, nell'antichità, si tenevano i giochi olimpici... penso che sarebbe fantastico dormire in un posto, dove, più di duemila anni prima, si svolgevano le gare sportive... mi incammino lungo un sentiero in salita, indicatomi dal camionista, dicendomi che, in poco più di un'ora, avrei visto le rovine degli antichi edifici dove si tenevano le gare... ritenute, all'epoca, talmente importanti da interrompere persino le guerre, per fare in modo che tutti potessero partecipare ai giochi...

Dopo un'ora e mezza di cammino, incomincio a vedere i primi ruderi... mi trovo veramente in uno dei luoghi storici dell'antica Grecia... quella che ho studiato a scuola… ho l'occasione di trascorrervi la notte nel mio sacco pelo guardando le stelle… il giorno dopo passeggio tutto il giorno… proprio dove si svolgevano le gare… la mattina la trascorro a scoprire i ruderi… a fantasticare su come si viveva allora…

Il pomeriggio riscendo, e ritorno al punto dove mi aveva lasciato il camionista…

fortunatamente lo ritrovo e mi dice che, se voglio, può portarmi ad Atene… lui ci va, viaggiando la notte, con il camion carico di cocomeri per il mercato… non essendoci posto in cabina, dovrò accontentarmi di dormire arrangiandomi alla meglio… gli dico che per me va benissimo, che sono molto contento di poter continuare il viaggio con lui.

Passo le ore della notte nel mio sacco a pelo non proprio comodo tra i cocomeri… ma ben ricompensato quando arriviamo ad Atene col trionfo del sole nascente… non posso credere alla mia fortuna, di entrare in città ai primi raggi del sole, che illuminano la collina dell'Acropoli con il Par-

tenone che svetta in alto... son proprio emozionato... adesso vedo con i miei occhi ciò che abbiamo studiato a scuola, ma visto solo in fotografia... appena arriveremo al mercato, potrò scendere e dirigermi a piedi verso la collina... troverò la strada per salire al Partenone... forse sarò l'unico presente, al mattino così presto... avrò il maestoso tempio tutto per me... salgo lentamente, e con gioia mi accorgo che non c'è nessuno sbarramento... è semplicemente tutto aperto al pubblico... ho la fortuna di camminare da solo per ore tra i templi e i resti archeologici dell'Acropoli, famosi nel mondo intero.... tutti per me... sono solo, in mezzo alle rovine... ci resto fino a mezzogiorno, quando, preso dalla fame, scendo in città a mangiare qualcosa.

Resto un paio di giorni ad Atene, tutto preso dai ricordi del liceo, ma l'idea di arrivare a mettere i piedi in Asia è così forte, che non visito altre cose in Grecia... son troppo ansioso di arrivare a Istanbul... Dopo quattro giorni passati facendo l'autostop, in continuo tentativo di fermare le poche macchine e i molti camion che passano lungo l'unica strada che porta a Istanbul... ci arrivo finalmente... meravigliosa città coi suoi numerosi minareti, e le sue splendide moschee...

Resto una settimana intera in questa città, anche se riesco a parlare con ben poche persone... in Grecia, almeno, mi ricordavo alcune parole di greco antico, studiato, anche se malamente, al liceo, mentre qui prevalgono sonorità sconosciute... attraversando il breve spazio marino, che separa le due parti della città, mi rendo conto di essere arrivato in Asia e, quindi, teoricamente, più vicino all'India... la mia futura destinazione...

Il ritorno a casa è molto più breve dell'andata, poiché ormai conosco la strada... ho deciso di preparare subito i due esami che mi restano del primo anno universitario... rientrato a Torino, mi tuffo letteralmente nello studio... anche se continuo a fantasticare sull'India... e godermi qualche giro in bicicletta... in ogni caso, ho l'intenzione di dare tutti gli esami per poter finire in quattro anni l'università, e per poi trovare un lavoro che mi piaccia... comunque mi rendo conto che, se non capita un miracolo, non riuscirò mai a realizzare il sogno di andare in India... almeno fino a quando non avrò un lavoro, col cui guadagno potermelo pagare.

Ma il miracolo scende dal cielo... portato da Gesù bambino... anche se ormai da anni, non credo più al bambino che porta i regali...

Grazie a una serie di circostanze fortunate, mi si aprono strade che, altrimenti, non avrei potuto percorrere... al ritorno da un breve viaggio in autostop, fatto un sabato e domenica per staccarmi un momento dallo studio, in serata vengo preso, nell'ultima auto verso Torino, da un giornalista, col quale, chiacchierando alla buona, racconto di aver girato parte dell'Europa in autostop, e di essere arrivato quest'anno fino a Istanbul... la mia fortuna è che il mio interlocutore è il responsabile delle quattro pagine del giornale in cui lavora, riservate al pubblico giovane... comprensibile quindi che, sentendo come sono riuscito a cavarmela, viaggiando sempre da solo e con pochissimo denaro... a fare viaggi sorprendenti, avrò certamente cose interessanti da raccontare...

mi accenna, quindi, l'ipotesi che potrei entrare a far parte della redazione nella sezione giovani…

M'invita ad andare a trovarlo in ufficio, cosa che faccio il giorno dopo… con mia sorpresa mi propone di venire tre volte la settimana a preparare dei testi… con mia grande gioia, all'età di 19- 20 anni, e assai prima di finire gli studi, ricevo una tessera da giornalista!

Sono ovviamente super contento e trovo facile dedicare il tempo necessario alla redazione, anche se ciò mi impedisce di seguire le lezione all'università…. so bene che in ogni caso riuscirò a preparare gli esami sui libri…

Mi sento così impegnato col nuovo lavoro, che quando devo andare rapidamente in paesi vicini a Torino per il giornale, mio padre mi presta

la sua motocicletta.

Il fatto di poter diventare in futuro un vero giornalista a tempo pieno, mi incuriosisce… però mi resta l'idea fissa dell'India… ed è proprio Gesù Bambino, che mi fa il suo grande regalo di Natale… infatti, il 24 dicembre, il postino porta a casa una lettera raccomandata per me …

non ricevo mai lettere, ma quando vedo che è della Olivetti, mi ricordo di aver partecipato a un bando per una borsa di studio destinata a uno studente universitario, che si trovi in determinate condizioni: essere di famiglia non agiata, aver partecipato in qualche modo con i famigliari al movimento partigiano, aver superato con buoni voti tutti gli esami del primo anno... ripensandoci ora mi ricordo perfino di aver scritto che mio padre, non essendo mai stato un militare a causa di un problema al cuore fin dalla nascita, non era stato tra i partigiani, ma aveva contribuito alla ricerca dei morti nelle colline vicino a Giaveno, dove erano stati sepolti momentaneamente numerosi partigiani...

Essendo ormai trascorsi una decina di anni, dalla ricerca dei partigiani di cui raccontava mio padre, avevo persino dimenticato di aver partecipato a quella borsa... mi era capitato di vedere un breve annuncio in prima pagina, che la Olivetti offriva per la prima volta quel tipo di borsa... quindi ci avevo partecipato, senza darci importanza e tanto meno speranza... non ci avevo più ripensato una sola volta.

Quando leggo la raccomandata, non riesco a credere ai miei occhi: per i due anni universitari che mi restano, riceverò mensilmente del denaro per non dover pesare economicamente sui genitori, vivendo, se necessario, anche lontano dalla famiglia, alla condizione che, all'età di 34 anni (dando per scontato che, avendo terminato gli studi, avrei trovato certamente un buon lavoro) avrei restituito l'intera somma ricevuta, somma che la Olivetti avrebbe poi utilizzato per finanziare nuove borse di studio.

Non riesco a credere alla mia fortuna... si apre immediatamente uno spazio per l'idea fissa dell'India, che improvvisamente diventa possibile... anche se non mi è ancora chiaro come realizzarla...

Sognando l'India

Continuo a studiare intensamente, ma ora che dispongo di soldi, non smetto di fantasticare su come organizzare il viaggio... andarci solo? come viaggiare? con quale itinerario?

Improvvisamente succede una seconda cosa inaspettata... come molti studenti dell'università, studio volentieri insieme a un compagno di liceo, Giuliano, con cui sono molto amico.

Un pomeriggio che eravamo usciti insieme, mia madre mi incarica di portare un pacco a suo fratello, uno zio che conosco bene e che ha una grossa ditta di costruzione, in continua crescita, dato che siamo ancora nel dopoguerra, con centinaia di case semidistrutte e quindi da risistemare.

Quando arriviamo, io che non sono mai stato nel suo stabilimento, rimango stupito dalla grandiosità del luogo... e ancora di più lo è il mio amico, il cui padre gestisce una piccola officina per riparare automobili... siamo entrambi sorpresi di trovarci in un ambiente così imponente... stupore che suscita una certa soddisfazione in mio zio, mentre ci fa vedere la parte principale dello stabilimento... improvvisamente, vediamo in un angolo una vecchia macchina gialla, che ha tutta l'aria di essere abbandonata... trovo la cosa curiosa e, spinto anche da Giuliano, chiedo allo zio cosa mai sia quella vecchia macchina... mi risponde: "È la Balilla[1] che usavo prima della guerra... ormai è lì, abbandonata da anni... con tutto il lavoro che aumenta di giorno in giorno, ho dovuto

---

1 *La Fiat 508, la vettura utilitaria più popolare degli anni '30.*

comperare due auto nuove e un camion, per cui resta lì... non so proprio che farne"... non riesco quasi a parlare tanto sono emozionato, ma, con uno sforzo, gli dico: "Davvero non ti serve più a nulla?... ma allora..." "Se la vuoi, prendila, io non ne faccio niente... guarda, però, che sono anni che è in quell'angolo e che non la uso... non so proprio se funziona ancora... a me occupa solo dello spazio"... a quel punto interviene Giuliano: "Se non le serve più, mio padre può aiutarci a rimetterla in sesto..."

Il gioco è fatto, la macchina viene portata in officina... smontata lentamente... cambiati i pezzi troppo vecchi... dopo un mese, abbiamo una macchina che funziona, a nostro uso e consumo... siamo felici e pren-

diamo subito la patente, senza alcuna difficoltà...

Adesso, abbiamo una macchina tutta nostra... propongo di partire subito per l'India!!! Il denaro che ricevo mensilmente dalla Olivetti è iniziato ad arrivare già da marzo, proprio un mese dopo che abbiamo sistemato la Balilla... per me, è ovvio pensare all'India... non penso ad altro... ma temo che i miei genitori siano contrari all'idea, e penso a come discutere con loro di questo mio desiderio... poi, mi viene un'idea geniale: per anni darò mensilmente a mio padre la metà del denaro che ricevo, rendendomi conto delle difficoltà economiche che ci sono in famiglia, quindi, intendo contribuire, ma allora mio padre mi dia il permesso di andare in India... prima ne parlerò con mia madre, che come tutte le donne, è più sensibile a capire i figli, e certamente lei saprà come convincere mio padre... infatti, dopo pochi giorni, mi viene dato il permesso.

Il mio amico Giuliano è fantastico... non solo riesce facilmente a convincere i genitori, ma soprattutto, si assume il compito e la totale responsabilità per tutto ciò che riguarda il funzionamento della macchina... ha giurato a suo padre che lo aiuterà in officina nei momenti in cui è libero dalla scuola... e però, insieme, avrebbero controllato dalla A alla Z la Balilla... da parte mia, mi accollo il compito di progettare il viaggio, di organizzarlo e di vedere come gestire gli eventuali problemi... il tutto, senza perdere un anno all'università... il viaggio in India deve essere di almeno 7-8 mesi, per poterli godere pienamente...

Siamo al mese di marzo del secondo anno universitario... dobbiamo riuscire a dare il maggior numero di esami nella sessione di maggio-giugno e luglio, dando per scontato che saremo assenti per la sessione autunnale degli esami... per il terzo anno, invece, saremo assenti per vari mesi, in base al mio programma di restare sette-otto mesi in viaggio... si tratta di riuscire a passare tutti gli esami del secondo anno a luglio e agosto, in modo da poter partire in estate... essendo però poi assenti buona parte del terzo anno... fino a marzo... al ritorno si tratterà di buttarsi a capofitto a studiare, per poter dare almeno parte degli esami del terzo anno, già a luglio-agosto, in modo da recuperare il tempo perso, e completare poi gli esami nella stagione autunnale... Giuliano è talmente contento di tentare un viaggio del genere, in una vecchia auto praticamente rifatta da lui stesso, che ha meno paura di perdere un anno di università... ha molti amici che ripetono gli esami e, quindi, non si preoccupa... io invece mi metto in testa di riuscire a stare nei quattro anni accademici... devo cominciare a organizzare il viaggio di cui so ben poco, non avendo praticamente il materiale informativo necessario...

Pensa e ripensa, mi viene un'idea azzardata... tentare di convincere uno dei miei professori a darmi in anticipo la possibilità di preparare la mia tesi di laurea, su un argomento attinente l'India, cosa che giustificherebbe anche la mia assenza dalle lezioni... come riuscire, però, a inserire nel mio percorso universitario il viaggio in India?... mi pare un po' come giocare all'otto... ma voglio tentare, sperando di farcela.

Essendomi messo a leggere le cose più svariate riguardo all'India, vengo a sapere che è in corso un grande sforzo nazionale per migliorare il sistema agricolo, troppo antiquato e assai meno produttivo in confronto alle tecniche occidentali, per cui gran parte della popolazione resta in estrema povertà... idea!!! potrei proporre di fare una tesi su questo argomento, indagando e studiando di persona sul posto, andando in India e non limitandomi a studiare sui libri ...
Prendo coraggio a due mani e vado a parlarne con un professore, che resta assai sorpreso nel sentirsi proporre una tesi di laurea già al secondo anno d'Università... avendo visto però gli ottimi voti che ho conseguito nel primo anno, mi risponde che, se si tratta di una cosa veramente nuova, ci penserà e farà un'eccezione...
Incomincio a cercare in biblioteca ogni tipo di libro o rivista sull'India... scopro un progetto assai interessante per quei tempi, il Five Years Plan, che consiste in un primo tentativo per sviluppare a poco a poco nei villaggi nuovi sistemi di vita, per migliorare il funzionamento di milioni di orti locali, nei quali da sempre si ignorano le più elementari tecniche di lavoro, ormai di uso quotidiano nella maggior parte del mondo....
Riesco a ottenere varie notizie sull'argomento, cosa che mi permette di presentare il progetto della tesi di laurea al professore, che ne resta sorpreso, non avendone mai sentito parlare, ma che pare essere una cosa seria... "Non mi è mai capitato di accettare un progetto di tesi al secondo anno, ma intendo provare... le auguro buona fortuna nel corso del suo viaggio e nel riportare materiale interessante".
Scoppio di gioia... ce l'ho fatta... nei ritagli di tempo, preparo tutti gli esami che intendo dare... ogni minuto è buono per cercare, un po' ovunque, brevi storie dei paesi che dovremo attraversare: Turchia, Iran, Afganistan, Pakistan e, naturalmente, India.... mi pare di sognare a occhi aperti.

Continuo a cercare informazioni sull'India in librerie specializzate, e anche presso il Centro culturale inglese e quello americano a Torino... nel frattempo, Giuliano, con l'aiuto di suo padre, continua a controllare pezzo per pezzo la Balilla, non solo per esser certi che tutto funzioni bene, ma soprattutto, per saper far fronte a ogni eventuale guasto, anche acquistando pezzi di ricambio per quelli più probabilmente a rischio... Decidiamo di mettere alla prova la Balilla facendo un viaggio a Roma, necessario comunque per recarci alle Ambasciate dei vari paesi che dovremo attraversare, non solo per prendere i visti, ma anche per chiedere materiali informativi.

All'inizio di luglio partiamo per Roma, e io porto con me un testo per un difficile esame di legge, che dovrò studiare la sera, per esser pronto al ritorno a fare l'esame e quindi poter partire tranquillo per l'India ad agosto. Vera sorpresa metterci al volante al mattino presto, per viaggiare tranquillamente in direzione di Genova, strada che già conosco, avendola fatta in bicicletta anni prima... questa volta, però, tutto mi sembra diverso... siamo molto contenti che la Balilla funzioni bene... le strade non sono troppo trafficate e arriviamo in serata a Roma, città che nessuno di noi due conosce.

La mattina seguente, iniziamo con l'Ambasciata dell'India che, non solo ci dà il visto, ma anche parecchio materiale informativo, per lo più in inglese, cosa che secca Giuliano, che non conosce la lingua, mentre fa piacere a me, poiché mi spinge ad arricchire il mio vocabolario, per ora scarno.

La sera, la dedichiamo a passeggiare e a scoprire la zona di Trastevere, che ci hanno detto aver conservato gran parte del suo stile di vita popolare... con la bella stagione, la gente mangia per la strada, portando fuori tavolini e sedie per stare insieme... in ogni caso, non ci sono automobili che passano per la strada...

Ci prendiamo due giorni per scoprire la città, ricchissima di storie dell'impero romano e anche del papato... è un piccolo passo che ci aiuterà ad abituarci a scoprire città sconosciute, lungo tutto il viaggio... visitarle, cercando di capire il ritmo di vita di città mai viste prima... come tutte quelle che incontreremo lungo il nostro viaggio...

Al ritorno da Roma, siamo eccitati e contenti perché la macchina funziona bene e abbiamo ottenuto tutti i visti necessari… sappiamo entrambi di dover ancora passare un esame all'università prima di partire… ma ne siamo pronti…

Resto dieci giorni bloccato a casa, non facendo altro che studiare su uno spesso libro di testo di Diritto Civile, il cui autore è nientemeno che Mario Allara, preside dell'università, e professore della materia… persona che tutti temono, dato che fa spesso ripetere l'esame… talvolta anche tre-quattro volte… in sostanza, un prof che intimorisce tutti… io avevo seguito solo poche delle sue lezioni, anche perché non mi piaceva il suo modo di insegnare.

Decido allora di giocare su di un tasto, che penso e spero vincente, basato sul fatto che so di avere una memoria particolare… riesco a conservare facilmente una forte memoria visiva, per cui, leggendo con attenzione le pagine di un libro, automaticamente è come se le fotografassi con gli occhi, e quindi sono in grado, una volta chiuso il libro, di ripetere a voce praticamente la pagina intera… per questo, però, devo fare con la testa uno sforzo enorme per una decina di giorni, cercando di memorizzare tutte le pagine del libro….

Mi presento dunque all'esame abbastanza tranquillo… alle prime tre domande, mi sforzo di ricordare la pagina a un punto tale, che il temutissimo professor Allara mi guarda incuriosito, anche perché non mi riconosce come suo studente, avendo seguito raramente le sue lezioni…. mi fa un complimento, dicendomi: "Bravo! Così si deve studiare…" e mi fa una quarta domanda, a cui rispondo come prima… mi ribatte dicendomi: "Le va bene un trenta?", voto che assai raramente dà… ripensandoci a posteriori, avrei dovuto dirgli: "Come Lei desidera, professore"… nella speranza di un'ulteriore domanda per un eventuale trenta e lode… cosa, però, che mi lascia del tutto indifferente… quindi, non rispondo nulla, tra la sorpresa sua e degli studenti che ascoltano.

Finiti gli esami, restiamo a Torino solo per salutare tutti e riempire l'auto del necessario. Sistemiamo i sedili posteriori in modo che, in caso di necessità, si possa dormire in macchina… il mio bagaglio comprende comunque un vestito buono, da indossare in situazioni speciali, per essere presentabile in qualsiasi circostanza e a ogni livello, con persone che potrebbero essere utili per la mia tesi di laurea.

Mi sono posto tre finalità... la prima: scoprire cos'è l'India, perché mai ne sono tanto affascinato senza conoscerla... la seconda: cercare del materiale interessante per fare una buona tesi di laurea... la terza: trovare il modo di riuscire a far parlare del nostro viaggio con la Balilla, per poter chiedere alla Fiat qualcosa in cambio di un po' di pubblicità...

La solita zia, che lavora nell'ufficio in cui si fornisce cibo ai vari gruppi di giovani, quando partono per giornate di vacanze, ci prepara vari pacchi con scatolette di pesce, di carne e altre cose essenziali... per i primi due mesi di viaggio...

Infine, l'abbraccio coi genitori, soprattutto con la mamma, che è stata bravissima a convincere il papà... ha un groppo in gola e mi dice solamente: "Ricordati di scrivermi spesso e anch'io ti scriverò, al fermo posta di tutte le città di cui mi hai dato l'indirizzo"... povera, cara mamma... sento che ha un po' di paura, ma non vuole farlo vedere... la posta funziona piuttosto male... una lettera da Torino all'India o, peggio ancora, in Afganistan... chissà quanto può impiegare... settimane o anche mesi...

E' il momento di partire... gli ultimi abbracci con fratelli e sorelle e, finalmente, un colpo di clacson della Balilla e viaaa... verso Milano, per proseguire direttamente per Trieste, e dormire in macchina in una spiaggia... buona occasione per rendersi conto che tutto funzioni... come ce la possiamo cavare, in ogni modo, arrangiandoci alla bell'e meglio, come veri esploratori...

Conosciamo ben poco della Jugoslavia, quantunque io abbia letto alcuni libri al riguardo, grazie ai quali mi son reso conto che è abitata sia da cristiani che da mussulmani... dato che ho dedicato quasi tutto il tempo a studiare i paesi del nostro viaggio in Asia, ho cercato una carta abbastanza dettagliata per poter seguire la strada lungo la costa del mare, fin quasi all'Albania, per poi girarci attorno e scendere direttamente in Grecia... so che la Jugoslavia è abitata da vari popoli, storicamente spesso in lotta tra di loro... ma, grazie a Tito, che ne ha preso il potere, ora fanno parte di un unico stato... possiamo quindi passare tranquillamente da una regione all'altra, da un villaggio di cristiani a uno di mussulmani, non sempre in amicizia tra di loro... ma senza alcun problema per noi...

La traversata della Jugoslavia dura cinque giorni, perché, lasciando Trieste, non abbiamo più visto l'asfalto, il che significa viaggiare lentamente per evitare le continue buche, col rischio di possibili problemi per la macchina...

Nell'insieme, la traversata del paese di Tito è non solo piacevole, dato che il lungomare della Dalmazia è meraviglioso e ci attira a fare continue soste, dormendo tre volte in riva al mare, facendo anche il bagno, ma interessante per andare a curiosare in certe cittadine con le moschee islamiche, che Giuliano non ha mai visto, mentre io me le ricordo bene dal mio viaggio in autostop a Istanbul. Soprattutto, è il momento di metterci alla prova sul come comportarci in un paese di cui non conosciamo nulla... quindi, ogni volta che incontriamo qualcuno che parla italiano - cosa abbastanza frequente lungo la costa, frequentata per secoli dai Veneziani che all'epoca dominavano la regione - cerchiamo di parlare, di chiedere cosa ne pensano dell'Italia, se sono contenti del regime comunista instaurato da Tito, che ha però allontanato il paese dalla Russia, cercando di unificare le regioni, abituate a essere l'una contro l'altra...

Molti ritengono Tito essere un uomo importante, positivo, assai attivo nel cercare di migliorare il paese, in cui c'è ancora molta povertà... la maggior parte di loro invidiano l'Italia, per il suo boom economico... continue chiacchierate che non siamo in grado di approfondire, per la poca conoscenza che abbiamo della politica, ma che ci permettono comunque di entrare in contatto con la gente dei paesi che, di volta in volta, attraversiamo...

Arrivati in Grecia, breve visita di Salonicco, per poi seguire la strada che avevo fatto in autostop fino a Istanbul, dove ci fermiamo per ben cinque giorni, perché voglio far vedere a Giuliano le magnifiche moschee, che l'anno precedente mi avevano sorpreso e incantato... e, anche, per mettere alla prova il nostro rapporto, lui responsabile della macchina e io di che strade seguire, dove fermarci, come gestire le giornate...

Finalmente, entriamo in Asia... qui, inizia il nostro vero viaggio, la vera avventura.

Della Turchia conosco assai poco, ma ho ricevuto alcuni suggerimenti di luoghi dove sono in atto ricerche archeologiche assai interessanti... l'idea mi piace perché porta automaticamente a pensare a come e quando sono stati ritrovati i resti della guerra di Troia, che tutti abbiamo studiato a scuola... e poter restare un paio di giorni per vedere come lavorano gli archeologi, stuzzica la mia curiosità.

Turchia, Iran, Afghanistan

Dopo quattro giorni trascorsi a Istanbul, incominciamo a pianificare, per decidere che strada prendere per andare in l'India... la più diretta è quella che attraversa la Turchia via Ankara, per raggiungere la frontiera con l'Iran... quindi, partiamo per la capitale, anche perché pensiamo che sarà utile contattare la nostra Ambasciata, per parlare col personale del settore cultura, da cui farci consigliare dove andare per incontrare archeologi in azione, cosa che mi interessa molto e che so essere assai frequente in Turchia.

Arriviamo fin quasi alle porte di Ankara, quando succede il primo inci-

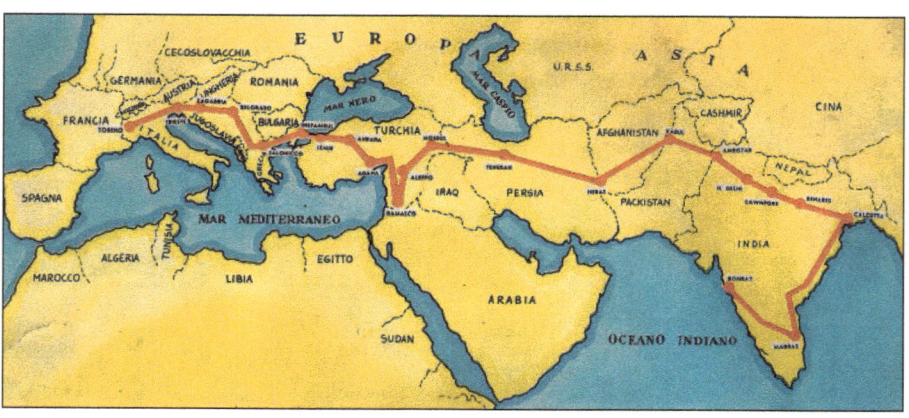

dente con la Balilla, certamente dovuto all'infinità di buche incontrate lungo la strada..., un piccolo guasto a una balestra... Giuliano provvede con molta calma... ci fermiamo in uno spiazzo, apre le scatole degli attrezzi e dei pezzi di ricambio e, in due ore, risolve il problema... lo abbraccio dicendogli che una volta arrivati in città, gli offrirò una buona cenetta...

Il giorno dopo incontriamo l'addetto alla cultura... è un tipo simpatico, che apprezza la nostra idea di andare in India con una Balilla... passiamo ore a parlare di come è la vita in Turchia, nei suoi vari aspetti interessanti e pure in quelli complicati da vivere... vedendo la nostra auto, non riesce a credere che andremo in India... ci incoraggia nell'impresa, ma ci sprona a stare attenti ai pneumatici, perché la situazione economica del paese, troppo indebitato, è assai grave e non si riesce a importare quasi nulla... è praticamente impossibile acquistare pneumatici per l'auto... ci racconta come molti turchi cerchino di passare in Siria, da poco diventata Stato unico con l'Egitto, col nome di Repubblica Araba Unita... quindi passata la frontiera, arrivano facilmente ad Aleppo, dove acquistano pneumatici prodotti in Egitto a costo assai più basso, in confronto alla Turchia, dove è addirittura difficile trovarli... ci fa anche comprendere che se gliene portassimo un paio, sarebbe ben contento...

Avendogli raccontato che, se il nostro viaggio andrà bene, speriamo che la Fiat ci verrà incontro in qualche modo, lui ci suggerisce di visitare sì la Fiat, ma che sarebbe pure utile farci vivi con i giornali locali... far visita alle redazioni, non solo per ottenere suggerimenti su luoghi da visitare, ma anche per raccontare il nostro viaggio... l'idea funziona... due giorni dopo, quando ritorniamo in Consolato, tutti ci guardano sorridendo e mostrandoci un giornale con la foto della nostra Balilla.

Dopo tre giorni ad Ankara, partiamo verso il sud del paese, in zone che ci hanno consigliato di visitare, per non mancare i meravigliosi paesaggi della regione, e poi proseguire verso la frontiera con la Siria, dove visitare la splendida città di Aleppo.

L'idea ci piace, anche se comporta un lungo giro al di fuori della strada diretta verso l'India... attraversiamo dunque la Cappadocia, con le sue alte formazioni rocciose a forma di cono, per poi proseguire e scoprire le rovine di un'antica fortificazione dell'VIII secolo a.C., Karatepe, lungo la principale strada percorsa da migliaia di anni, per raggiungere, via terra dall'Europa, la Siria e il Medio Oriente... ci raccontano pure che in una specifica zona sono state trovate recentemente grandi lastre di pietra, con scritte in due lingue, con alfabeti diversi: quello fenicio e i geroglifici uviani... tutte cose che sottolineano di come si tratti di una regione ricchissima di storia...

I luoghi che ci vengono suggeriti corrispondono alla zona dove un altra persona ci aveva detto esserci anche un gruppo di archeologi italiani... la cosa ci fa piacere all'idea non solo di vederli al lavoro, ma anche di condividere poi un paio di giorni... quando arriviamo all'accampamento, ci accolgono con piacere... da oltre un anno, stanno lavorando in un territorio in cui si trovano resti archeologici interessanti, soprattutto sculture... restiamo due giorni, imparando molte cose sull'archeologia e sulla semplicità con cui lavorano... siamo piacevolmente sorpresi nel vedere come dalla terra escano pezzi di sculture vecchi di almeno tremila anni... ci rassicurano che la Siria non è lontana e che Aleppo vale veramente il merito di una visita.

Decidiamo quindi di proseguire... salutiamo i nostri compatrioti e ci incamminiamo verso la frontiera, percorrendo la strada utilizzata da sempre dagli eserciti, compreso quelli dei crociati, arrivati in ondate, a piedi o a cavallo, dai vari Stati europei, passando da Istanbul, che all'epoca si chiamava Costantinopoli, per poi attraversare la Turchia e, passando per la Siria, raggiungere la città sacra di Gerusalemme...

L'idea di percorrere con la Balilla la medesima strada, che i nostri antenati avevano fatto a piedi o a cavallo, ci piace davvero... anche perché lungo la strada ci sono nuovi centri archeologici scoperti da poco... talvolta ci capita di rallentare la Balilla e attraversare in piena attività lo scavo... incontriamo Sergio, un volontario italiano che si era unito a un gruppo di ricercatori, guidato da un esperto tedesco, a cui era stato affidato il compito di scavare in una zona dove era stata ritrovata l'enorme testa di un leone... restiamo con lui per due giorni... ci pare sorprendente vedere persone adulte giocare, quasi come fanno i bambini alla ricerca delle uova di Pasqua... ma qui si tratta di andare in profondità, cercando di comprendere in quali secoli si era sviluppata una certa cultura, poi sopraffatta da altre... si tratta di scrutare attentamente gli strati del terreno... lavoro complesso e delicato, come ci spiega Sergio, per raggiungere l'obiettivo di realizzare in futuro un museo all'aperto, per mostrare com'era costruita una città degli Ittiti...

Contenti di esser stati in questo sito archeologico, prendiamo gusto alla Turchia e ci fermiamo volentieri anche in piccoli borghi per cercare di capire lo stile di vita di una popolazione di religione islamica... la cosa che ci colpisce maggiormente è la funzione delle moschee a confronto con le nostre chiese, dove si va solo per pregare e, soprattutto, quando viene recitata la messa... rimaniamo sorpresi nel vedere invece come in queste cittadine, la moschea è veramente la casa di tutti... un luogo dove ritrovarsi in locali freschi e puliti, per recitare le preghiere nelle ore stabilite, ma anche il posto dove incontrare gli amici, talvolta fare un bel pisolino sui tappeti, che sempre ricoprono il pavimento... e non è raro vedere persone in ginocchio, nella classica posizione della preghiera a fianco di qualcuno che dorme tranquillamente...

Ci avviciniamo ora alla frontiera tra Turchia e Siria... ricordandoci quanto aveva detto con insistenza l'italiano del Consolato riguardo alla difficoltà di trovare pneumatici per l'auto... stiamo pensando che forse è veramente bene acquistarne due in Siria... abbiamo solo due ruote di scorta, già abbastanza usate, ma che Giuliano ha portato nel caso si debba sostituire definitivamente uno o eventualmente due dei nostri pneumatici, a furia di bucarsi, per i continui chiodi o cose simili lungo la strada.... solitamente non ci preoccupiamo più di tanto, poiché troviamo normale riparare il foro incollandoci sopra una pezza, usando ovviamente il crick per sollevare l'auto e smontare la ruota bucata... ma in caso estremo, di ruota completamente guasta, bene poterla sostituire...

Ci viene l'idea di chiedere a una persona del posto, vicino alla frontiera, di tenerci per qualche giorno le nostre due ruote di ricambio... gli avremmo fatto un bel regalo... in questo modo avremmo potuto comprare due ruote nuove, che si sarebbero potute rivendere molto bene.

Troviamo facilmente una persona che accetta... quindi lasciamo i due pneumatici e ci rechiamo al passaggio di frontiera... l'ufficio per il controllo dei passaporti è situato in una piazzetta dove c'è un caffè, al quale sono seduti i due impiegati della dogana... in fondo alla piazzetta, un edificio piuttosto grande, con stanze in affitto, e un locale dove alla sera, siamo invitati a ballare per una festa.

Ma non intendiamo restare, vogliamo arrivare quanto prima ad Aleppo... passiamo la frontiera, felici di entrare in Siria, di poter visitare subito la città tanto declamata, che ci sorprende per la maestosità della sua architettura.

Sappiamo che la Siria è politicamente molto legata all'Egitto di Nasser, al punto che da pochi mesi i due paesi si sono unificati in Repubblica Araba Unita, per cui i prodotti egiziani ormai si acquistano come al Cairo.

Nasser è un politico che sogna per il suo paese un futuro migliore... non mira alla ricchezza, né personale né del popolo, ma a un nuovo modo di vivere... ad Aleppo, con le poche persone con cui riesco a parlare in francese, mi raccontano quanto le autorità locali furono sorprese, in occasione della sua prima visita ufficiale... al momento del pasto, che era stato preparato alla grande, chiese semplicemente un piatto di riso, poiché voleva sentirsi alla pari con i cittadini locali!

Restiamo due giorni in città, per scoprire le mille cose che richiamano l'antichità... comperiamo a ottimo prezzo i due pneumatici... la sera corriamo un vero rischio, senza essercene resi conto... passeggiando, entriamo curiosi nel cortile di un grande palazzo, che ci pare storico e interessante... d'improvviso, vediamo due militari che, con fucile spianato, si dirigono verso di noi, urlando delle parole che, ovviamente, non comprendiamo... d'istinto, alziamo le braccia e gridiamo: "Nous sommes des touristes"... probabilmente grazie al francese, lingua assai diffusa in questo paese, essendo stato protettorato, i due soldati, con il fucile sempre puntato, capiscono e chiamano un altro militare, forse un maggiore, che ci domanda in francese chi siamo, cosa facciamo... comprendendo la nostra situazione, ci dice: "Questo è un centro militare, è vietato entrare, dovete uscire subito"...

Il giorno dopo, il ritorno, che doveva essere semplicissimo, si rivela estremamente rischioso.

Passiamo la frontiera facilmente, dato che le due guardie di turno, svogliate e desiderose di tornare a sedersi al caffè, ci fanno passare senza controllare la macchina, né chiederci se a bordo abbiamo materiali che comportino tasse da pagare...

Scioccamente, noi pensiamo di riposarci un poco, di dormire una notte nel solo locale, che pare essere una specie di albergo alla buona e quindi, ci sediamo al caffè e incominciamo a parlare con il giovane che avevamo già incontrato all'andata e con cui si poteva discutere facilmente con un discreto inglese.

Più furbo di noi, incomincia a parlare della difficoltà di avere pneumatici in Turchia e di come sia molto conveniente andarli a comperare in Siria... ci chiede se ne abbiamo acquistati e noi, sciocchi, non intuiamo nemmeno che lui cerca di approfittare dei nostri acquisti... inizia a parlare dei prezzi che ci sono in Turchia e in Siria e, di colpo, ci propone di vendergli le due gomme a un prezzo esattamente uguale a quello pagato ad Aleppo... rifiutiamo qualsiasi trattativa e chiudiamo il discorso... non abbiamo nemmeno il buon senso di pensare che è meglio partire subito, passando a recuperare i nostri vecchi pneumatici...

Piuttosto stanchi, e pensando di partire presto la mattina successiva, decidiamo di dormire in loco... l'impensabile sta per capitarci... in tarda notte, sentiamo bussare alla nostra stanza... e quando ci alziamo e apriamo per vedere cosa capita, due guardie in divisa ci dicono bruscamente di seguirli... non riusciamo a capire, ma ovviamente pensiamo alle gomme, all'ipotesi che il giovane abbia parlato di noi... non possiamo far altro che seguire le guardie e cominciare a scendere le scale... non dimenticherò mai quella scena... mi resterà fissa e chiara per sempre l'immagine della doppia scala che scendiamo, imprecando sottovoce contro il mondo intero... e insultando quel giovane, che certamente ha parlato di noi, importatori di pneumatici... intuiamo il rischio enorme che stiamo correndo, in un paese in cui ogni dirigente locale decide come vuole le multe e le pene da imporre... le miserabili prigioni locali... quando, improvvisamente, appare una donna che, avendo inteso le nostre imprecazioni, ci dice semplicemente: "Non c'è un attimo da perdere, ditemi cosa avete fatto di male, perché posso aiutarvi"... incredibile sentire parlare in italiano... con un vero sforzo, deglutisco e, quasi borbottando, rispondo: "Non so, ma credo si tratti del fatto che abbiamo portato due pneumatici dalla Siria"... "Se si tratta solo di questo, ci penso io... andate giù con le guardie e fate come vi dicono"... Sollevati per aver incontrato una persona italiana, che dice di poterci aiutare, scendiamo e attendiamo con le guardie, che ci hanno portato vicino alla nostra Balilla… dopo un po' di attesa, arriva un signore anziano, che, con un'aria tranquilla, ma autoritaria, ci ordina di aprire la porta della nostra auto… terrorizzati, apriamo e, nella parte sul retro, dove avevamo tolto i sedili per poter meglio dormire in auto, è ben visibile un cilindro, coperto da un tessuto, che chiunque può intuire debba contenere qualcosa… quindi, anche due pneumatici… ma l'impensabile avviene… il signore anziano, sporgendosi dentro l'auto, vede ovviamente il cilindro, ma dice

forte e chiaro: "Non vedo nessun pneumatico"… e si incammina con le guardie…. mentre noi quasi sveniamo per il sollievo… e con immenso piacere vediamo apparire la donna che ci dice: "Salite presto a prendere ciò che avete in camera, e venite con me a casa mia"… è successo il miracolo… incrociandoci sulle scale e sentendo le nostre imprecazioni in italiano… due minuti prima o due dopo… e non avremmo incontrato la nostra salvatrice, che ora ci sta raccontando la sua vita di giovane ragazza napoletana.

Lei amava ballare e cantare… sognava di andare a Parigi, nei locali famosi per i continui bagordi diurni e notturni... dopo parecchi anni, non avendo fatto strada di successo, era tornata a Napoli... La vita però le risultava noiosa e, dopo aver soggiornato in vari paesi, è finita qui, in Turchia, dove, da qualche anno, vive come l'amica del capo della polizia. Si annoia un poco, ma fa una vita tranquilla... trascorriamo la mattina a raccontarci storie, per poi finire con un buon piatto di pasta arrivata direttamente da Napoli, e destinata a momenti speciali... e, oggi, lei è molto contenta di stare con due giovani italiani... un po' svagati, ma carini... lieta di essere riuscita ad aiutarci, ma, da brava mamma, ci ripete di fare molto più attenzione, e non metterci in pericolo come avevamo fatto... che sarebbe stato possibile che ci trovassimo per qualche tempo nella prigione locale... ci lasciamo con un lungo abbraccio e partiamo per Ankara, passando prima a ritirare i nostri pneumatici, ben decisi a vendere quelli nuovi tramite l'italiano, che avevamo conosciuto al Consolato e che ci aveva suggerito l'affare.

Per vari giorni non facciamo altro che ripensare a quella strana avventura, rendendoci conto dell'enorme rischio corso per una sciocchezza... la cosa deve rimanerci di lezione per non metterci in futuro in situazioni rischiose, soprattutto in paesi dove non conosciamo le regole di comportamento...

La nostra intenzione ora è di proseguire direttamente per l'India... finalmente riuscire a vivere in quel mondo misterioso, che mi attira in modo incomprensibile... e quindi ora viaggiare senza ulteriori divagazioni...

Decidiamo di attraversare direttamente il resto della Turchia, in modo da arrivare in pochi giorni in Iran... Non abbiamo, però, fatto i conti con improvvisi problemi sorti con la nostra Balilla, che incomincia a risentire di tutte le migliaia di strade percorse su terreni sempre privi di asfalto e pieni di buche... non passa giornata senza un piccolo guaio... Giuliano si dimostra fantastico, perché ha portato molti pezzi di ricambio, e se la cava bene intervenendo con calma e totale conoscenza della macchina che, nelle sue mani, sembra quasi un giocattolo... ma invece di due o tre giorni, ce ne vogliono ben cinque per giungere alla frontiera, dove arriviamo di sera, quando è chiusa... passiamo la notte in macchina e la mattina... siamo in Iran... sappiamo che a Teheran c'è non solo l'Ambasciata italiana, ma anche una sede della Fiat, su cui Giuliano conta molto, per fare un vero controllo della Balilla.

Ora siamo in Persia, paese che nell'antichità era in grado di invadere non solo la Grecia, ma buona parte del Medio Oriente... le sue rovine archeologiche, ancor oggi richiamano l'attenzione del mondo intero... le moschee sono di rara bellezza... quindi abbiamo una voglia matta di andare a visitare queste meraviglie, ma riesco a essere fermo con me stesso nell'aver deciso di proseguire direttamente per l'India... soprattutto perché, se vogliamo visitar la Persia decentemente, ci vuole almeno un mese.

Unica vera tappa quindi, la capitale, Teheran, dove avremmo comunque dovuto fermarci, per fare i visti per l'Afghanistan e andare alla nostra Ambasciata per il controllo dei passaporti... in ogni caso, ci interessa incontrare l'addetto culturale per ricevere notizie e documentazioni, oltre che per presentarci al giornale locale: abbiamo deciso che sarà utile, al nostro rientro, mostrare alla Fiat di Torino i vari articoli pubblicati su di noi... lunghe visite, quindi, per mettere le mani avanti su di un possibile interesse pubblicitario da parte della Fiat...

Siamo sorpresi dalla modernità di Teheran... le strade del centro sono simili a quelle europee, con la sola differenza che qui non sono state bombardate dalla guerra... negli ultimi anni, lo Scià ha fatto di tutto per far diventare la città simile alle capitali europee... ovunque bei negozi, alberghi eleganti e un flusso continuo di automobili nel centro. Senza accorgercene, passiamo cinque giorni nella capitale, prima di ripartire per l'India, che ci pare ormai vicina... ormai vogliamo arrivarci presto, senza ulteriori controlli della Balilla.

Calcolo mal fatto, perché, dopo solo una giornata, su una strada non troppo balorda e con qualche camion di passaggio, mentre ci prepariamo ad affrontare un lungo tratto semi desertico, sento Giuliano che borbotta malamente: "C'è un rumore che non mi piace... qualcosa non funziona nel motore"... sono io alla guida e mi spavento... sarebbe il primo guasto grave... prende lui il volante, e prova ad andare più veloce, poi più lento... non è soddisfatto e ripete che, secondo lui, c'è qualcosa che proprio non va... ci fermiamo, e cerca di infilarsi sotto la macchina, per vedere se riesce a capire cosa stia succedendo... forse si è bruciata la guarnizione del motore... sarebbe un vero guaio... ma, dice, "grazie ai mille consigli di mio padre, ho portato anche questo pezzo di ricambio"... però, significa che bisogna stare sdraiati sotto l'auto per poter aprire il motore e cambiare la guarnizione... abbiamo un solo crick, che usiamo quando ci capita di bucare una gomma... il problema, in questo caso, è riuscire ad alzare le quattro ruote contemporaneamente, per fare in modo di sollevare da terra l'intera Balilla, in modo che Giuliano possa sdraiarsi sotto la macchina e lavorare con comodo, senza correre alcun pericolo... un vero problema... ci troviamo in una zona quasi desertica, senza nessuno che passa... decidiamo comunque di sollevare un angolo dell'auto con il crick, cercare tante pietre, abbastanza grandi e con forma adatta, per metterle sotto quella parte di auto e senza rischio che poi cadano... levare poi lentamente il crick per usarlo in modo analogo negli altri tre angoli.... dopo due giorni di lavoro per trovare le pietre giuste, siamo convinti che la macchina sia ormai stabile... senza correre rischi, Giuliano riesce a compiere il miracolo... almeno così pare... un grande abbraccio, con la mia promessa di offrirgli un super pasto, addirittura col vino... dove e quando si riuscirà a trovarlo... e poi... viaaaa, verso l'Afghanistan...

Non abbiamo nemmeno una carta stradale... ma so che, passata la frontiera, dovremo puntare su di una città di nome Herat... e poi diretti sulla capitale, Kabul...

Sono piuttosto preoccupato perché, nonostante tutti gli sforzi fatti, non ero riuscito a trovare una carta stradale della regione... dopo tanti tentativi, sia a Torino sia a Roma... infine ci eravamo detti, che in qualche modo ce la saremmo cavata...

Ormai siamo pronti a tutto... quando arriviamo alla frontiera tra l'Iran e l'Afghanistan, chiediamo al personale che controlla il nostro visto, come sia la strada per Kabul, passando per Herat... la risposta è che c'è solo quell'unica strada... ovviamente, non si parla di strada asfaltata che, del resto, da Trieste in poi, non abbiamo più visto, eccetto che nelle città importanti... ora si tratta di una strada percorsa soprattutto da autobus e camion e da cui partono strade secondarie, talvolta semplici sentieri per il bestiame, oppure che portano a cittadine e villaggi per mercati locali... e dove si arriva solo a piedi o a cavallo...

Partiamo quindi per Herat, la seconda città per importanza del paese...
con nostra sorpresa, nel centro cittadino troviamo qualche tratto di
asfalto, sopratutto nel quadrivio centrale, dove c'è addirittura un sema-
foro, assai semplice, ma con il rosso e il verde che si alternano... una
vera novità, installata da poco... anche i cittadini ne sono stupiti...
La cosa sorprendente è che nel corso del viaggio, passiamo da un estremo all'altro... ci rendiamo subito conto che l'Afghanistan è un paese
in cui non ci si può stupire di nulla... quando entriamo in una pseudo
officina, per chiedere se ci possono dare dei pezzi di legno, che ci servono per la Balilla, ce li tagliano su misura e quando chiediamo di pagare... "No, no, non ci dovete nulla" e ci offrono il tè... il giorno dopo,
invece, in una situazione simile, ci chiedono una cifra folle... 200
mila lire... cerchiamo di farci capire, offrendone 40 mila...
che accettano subito, salutandoci...

Le strade sono assai maltenute... nessuno sa
dirti le distanze in chilometri... quando lasciamo
Herat, domandiamo a un vigile, l'unico che troviamo, quanto
disti Kabul da Heart... pensavamo, guardando su di un atlante,
circa 200 km, ma la sua risposta è... sette-otto giorni... dando
ovviamente per scontato che si parla di andare a piedi...
Con la massima indifferenza, si mettono a pregare in qualsiasi posto,
dopo aver steso un telo sulla strada, nei caffè, sui tetti... gli autobus si
fermano all'ora della preghiera e, nei cortili, c'è quasi sempre un piccolo
recinto con il Mihrab, dove si riuniscono per la preghiera...
A Kabul, per la prima volta, ci offriamo una stanza d'albergo... lo chia-
miamo così anche se è molto spartano, ma tanto è il bisogno che sentiamo di poterci lavare come si deve e riposarci per due notti in un vero
letto... recuperiamo un po' delle nostre energie... da quando abbiamo
lasciato Teheran, abbiamo dormito sempre in macchina, coi due sacchi
a pelo... situazione piuttosto scomoda... il nostro entusiasmo è tale che
abbiamo affrontato qualsiasi difficoltà.
Non conosciamo nulla di Kabul che, pur essendo piccola, ha già l'aspet-

to di una vera metropoli... quando nel pomeriggio riusciamo a parlare con un giovane, che se la cava bene con l'inglese, ne approfittiamo per invitarlo a mangiare qualcosa, in modo che ci racconti un po' la sua vita qui a Kabul... ci dice che lui fa studi seri e spera un giorno di poter andare all'estero per lavorare come medico... qui, la vita del dottore è piuttosto complicata... sua cugina, anziana, ultimamente si era ammalata, ma, quando è stato chiamato un dottore, il marito non ha permesso che la visitasse... lui spiegava al medico tutto ciò che aveva la moglie, che stava nella stanza a fianco... ma non gli era permesso di vedere la donna... il marito faceva da interprete!

In centro città si vedono parecchie auto importate, ma se si fanno due passi al mercato, si vive in tutto e per tutto come secoli indietro... c'è chi desidera mantenere intatto lo stile di vita antico, con differenza totale tra l'uomo e la donna... gli autobus sono divisi in due parti, davanti i maschi, dietro le femmine... il sistema di vita è quello tradizionale e tuttora sono in pochi a conoscere il tipo di vita europeo...

A Kabul, siamo restati solo tre giorni, perché, ormai, vogliamo correre... ci sentiamo vicini al nostro sogno... l'India... e quindi, essendoci riposati, ripartiamo per il Pakistan, che solo fino a dieci anni prima, faceva parte dell'India...

Fino al '48 infatti esisteva un unico immenso paese, col nome di India... il tutto sotto il potere inglese, ma suddiviso in numerosi piccoli stati, più o meno autonomi... del resto la situazione era complessa, anche dal punto di vista religioso, poiché molte famiglie, tipicamente indiane da sempre, erano state convertite alla religione islamica, a seguito dell'invasione militare da parte degli islamici, che gradualmente ottennero il potere in varie regioni dell'India, riuscendo a padroneggiare, sotto i Moghul, buona parte del paese...

Con la caduta nel '48 del governo inglese, fu deciso di dividere il territorio in due stati: Pakistan e India, cosicché ogni religione avesse il proprio paese, separato dall'altro... ciò però comportò che milioni di musulmani lasciarono l'India per insediarsi nel nuovo Stato musulmano, e milioni di indù lasciarono il Pakistan. Si crearono forti tensioni religiose e più di una volta si fu a un passo dalla guerra tra India e Pakistan.

Quanto a noi, siamo talmente presi dal desiderio di arrivare in India, che decidiamo di attraversare velocemente il Pakistan... attraversiamo la frontiera... dopo il solito controllo dei passaporti, eccoci in India!!! abbiamo vinto... finalmente una strada asfaltata, grazie all'amministrazione inglese che ha governato il paese fino al '48... si guida velocemente... sono io al volante... stiamo scendendo un breve rettilineo, quando improvvisamente, il mio sguardo focalizza un camion che sta venendo in direzione opposta... per un attimo entro in panico ma, per fortuna, nel momento stesso in cui me lo vedo proprio di fronte, realizzo che in Inghilterra e, quindi anche in India, la guida è a sinistra!!! sterzo bruscamente il volante e, nella frazione di un secondo, mi trovo nella corsia di sinistra... respiro tutta l'aria trattenuta nei polmoni, mentre il camion mi passa a fianco, quasi sfiorandomi... mi fermo... un lungo respiro... Giuliano si mette lui al volante e mi dice: "Per fortuna guidavi tu... io non sapevo nemmeno che in Inghilterra si guida a sinistra!"

Con calma, riprendiamo il viaggio senza mai fermarci, vogliamo arrivare a New Delhi... sentirci veramente in INDIA... finalmente.

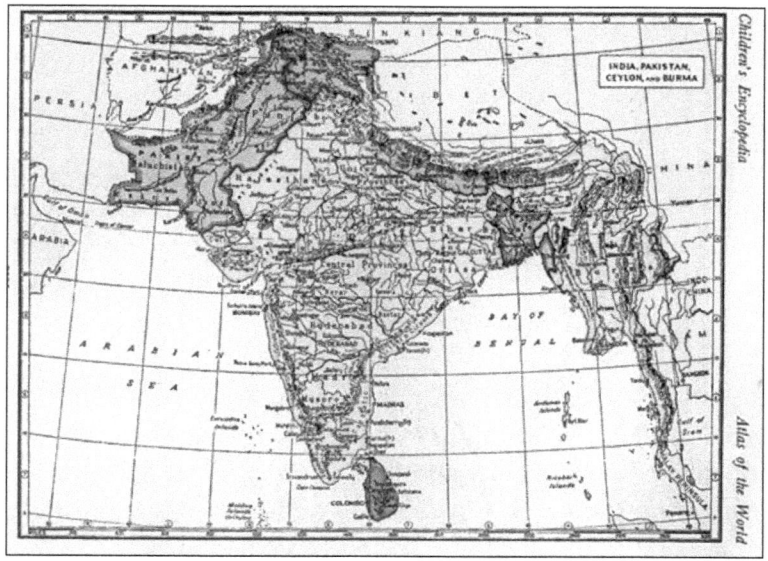

Finalmente in India - Incontro con Nehru

Quando arriviamo, è già sera... chiediamo a varie persone di aiutarci a trovare un Youth Hostel... siamo sfiniti e abbiamo un enorme bisogno di riposo... finalmente lo troviamo, ma ci dicono che le stanze sono tutte occupate... raccontiamo al dirigente da dove arriviamo, il viaggio che abbiamo fatto, che siamo stanchi morti e che sarebbe difficile dormire nell'auto, che abbiamo appena lasciata per strada... lui resta colpito dalla nostra storia... ci dice che non aveva mai conosciuto nessuno che avesse fatto un simile viaggio per arrivare in India, che per questa notte non c'è proprio posto, ma che per domani e i prossimi giorni, farà in modo di trovarci una stanza... lo ringraziamo e chiediamo se è possibile mettere i nostri sacchi a pelo nel salone, per non restare per strada... dopo averci un po' pensato, ci fa vedere uno spazio e ci dice: "Ok... per voi, che avete fatto un tale viaggio... ma solo per stanotte... domani avrete una stanza... intanto, portate la vostra auto nel cortile, perché è meglio che non venga lasciata per strada"... e così facciamo... ben presto ci addormentiamo in un angolo del salone, dove fino a tardi c'è un andirivieni di giovani... la cosa non ci da fastidio, talmente siamo stanchi...

La mattina presto, ecco la vera sorpresa... ci risvegliamo con la testa di una mucca a pochi centimetri da noi, come se volesse scrutare la nostra pelle, sentire il nostro odore... ci tiriamo un po' su, per capire cosa succede, e restiamo interdetti nel vedere due mucche che gironzolano nel salone, mangiando qualche rimasuglio di cibo trovato a terra... anche la seconda mucca si avvicina, venendo a curiosare nei nostri sacchi a pelo. Da quel poco che avevo letto sull'India, so bene che in questo paese la mucca è un animale sacro, ma restiamo lo stesso interdetti, rendendoci conto che una delle due mucche è estremamente curiosa nei nostri confronti... probabilmente sente che siamo diversi...che abbiamo un odore strano...

Ci alziamo e cominciamo a programmare la giornata... siamo talmente entusiasti di trovarci in India, da anni il mio grande sogno, che dico a Giuliano: "Oggi offro io! Andiamo a cercare un buon locale per fare una colazione come si deve"... chiediamo a uno degli inservienti, che ci consigli il meglio... la sua risposta non ci piace un granché: "Un albergo all'europea, non molto lontano, oppure un locale tipicamente indiano, ma leggermente costoso"... ci accorgiamo che a lui piacerebbe poter andare in un locale di lusso e, non potendolo fare, suggerisce di farlo a chi pensa abbia soldi da spendere... scartiamo le due proposte e decidiamo di andare alla ventura... come abbiamo d'altronde sempre fatto... finalmente sta iniziando la nostra avventura in India...

Andiamo a dare un'occhiata ai due posti suggeriti, per farci un'idea della situazione... ci era stato detto che Delhi è praticamente costituita da due città, una attaccata all'altra: quella moderna, di stile europeo, tipicamente all'inglese, che ci lascia piuttosto indifferenti... ero già stato a Londra, e quindi, niente di nuovo... in India mi aspettavo ben altro... un mondo diverso... diamo un'occhiata al primo locale all'europea e al prezzo... in realtà non eccessivo ma pur sempre alto per le nostre tasche... poi al locale all'indiana, molto curato e con due sale separate: una più piccola per le coppie e l'altra per gli uomini... decidiamo subito che non è un posto per noi, anche da come ci guarda un inserviente, indicandoci di andare nella sala per gli uomini... non mi piace, e mi viene spontaneo di dire a Giuliano: "Prima lezione per comprendere come funziona il sistema... stretta separazione tra uomini e donne, e ancor maggiore tra le varie caste, cosa di cui prenderemo conoscenza".

Continuiamo a passeggiare, e ci rendiamo subito conto che le due città sono assai diverse, anche nella loro struttura urbana: una è all'europea, con strade larghe, l'altra con vicoli stretti, e ovunque per le strade persone che vendono cibo... un uomo o una donna seduti per terra, con intorno tre o quattro contenitori per cuocere e una serie di scodelle con il cibo da vendere ai passanti... Decidiamo che è il momento giusto per fare colazione come vuole l'usanza locale... prendiamo per due soldi le scodelle e mangiamo camminando, come fanno tutti gli altri...

Il contrasto tra le due parti della città è enorme... sono due mondi diversi... ci fermiamo in vari posti... osserviamo come vive la gente... cerco di entrare gradualmente nello spirito del paese...

improvvisamente, restiamo sorpresi nel vedere il maestoso Qutab Minar, di cui non avevamo letto nulla, non sapendo, quindi, di cosa si tratti... restiamo interdetti di fronte a questa splendida colonna, che ci fa venire l'idea che l'India, prima dell'arrivo degli Islamici e poi degli Inglesi, doveva essere stata molto sviluppata culturalmente, e quindi anche politicamente e artisticamente, per aver raggiunto livelli architetturali di tale splendore...

Per cinque giorni continuiamo a passare da una parte all'altra della città, entrando nei templi, non solo per ammirarne le sculture, spesso sorprendenti, ma anche per vedere come la gente prega, non a orari fissi come da noi, quando il prete dice la messa, ma in qualsiasi momento della giornata, per sentirsi vivere nello spirito del tempio, sempre pronto ad accoglierli... visitiamo anche gli edifici storici, assai numerosi a Delhi, e di cui non sapevamo nulla... e anche i musei, dove riusciamo a orientarci e a comprendere lo sviluppo culturale di questa parte di mondo...

Dopo sei giorni, passati per rimetterci un po' in sesto dopo il lungo e faticoso viaggio da Kabul a New Delhi, mi rendo conto che è il momento di pianificare il nostro viaggio... rendendoci conto che l'India è immensa, con grandi differenze tra le varie regioni...

Ovviamente vogliamo scoprire il paese, in tutti i suoi aspetti: la vita quotidiana e l'arte, di cui abbiamo appena scoperto alcune meraviglie... ma ci tengo anche a riuscire a fare la tesi di laurea, sul progetto indiano per un piano quinquennale teso a migliorare la vita contadina... non ho idea di come prendere i contatti con gli uffici responsabili del progetto, che certamente esistono, e di cui avevo ricevuto alcuni dati presso l'Ambasciata indiana di Roma.

Mi è chiaro che è meglio presentarmi come giornalista, cosa possibile grazie alla mia tessera, anche perché spero di riuscire a vendere, una volta tornato in Italia, qualche articolo alle redazioni di riviste turistiche... come fare però, a raggiungere questi uffici?...

Come prima mossa, in una città in cui non conosco nessuno, penso di rivolgermi all'Ambasciata italiana... lo faccio, ma con ben poco successo...non mi prendono minimamente sul serio, considerandomi quasi un ragazzino... sono abituati a ricevere giornalisti noti e importanti... tutto ciò che ottengo è il consiglio di provare ad andare in un ufficio del Ministero, coinvolto nel progetto... non credo che questa sia la strada giusta, cerco di puntare più in alto, come mi era capitato altre volte...

Mi viene in mente la volta in cui, a Innsbruck, in Austria, ero arrivato in ritardo a un concerto dedicato a Chopin, che avevo sognato per settimane... e per il quale ero arrivato espressamente in autostop dalla Germania... sapevo di essere in ritardo... quindi senza prendere il tempo di cercare un ostello, per vestirmi decentemente... mi presento alla cassa per acquistare il biglietto, per il quale avevo messo da parte il denaro necessario... mi dicono che i posti in teatro sono tutti esauriti... resto interdetto... sono giorni che sogno di questo concerto, il viaggio in autostop non era andato come avrei voluto e adesso non so cosa fare... mi rigiro su me stesso, cercando una soluzione... ed ecco un'idea... strana... difficile che funzioni, ma voglio tentare... con voce ben decisa, dico che conosco personalmente il direttore del teatro, mentendo in pieno, ma parlando con un tono talmente convinto, che l'inserviente lo chiama...

quando mi vede, un diciassettenne coi pantaloni corti, resta talmente sorpreso, che mi chiede come mai io mi trovi lì... così conciato... gli rispondo che da oltre una settimana sognavo di questo concerto al pianoforte, strumento che suono e di cui sono innamorato... forse lo dico in modo tale che ne rimane colpito... con voce calma mi dice: "Vieni con me, la sala è piena, ma farò un'eccezione..." e mi accompagna nell'angolo di un palco, da dove non sarei stato visto da nessuno, molto vicino al pianista... "C'è uno sgabello per sederti, ma non ti muovere assolutamente... mi fido di te..."

Ripensando a questa avventura indimenticabile, mi dico: "Devo puntare in alto, tentare il tutto e per tutto"... e cosa c'è di più in alto che Nehru, presidente dell'India, intimo amico di Gandhi, personaggio da me profondamente amato... e forse una delle misteriose ragioni che mi hanno spinto a venire in India... non lo saprò mai...

Decido di tentare, e comincio col far visita alla redazione di un giornale locale, presentandomi come un collega, venuto dall'Italia in auto, cosa che colpisce il redattore che mi riceve, e quindi mi chiede di spiegargli meglio la vicenda, talmente originale da poter interessare il suo giornale... il gioco mi pare positivo... voglio tentare il massimo... gli dico che mi interessa a fondo la sorprendente capacità di Nehru nel progettare lo sviluppo dell'India, che invece fu da sempre sfruttata dagli Inglesi... sarebbe di grande interesse poterlo incontrare, anche solo per un breve momento... in Italia io scrivo soprattutto per i giovani, con cui si sta parlando di futuro...

Ormai quasi da collega, il redattore mi promette che mi aiuterà nella inevitabile procedura per ottenere l'incontro con Nehru... due giorni dopo, mi reco con lui in vari uffici per presentare il mio passaporto, farmi fotografare e altre cose del genere... finalmente ricevo un foglio ufficiale, che mi permette di entrare nell'edificio che ospita lo studio di Nehru, e in cui è scritto che il presidente mi riceverà alle ore 12 del giorno seguente...

Ovviamente rimango sulle spine per tutta la mattina, non sapendo come impostare il mio incontro... mi vesto decorosamente con giacca e cravatta, che sia io che Giuliano abbiamo portato in due vecchie scatole dei biscotti, per esser certi che non si sarebbero stropicciate, quando in casi eccezionali fosse necessario indossarle... in questo caso è necessario vestirmi come si deve e andare da solo...

Lasciato l'ostello, vado a piedi verso l'edificio..., non ho controllato attentamente l'orario, e quindi, mi metto a camminare speditamente per evitare di arrivare in ritardo... anche se controllo l'orologio ogni cinque minuti, incomincio a innervosirmi... quando finalmente arrivo, mostro al militare che sta al cancello d'entrata, il foglio che mi era stato dato e mi vien detto di aspettare fuori, mentre lui va a mostrarlo al suo superiore... non posso far altro che attendere, se pur controllando ogni minuto l'orologio... sono già le 12 e 4 minuti... la lancetta dei secondi continua a girare... finalmente, dopo due minuti abbondanti, la guardia ritorna insieme a un altro addetto in divisa, che mi dice di seguirlo... dopo un minuto di cammino, mi fa entrare in un ufficio, sulla cui targhetta noto il nome della persona che vi lavora...nientemeno che la figlia di Nehru... mi riceve cortesemente, dicendomi però, in un perfetto inglese: "You are a little late... my father is waiting for you in the garden"... per fortuna avevo chiesto al giornalista, che mi aveva aiutato a ottenere l'incontro, se c'era qualcosa di semplice e personale che caratterizzi Nehru... mi aveva risposto: il suo amore per il giardino,

per le rose... dietro indicazione della figlia, seguo la guardia, che mi fa strada nel giardino, dove vedo arrivare Nehru... noto che si gira verso destra, senza guardarmi... forse per cogliere una rosa... o per lasciarmi volutamente gestire la situazione... mai mi sono trovato di fronte a un personaggio così importante, conosciuto in tutto il mondo... faccio due passi e, quando sono a un metro di distanza, lo vedo con due fiori in mano, due rose appena colte per portarsele in ufficio... faccio un semplice inchino e gli dico: "La ringrazio di avermi ricevuto... so bene che lei è molto occupato e le sto rubando dei minuti preziosi del suo tempo, dedicato alla natura, che è più grande di noi... come nostra madre"... forse resta positivamente colpito dalle mie semplici parole, un po' azzardate...

mi osserva con attenzione, rendendosi conto che sono poco più di un giovanotto... lui, abituato a ricevere capi di stato... si avvicina e quasi mi abbraccia, dicendomi che è stato informato che siamo venuti dall'Italia con una vecchia automobile e che intendo rendermi conto del funzionamento del Five Year Plan, per poterne poi scrivere sui giornali... poi fa una breve pausa, grazie alla quale approfitto per dirgli che sono enormemente attratto dall'India... non so né perché né come, ma... da anni sogno di poter venire in questo paese... mi risponde semplicemente: "L'India è vasta, parli con la gente, viva con la gente... a poco a poco comprenderà questo paese"... mentre continuiamo a camminare verso gli uffici, mi spiega come il progetto sia una piccola cosa per far avanzare e modernizzare un paese tanto vasto, che, anche se lentamente, si svilupperà con successo...

Quando arriviamo all'ufficio della figlia, Nehru le parla rapidamente in hindi, e alla fine mi dice: "Mia figlia le darà i documenti necessari per svolgere al meglio il suo lavoro"... poi si accomiata, congiungendo le mani in segno di addio... contraccambio con un grazie e un profondo inchino...

La figlia mi chiede di tornare il giorno seguente per ritirare i documenti, che mi aiuteranno nelle varie regioni che ho scelto di visitare... il giorno seguente mi vengono date quattro lettere per gli Stati in questione... mi saranno molto utili quando mi presenterò nei diversi uffici amministrativi per chiedere aiuto e collaborazione, in modo che io possa capire lo sforzo che il governo sta facendo per migliorare la situazione agricola nel paese...

Mentre la saluto, ringraziandola vivamente, non riesco a credere che queste semplici lettere, firmate però dal presidente, mi apriranno porte utili non solo per la tesi di laurea, ma per incontrare persone competenti e di alto livello, che certamente parleranno in inglese... ufficialmente, sarò considerato un giornalista e non uno studente che sta preparando la sua tesi di laurea... non riesco a crederci... mi riprometto di fare il meglio possibile per ottenere il materiale più adatto per pubblicare qualche articolo, una volta arrivato a Torino, sia nelle pagine dedicate ai giovani, sia per far conoscere l'India su qualche rivista di turismo...

Quantunque abbia appena aperto strade utili per preparare la mia tesi, continuo a dirmi che ciò che mi interessa veramente è di comprendere il motivo della mia fissazione per l'India... perché ne sono attratto? perché è da sempre un mio sogno... Nehru mi ha dato un suggerimento per capire questo paese... mi ha pure dato queste quattro lettere... ora tocca a me saperle utilizzare al meglio...

La sera, quando apro il mio diario, come faccio ogni giorno, intendo scrivere sull'incontro con Nehru... mi viene difficile scrivere su di un personaggio così importante in confronto a me... curiosamente mi viene da ripensare al regalo che mi aveva fatto il direttore del teatro austriaco, in modo spontaneo e senza conoscermi, di accompagnarmi in un posto nascosto, a pochi metri del pianista, che io potevo vedere, senza che alcuno mi vedesse... forse aveva misteriosamente intuito in me, se pur ragazzo mal vestito, forti misteriose onde di passione per la musica... ripensando a quel lontano concerto, riprovo l'enorme dolore avuto nell'abbandonare lo studio del pianoforte... forse l'India avrebbe potuto aiutarmi a riempire in qualche modo quell'enorme vuoto... automaticamente, mi torna alla memoria qualche riga scritta a suo tempo su quei momenti...

Quanto ho amato la bianca tastiera, quando sognavo mani che si muovono veloci creando melodie... e invece io restavo fermo, silenzioso, a guardare la tastiera fredda... desiderio folle di saper suonare, posar le mani e lasciarle correre libere a cercarsi le note, le armonie più delicate... e, invece, dita irrigidite dimenticano ciò che sanno fare, mentre il cuore piange e urla... talvolta mi pareva di migliorare... sentivo le mani correre sicure, senza intoppi... finalmente, le note fluiscono armoniosamente... ma il giorno seguente non ricordo ciò che ho suonato... continuare a insistere... a farmi coraggio... ricominciare a studiare come un pazzo... ogni domenica, da mattina a sera, mentre i miei fratelli escono con gli amici, io, incollato alla tastiera, sempre sperando di superare le difficoltà... pronto a qualsiasi sacrificio pur di diventare un pianista... dedicare la vita alla musica...

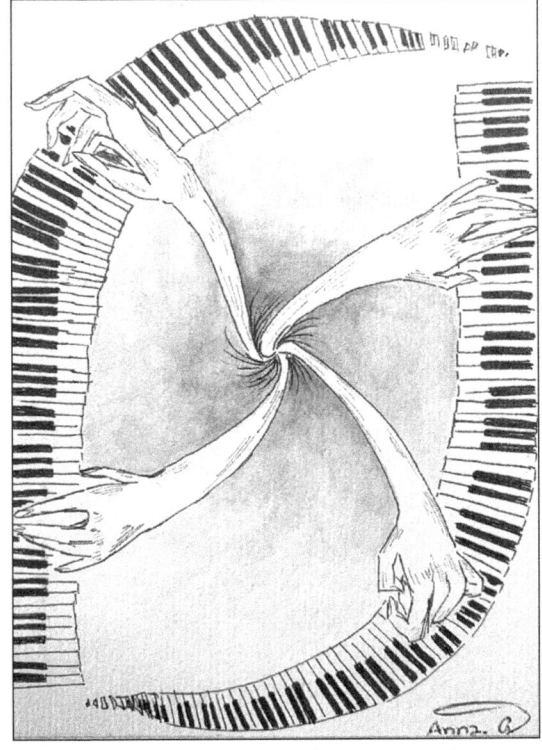

Ma dopo anni di insistenza... un giorno chiudo il pianoforte... con mia decisione di non aprirlo più... definitivamente... non ascolterò nemmeno più musica di pianoforte... solo altri strumenti...
e così fu... per anni...

Il giorno seguente, rileggendo nel diario queste righe, dedicate al mio rapporto col pianoforte, mi chiedo se l'India non potrebbe aiutarmi a entrare in un nuovo mondo, tutto da scoprire...
Facendo il conto dei nostri giorni trascorsi a New Delhi... ci accorgiamo che son passati 15 giorni dal nostro arrivo... siamo contenti, perché sentiamo di incominciare a entrare nello spirito del paese... non mangiamo che cibo indiano, spesso seduti per terra, come avviene nel quartiere indù... mi accorgo che la parte europea non ci interessa più di tanto, se non per visitare templi, edifici antichi e musei, che si trovano proprio in quei quartieri... siamo invece assai più curiosi e contenti, incominciando a comprendere che la vita locale ha aspetti assai differenti da quelli europei, soprattutto per il sistema gerarchico delle caste... avevo letto qualcosa al riguardo ma, passeggiando nella parte indù della città, ci accorgiamo che i bramini, la cui vita è tutta dedicata ai testi sacri e alle funzioni religiose, sono vestiti di bianco... appartengono infatti a una casta specifica, esclusivamente coinvolta nel mondo della sacralità... nessuno di altra casta si avvicina a loro, né tanto meno li tocca....
Sono i nostri primi passi per capire l'India... automaticamente, anche noi ci teniamo distanti dai bramini, mentre siamo abituati a sentirci schiacciati tra altre persone negli autobus e al mercato...
in poche settimane, ci è chiaro che la popolazione è divisa in molte caste, che però risalgono tutte alle quattro principali: la più importante è quella dei bramini, vestiti di bianco, colore associato alla luce e alla purezza; segue la casta degli kshatriya, cui spettano le funzioni militari e di governo, associati al colore rosso; quindi i vaishya, che svolgono attività artigianali, commerciali, imprenditoriali, associati al colore giallo; e, infine, i shudra, lavoratori servili, associati al colore nero... alle quattro caste si aggiunge la categoria dei fuori casta (detti paria o intoccabili), che svolgono funzioni considerate impure...
Siamo tuttora contenti di vivere a Delhi, ma è tempo di pianificare il

nostro viaggio in questo immenso paese... quale itinerario intraprende-
re... guardiamo la carta appena comperata e optiamo per dirigerci verso
Calcutta, passando in ogni caso per Benares, dove milioni di indiani si
recano per bagnarsi nel Gange, il fiume sacro, e sulla cui sponda, chi ne
ha la possibilità, desidera, alla morte, essere cremato.

Lasciamo dunque Delhi, con l'idea di fermarci spesso lungo il viaggio,
sopratutto nei mercati, perché è lì che si può facilmente osservare la
gente, vedere cosa comprano, cosa vendono, cosa mangiano... e se riusciamo a parlare con qualcuno... prenderci tutto il tempo per parlare...
così mi ha suggerito Nehru...

Pianifichiamo dunque le giornate, in modo da poter quasi sempre dormire in un ostello della gioventù, e non in macchina, come abbiamo
spesso fatto finora. Qui, preferiamo gli ostelli o situazioni simili, per
poter parlare con la gente, che sovente ci suggerisce cosa c'è di interessante nella zona... l'altro vantaggio è che passare le serate con giovani
studenti comporta un continuo utilizzo dell'inglese, lingua che voglio
migliorare e arricchire ogni giorno di almeno 15 parole... ogni sera,
prima di dormire, le rileggo e le memorizzo ...se no... punizione!...
niente colazione al mattino... mi diverto a fare il conteggio... in dieci
giorni avrò 150 parole in più a disposizione per farmi capire meglio...
in un mese 450... il mio inglese sarà allora diventato discreto.

Dopo vari giorni trascorsi in piccole cittadine, mi ricordo che a Delhi
uno studente ci aveva suggerito di fermarci nella città di Agra, dove
c'è il Taj Mahal di cui avevo letto qualcosa nei documenti datici dal
Consolato indiano di Roma... rammento malamente di che si tratta...
ma quando arriviamo... enorme sorpresa nel vedere questo splendido
mausoleo, interamente rivestito di marmo bianco, con le sue cinque
cupole e quattro minareti, riflesso nelle acque dei due canali che si in-
crociano nel giardino... splendido edificio costruito nel 1632 dall'imperatore moghul Shah Jahan, in memoria della sua adorata moglie, morta
di parto.

A poco a poco, incominciamo a comprendere le varie facce di questo
paese... frequenti gravi sacche di povertà... ma quasi ovunque, grandiosi

ruderi, che sono gloriose testimonianze di un passato storico rilevante... Cercando di approfondire le nostre conoscenze, entriamo in una libreria di Agra e compro un semplice libro scolastico di storia, ovviamente scritto in inglese... ogni giorno un passo avanti, anche grazie a questo piccolo libro... decidiamo che la prossima tappa – in direzione di Calcutta - sarà Benares, la città santa lungo il Gange, fiume sacro per la religione indù... luogo che attira enormi folle.

Ci fermiamo a Sarnath, piccolo villaggio, a circa 13 chilometri prima di Benares, uno dei siti più sacri e cari per il buddhismo, meta di pellegrinaggio, dove si narra che Buddha abbia tenuto il suo primo insegnamento.

Benares è una delle città più antiche al mondo, uno dei luoghi religiosi più frequentati... quando la folla è talmente fitta da impedirci di continuare con la Balilla, la posteggiamo in uno spiazzo e ci immergiamo

tra la gente... centinaia di persone scendono nel Gange a metterci almeno i piedi nell'acqua, mentre altri, poco alla volta si immergono con tutto il corpo... per poi pregare... si vedono molti Sadhu, i santoni, chiamati anche Baba, che passano la vita a pregare, fieri di trovarsi in uno dei luoghi più sacri al mondo, dove possono sperare di uscire definitivamente dal ciclo delle reincarnazioni, cioè dal samsara...

Nella grande spianata lungo il fiume, vediamo le ceneri di tre pire accese nei giorni precedenti... ora ce ne sono due in preparazione... ci fanno segno che non dobbiamo avvicinarci perché tra poco sarà portato il corpo del morto e inizierà la cremazione... ci allontaniamo, ma restiamo per ore a guardarci attorno... mi sento così lontano da Torino... qui, lungo il fiume, mi pare di entrare in un mondo sconosciuto, ma che mi parla, mi stimola ... mi seggo vicino a un Sadhu, assorto in preghiera, distante da tutto... resto a osservarlo... ho l'impressione di trovarmi veramente nell'India più profonda... quella che avevo sognato, senza saperne il perché.

La mia intenzione è quella di conoscere sempre più i vari aspetti della vita... decidendo via via in base a ciò che si presenta... siamo ancora così all'oscuro di tutto... mentre nei miei viaggi in Europa, dopo poco mi sentivo a mio agio, anche in Svezia o in Inghilterra, qui, tutto è strano, spesso con situazioni difficili da gestire e condividere...

Ci avviciniamo ormai a Calcutta... poi si deciderà... per il momento continuiamo a visitare cittadine e mercati lungo la strada... le sorprese sono tante... come quando, viaggiando, incontriamo un gruppo di dromedari che stanno trasportando materiali e persone... sarebbe divertente farla vedere a qualche giornale e forse, chi lo sa, fare pubblicità per la Fiat.

Quando arriviamo a Calcutta, la città ci appare assai diversa da Delhi...

per lungo tempo è stata la capitale dell'India inglese... oggi, la cosa che più ci colpisce, è l'estrema povertà... passeggiamo a lungo nelle vicinanze del porto... pieno di mendicanti... troviamo l'ostello e ci riposiamo per poterci alzare presto la mattina, quando fa meno caldo, per scoprire la città... la cosa che ci sconvolge è vedere che la mattina presto, passa un camion per raccogliere i poveracci, morti durante la notte per strada... cosa assai frequente, ci dicono... si tratta di persone che non hanno casa... vivono mendicando...

Dopo tre giorni, decidiamo di cercare l'ufficio che ci aveva suggerito la figlia di Nerhu, non solo per iniziare a cercare materiale utile per la mia tesi, ma soprattutto per incontrare persone che ci possano introdurre a momenti di vita locale, che è la cosa che ci interessa maggiormente.
Trovato l'ufficio, mi rendo subito conto che la lettera che abbiamo è un passe-par-tout utilissimo... il direttore si mette a nostra disposizione, chiedendoci cosa vogliamo vedere... quanto tempo abbiamo... e così, per due volte, veniamo accompagnati con una macchina dell'ufficio per vedere come sia in atto un continuo lavorio per migliorare la produzione agricola... ci fermiamo in un villaggio abbastanza grande, con un ufficio riservato a questo progetto quinquennale, che mette a disposizione dei contadini non solo strumenti di lavoro di migliore qualità, ma anche semi e concimi per incentivare il raccolto... la sera, i contadini partecipano a un incontro, in cui vengono spiegati loro i vantaggi che otterranno, se seguiranno i suggerimenti dati...
Con grande piacere, ci rendiamo conto che il nostro inglese migliora di giorno in giorno, anche se si tratta comunque di un inglese assai semplice... per lo più, parliamo con gente che quotidianamente usa una delle decine di dialetti locali, cavandosela con l'inglese per necessità... quindi ci capiamo facilmente, con un inglese semplice, fatta eccezione con le persone di alto livello, che spesso hanno studiato in ottime università indiane, se non addirittura a Londra.
Grazie a due giorni di visite nei villaggi agricoli, sempre con lo stesso accompagnatore, ne diventiamo amici... lui si dimostra curioso di come abbiamo viaggiato dall'Italia con una Balilla... dopo due giorni di lavoro, è lui stesso a proporci di volerci far conoscere qualche villaggio

particolarmente interessante… lasciamo la Balilla e prendiamo l'autobus per visitare un paio di villaggi che lui conosce bene, per farci vedere come vivono gli agricoltori… con i loro animali…

I contadini sono molto attaccati alle loro abitudini… il governo tenta di migliorare il sistema agricolo, adottando, ma gradualmente, nuove tecniche e nuovi materiali, per non staccarli troppo bruscamente dalle loro usanze, che, quasi sempre, hanno risvolti religiosi… tradizionalmente, gli indù tendono a rispettare gli animali, e raramente li uccidono… le mucche sono considerate sacre, e quindi nessuno le sfrutta o tratta male… purtroppo, spesso muoiono di fame perché nei quartieri poveri trovano pochissimo cibo… talvolta si sviluppa quasi una fratellanza tra mucche e mendicanti… entrambi sono alla ricerca di cibo… nessuno si sognerebbe, però, di utilizzare una mucca per nutrirsi mangiandola…

Molti occidentali hanno trovato esagerato questo totale rispetto nei confronti di un animale, ma quando ne parlo con il nostro accompagnatore, lui commenta: "Voi mangereste una vecchia nonna, che non serve più a niente, che non aiuta, non lavora, semplicemente consuma un po' di cibo?"… il suo ragionamento mi coglie di sorpresa… mentre lui continua dicendo: "Con le vecchie mucche, ci comportiamo esattamente, come con i nostri familiari".

La cosa più sorprendente è quando ci raccontano storie dei volatili, quasi sempre in grado di trovarsi il cibo… anche le zanzare e le cavallette vengono lasciate in pace dagli uomini, che accettano tranquillamente che riposino sulle loro spalle… nessuno le caccerebbe… sono esseri viventi come l'uomo… e vanno rispettati.

*Sia io che Giuliano, in questa foto tutti e due con il turbante, siamo talmente
ben accolti che ci sentiamo ormai di far parte della gente locale.*

Trionfo e morte della Balilla

Rientriamo a Calcutta, dove incontriamo varie persone, tutte sorprese che fossimo riusciti ad arrivare dall'Italia con la Balilla... ci chiedono spesso di raccontare i particolari del nostro viaggio... con Giuliano, facciamo a gara per ricordare i momenti più suggestivi e intriganti... racconto anche del mondo universitario... della tesi che, al mio ritorno, dovrebbe essere quasi pronta... Giuliano invece immagina che sarebbe bello se riuscissimo a fare della pubblicità alla Balilla, e di riflesso la speranza che la Fiat forse apprezzerebbe il nostro sforzo e... chissà, ci potrebbe anche regalare un'auto... trovo la sua idea fantastica... bisogna svilupparla, per poter presentare a Torino delle fotografie sorprendenti, tali da stupire la direzione della casa automobilistica....

Incomincia-mo ad alma-naccare sulle idee più stra-ne... rivedia-mo la foto con la Balilla men-tre sorpassia-mo branchi di dromedari e di elefan-ti... sarà cer-tamente una sorpresa per la Fiat… suggerisco che sarebbe bene fotografare l'automobile con donne indiane nei loro splendidi e coloratissimi sari… siamo d'accordo che, per fare questo, ci servono dei contatti… persone del posto… cominciamo a sviluppare una certa intimità con due giovani, che lavorano in un campus universitario…. ci dicono che potrebbero trovare facilmente, non solo un elefante, ma anche chiedere a delle loro

Da Torino in India con una vecchia "balilla" (vedi nelle pagine interne)

amiche di posare per le foto, se possibile anche insieme agli elefanti... ci ragioniamo... ipotizziamo una foto che metta in risalto la Balilla, arrivata fino in India... paese degli elefanti... e di donne elegantemente vestite...

Per due giorni rimaniamo in contatto, non solo con i nostri due amici, ma anche con dei loro conoscenti... il gruppo si sta ingrandendo... dobbiamo trovare il luogo più adatto per scattare le foto... la sera, siamo invitati per incontrare altri amici... abbiamo l'impressione che un po' tutti ci vogliano conoscere... continuiamo a vederci e a divertirci, sempre alla ricerca della soluzione migliore... chi si incarica di individuare le ragazze più carine, e disponibili a indossare i loro sari più belli... chi conosce un proprietario di elefanti, e garantisce che sarà pronto a partecipare al "gioco"... restiamo sorpresi da tanta buona volontà... in quattro giorni, abbiamo la certezza di fotografare, in uno spazio adeguato, un elefante ben bardato con due giovani donne splendidamente vestite, a fianco della nostra Balilla, ormai assai provata, ma tuttora sufficientemente in ordine... finalmente, scattiamo le foto divertendoci... e la sera... grande festa con tutti gli amici che ci hanno aiutato, loro ancora più contenti di noi...

Dopo questa lunga e piacevole sosta, partiamo in direzione dell'Orissa, regione che ci avevano descritto come molto interessante per i suoi templi, soprattutto quelli nella città di Bhubaneswar e sulla costa del golfo del Bengala... meritano certamente una visita... intraprendiamo il viaggio, andando un po' alla ventura... ci piace uscire dalle grandi strade, vedere villaggi sperduti... arriviamo a un fiume piuttosto ampio, e rimaniamo sorpresi dal ponticello in legno che lo attraversa... lo giudichiamo rischioso per la nostra auto... che fare? un vero problema... aspettiamo che arrivi altra gente... ci dicono che è meglio prendere un bar-

cone, che ci avrebbe trasportato sull'altra riva... uno del gruppo ci accompagna e, dietro la curva del fiume, in un'ansa, vediamo una zattera-traghetto... il gioco è fatto... cerchiamo di capire se è veramente in grado di trasportarci...

alla fine, decidiamo di rischiare... saliamo sul barcone e attraversiamo il fiume...

In caso contrario, avremmo dovuto tornare indietro fino alla strada principale, che avevamo abbandonato per vedere i villaggi che gli amici di Calcutta ci avevano suggerito... alla prima occasione, ritorniamo sulla strada principale e, con nostra sorpresa, dopo una cinquantina di chilometri, incontriamo un altro fiume, che anche questa volta, si può attraversare solo a bordo di un grande barcone, in grado di trasportare perfino un camion...

Dopo vari giorni, arriviamo a Bhubaneswar, città da vedere grazie ai suoi 700 templi... ovunque se ne incontra uno, spesso anche tre o quattro, uno a fianco dell'altro. Ne visitiamo un certo numero, cercando di capire i vari stili architettonici, sviluppati in quella regione tra il quinto e l'ottavo secolo... riusciamo a individuare i templi grazie al libriccino comprato a Calcutta.

La vera sorpresa arriva al terzo giorno, entrando in un ennesimo tempio: incontriamo una persona che sta riprendendo con un buon apparecchio fotografico, assai migliore di quello di Giuliano, che poi, de facto, uso quasi sempre io... mi avvicino incuriosito e incominciamo a parlare... è un inglese... ma, cosa che mi colpisce, è un esperto di arte indiana, che sta facendo uno studio su alcuni templi locali... si chiama Charlie... gli dico subito che mi piacerebbe pranzare o cenare insieme, per prender tempo per parlare del suo lavoro, e per ricevere suggerimenti... è d'accordo... diventiamo amici, perché anche lui si trova assai solo con questo lavoro... la grande sorpresa arriva la sera dopo, mentre ceniamo... avendoci visti interessati ai templi, ci chiede se abbiamo in programma di visitare Khajuraho...

Non avevo mai sentito parlare di questo posto... ci spiega che si tratta di un gruppo di templi indù e giainisti, poco conosciuto, ma assai particolare, dove lui ha lavorato parecchio... la caratteristica di Khajuraho è di conservare nei suoi templi centinaia di sculture a soggetto sessuale, con le posizioni erotiche più strane e complesse... quindi spesso "censurate"... io e Giuliano ci guardiamo negli occhi senza bisogno di dirci che ci piacerebbe... Charlie ci racconta come, da parecchio tempo, alcuni studiosi inglesi abbiano scoperto Khajuraho, evitando però di pubblicizzarlo a causa della spregiudicatezza delle sue centinaia di sculture....

Neppure negli uffici del governo reale inglese, a Delhi, si parla di Khajuraho... del resto, ci dice che, anche in Inghilterra, è piut-

tosto raro, se non proprio tabù, parlare di sessualità.

In serata, discutiamo quale sia la strada migliore per raggiungere Khajuraho, visto che si trova nello stato del Madhya Pradesh... con la nostra carta stradale assai limitata e la sua, nettamente migliore, decidiamo che, da Khajuraho, possiamo continuare direttamente verso Bombay... la Balilla comincia a dare segni di non farcela più... stiamo ipotizzando di trovare una soluzione alternativa, proprio a Bombay .

Charlie ci racconta come non sia chiaro come mai, soltanto nella regione di Khajuraho, si trovino sculture così decisamente inneggianti all'atto sessuale... forse, si tratta di una setta religiosa, come ce ne sono svariate in India... lui sostiene che tali sculture riguardino specifiche divinità, protettrici del rapporto sessuale e della procreazione... si tende a incoraggiare il rapporto uomo-donna, in tutte le sue molteplici e possibili posizioni... ancora oggi, sono molte le coppie che vi si recano a pregare... per avere un figlio.

Il giorno seguente, salutiamo il nostro amico e partiamo spediti... ci vogliono ben cinque giorni per arrivare ai templi, ma la Balilla si comporta discretamente... tutto fila liscio, salvo un paio di volte che abbiamo dovuto fermarci per riparare una gomma, che si era rotta a causa della strada sconnessa... ci mettiamo a ridere, dicendo che forse anche lei è curiosa di arrivare a Khajuraho... il viaggio continua senza problemi, dormendo nella Balilla per evitare di cercare un ostello, e quindi arrivare più velocemente... rimaniamo senza fiato, osservando le decine e decine di coppie scolpite nella pietra, nelle posizioni erotiche più inverosimili...

Riprendiamo il viaggio verso Bombay, discutendo tra noi le differenze che ci sono tra il ruolo della religione, qui in India, e quello a cui siamo abituati a Torino... nelle nostre famiglie è tabù accennare, anche solo minimamente, alla sessualità... guai a dire ai genitori che andiamo a sdraiarci nei prati per abbracciare la nostra ragazza... in casa, si dice ancora che i bambini sono portati dalla cicogna...

Sulla strada in direzione per Bombay, decidiamo di fermarci alle grotte di Ajanta ed Ellora, con templi scavati nella roccia, di cui avevo letto nel materiale consultato al Consolato indiano di Roma...
Purtroppo, la Balilla incomincia a perdere colpi... ogni giorno, si presenta un nuovo problema... Giuliano fa del suo meglio, ma dobbiamo fermarci in continuazione per tentare di riparare ogni tipo di guasto... spesso, con l'aiuto di camionisti di passaggio... un fanale che non funziona, una porta che non chiude, una perdita d'olio...
Con parecchia fatica, arriviamo ad Ellora e Ajanta - già nelle vicinanze di Bombay - entrambi centri religiosi ricchi di splendidi templi con sculture molto ben conservate... rinomati fin da tempi antichi, essendo centri di pellegrinaggio di tre importanti religioni: buddhismo, brahmanesimo e jiainismo. Si tratta di un complesso con ben 34 grotte, adibite a templi, ottenuti scavando nella roccia, in un periodo che va dal quinto al decimo secolo... già assai noti al tempo dell'amministrazione inglese, sono frequentati da pochi turisti, ma da molti indiani, sia locali che venuti da lontano, assorti in preghiera di fronte alle mille pitture e sculture.

Visitiamo la maggior parte di questi splendidi templi, ricchi di sorprese... anche se la vera sorpresa per noi è di incontrare una ragazza americana, Joyce, arrivata in India via mare dall'Inghilterra e, ora, da Bombay a Ellora, in autobus ...
Siamo talmente sorpresi di trovare una ragazza che viaggia da sola, utilizzando i mezzi locali di trasporto, che discutiamo con lei a lungo e, alla fine, decidiamo di farla venire con noi a Bombay, dove anche lei intende tornare...
Purtroppo, di giorno in giorno la macchina dà sempre più segni di stanchezza... lungo la strada abbiamo già perso vari pezzi, come i copri-

cerchio, e abbiamo dovuto sostituire i fanali con semplici lampadine...
a questi guasti abbiamo ormai fatto l'abitudine... ma, adesso, è proprio il
motore a perdere colpi, e Giuliano incomincia a ripetere che si va verso
l'irreparabile... alla lunga, il rischio può diventare grave... ci guardiamo
negli occhi e intanto penso... *cara, vecchia Balilla, ci hai servito anche troppo, hai fatto assai bene il tuo dovere, ora hai diritto al riposo*... è chiaro che
sarebbe impensabile tornare in Italia con questa macchina... la cosa migliore, quindi... è fare un tentativo presso gli uffici della Fiat a Bombay...
Ci presentiamo al direttore della sede locale, un italiano... gli proponia-
mo di esporre in vetrina la Balilla, raccontandogli tutte le avventure del
nostro viaggio e le qualità della macchina... lo convinciamo... evviva!!..
è deciso che *la Balilla venga messa per alcuni giorni in vetrina, nel salone
centrale, per una vera pubblicità!*
Il direttore ci invita per una settimana nella sua villa, dove ci godiamo la
vacanza e un trattamento principesco, mentre utilizziamo il tempo per
programmare il resto del nostro viaggio in India... utilizzando, d'ora in
poi, mezzi di trasporto pubblici, cioè treno e autobus.
L'unico inconveniente, a cui dobbiamo pensare, è il futuro della nostra

Balilla... dopo esser rimasta a far bella mostra di sé nel salone della Fiat... cosa ne sarà di lei?

Lasciarla in India... forse regalandola a qualcuno... ma si dovrebbe pagare la tassa di importazione... impensabile, a causa del prezzo altissimo, dato che in India, dove non si producono ancora auto, a causa delle enormi tasse solo i veri ricchi si possono comperare una macchina... quindi, l'unica possibilità che ci rimane è... di far scomparire l'auto... ma come?... ipotizziamo di farla morire in mare, fuori dalle acque indiane, portandola allargo con un barcone... farla morire silenziosamente... nelle acque oceaniche... ma la cosa ci pare troppo rischiosa... al momento di farla scivolare in mare, il barcone si potrebbe rovesciare... optiamo allora per farci prestare due grosse mazze e, nel cortile della Fiat, con molta tristezza nel cuore, la riduciamo a pezzi... ogni colpo di mazza è anche un colpo al cuore... *cara Balilla... come ci è piaciuto portarti in giro con le nostre ragazze a Torino... e poi, a Roma, farti vedere la città eterna, dicendoti che dovevi imparare mille situazioni nuove per poter riuscire ad arrivare in India... cara compagna, che tante volte sei stata il nostro letto in*

riva al mare... e, ora, ti massacriamo... cara amica... una furia di colpi... fino a quando, il commissario dell'ufficio importazioni, venuto appositamente a controllarci, dichiara che la

macchina... non esiste più... "Oggi, io sottoscritto, responsabile dell'importazione di auto dall'estero, sono testimone della scomparsa della Balilla Fiat, entrata in India da pochi mesi, in quanto i due proprietari l'hanno distrutta sotto i

miei occhi e, pertanto, posso sottoscrivere che detta auto Fiat non esiste più".

L'India del Sud

La scomparsa della Balilla modifica inevitabilmente il nostro modo di vivere l'India... di colpo, siamo costretti a portare a spalla tutto ciò che finora se ne stava nella macchina... mi rendo conto, che anche i tre libri d'arte, molto pesanti, che avevo follemente comperati a Istanbul, perché li svendevano a un prezzo ridicolo... ora, peseranno nel mio zaino... eravamo comunque partiti con l'idea che in certi casi avremmo potuto viaggiare portando a spalla tutto il bagaglio... e, per questo, avevamo acquistato enormi zaini...

Ormai, si tratta di viaggiare coi mezzi locali, treni o autobus... dato che l'autostop, qui, è del tutto sconosciuto... avevamo sentito parlare assai bene del Kerala, la regione sudoccidentale, stretta lungo il mare, da secoli conosciuta per il suo commercio, che ruota intorno al commercio delle spezie, richieste un po' ovunque... al punto che, fin dai tempi antichi, si veniva qui ad acquistarle da tutto il mondo conosciuto con navi greche, romane e cinesi... nel porto indiano di Cochin in Kerala, vivevano, già da secoli, mercanti arabi, cinesi ed europei... si capisce, quindi, come tutta la zona lungo il mare si sia sviluppata di più rispetto all'interno... il vero vantaggio per la regione è che la striscia marina è molto pianeggiante e ricca di innumerevoli canali verso l'interno...
Quando gli europei iniziarono a volersi appropriare dell'India, diedero vita a diversi punti di commercio, spesso diventati, nel corso del tempo, città semi europee, con gli inevitabili vantaggi e svantaggi... si aprivano scuole e chiese europee, si scambiavano merci di ogni tipo, la gente

locale imparava nuove lingue e stili di vita... tutte cose più facili da realizzare in Kerala che altrove in India, essendo la parte del continente più vicina all'Europa, arrivando attraverso il Mar Rosso...

Il paesaggio del Kerala è meraviglioso, sia nei canali interni che lungo il mare... ne approfittiamo per prenderci una buona settimana di riposo, vivendo in spiaggia, giocando con l'acqua e parlando con la gente, cosa che ormai facciamo di continuo... veniamo a sapere che i giovani, qui, studiano assai più che altrove in India e, soprattutto, che lo Stato del Kerala ha stabilito rapporti diretti con la Russia, grazie a numerose borse di studio offerte per frequentare l'università di Mosca... la Russia, padrona in gran parte dell'Asia settentrionale, quando, nel 1948, è terminato in India il dominio inglese, tenta, a modo suo, di penetrare nel mercato locale, sperando di trarne vantaggi politici con il governo indiano, il che aprirebbe mille altre porte, sia culturali che di ogni tipo di scambi...

Contenti di aver fatto vari giri in barca nei canali interni, e di aver ben visitato e goduto il Kerala, partiamo con un autobus per Mysore, città che molte persone ci avevano consigliato, soprattutto per un suo palazzo, quasi unico nel suo stile... ci troviamo un ostello in centro, e andiamo a dormire presto per goderci la città all'alba... mentre giriamo nel mercato, luogo sempre interessante, restiamo stupiti dal fatto che un giovanotto, sentendoci parlare, ci chieda in inglese se vogliamo comperare della frutta... sorpresi, incominciamo a parlargli... è figlio di un agricoltore piuttosto benestante, che ha deciso, avendo quattro figli maschi, di farne studiare due seriamente, mentre gli altri dovranno aiutarlo nel lavoro agricolo... i primi due ora vivono in città, il più giovane al liceo di Bangalore, l'altro all'università di Bombay, mentre lui lavora nei campi, ma... essendo geloso dei fratelli, vorrebbe poter studiare anche lui, pur aiutando il padre nei lavori agricoli... sta cercando una via di mezzo, per cui si alza alle quattro del mattino per venire a vendere la frutta al mercato e poi, alle sette, fa una breve colazione e via!!... un buon chilometro a piedi per arrivare a una scuola media... e nel pomeriggio... il lavoro nei campi!... vuole raccontarci dei suoi sforzi per proseguire negli studi, mi guarda da vicino... gli dico che mi piacerebbe incontrarlo di nuovo... ci vediamo la sera e diventiamo amici, si chiama Reddy... lo invitiamo subito a trascorrere due altre serate con noi, parlando di mille cose... lui ci invita ad andare a casa sua, dato che c'è posto, non essendoci i suoi due fratelli...

Così, per un'intera settimana, viviamo in famiglia... conosciamo il padre, grazie al quale abbiamo la possibilità di vedere fino a che punto sono arretrati nel mettere a frutto il lavoro agricolo, ma, al contempo, ci rendiamo conto di quanti sforzi stia facendo il governo di Delhi, mandando nelle campagne vari funzionari per convincere i contadini a utilizzare nuovi stili di lavoro... son fortunato nel trovarmi in una situazione molto utile per la mia tesi di laurea, soprattutto perché mi informano che, in questi giorni, è presente in zona un parlamentare della regione, e quindi avrò la possibilità di incontrarlo... ho raccontato a Reddy che, non solo sono giornalista, ma che sto facendo uno studio proprio sul *Five Year Plan*... lui si sente importante nel cercare di aiutarmi, e sogna di poter superare, anche a costo di enormi sforzi, il lavoro che fa ora, da semplice contadino... grazie a lui incontriamo il rappresentante ufficiale della regione, eletto da un paio d'anni *parlamentare* di Delhi, e ora arrivato da una settimana per restarne almeno due in contatto coi suoi elettori...

Sorpreso dal notevole contatto esistente tra il governo e la gente semplice, mi faccio spiegare, come mai il vero problema non sia tanto quello di convincere i più poveri, ma i più tradizionalisti, spesso benestanti, abituati a sfruttare il terreno agricolo, esattamente come hanno sempre

fatto i loro antenati...

Talvolta, trovano più importante avere nei punti giusti le sculture di Vishnù o di altre divinità, che non spargere i concimi, suggeriti dagli esperti del governo.

Raccolgo attentamente tutti i dati utili per la mia tesi universitaria... personalmente però, sono soprattutto interessato a capire come vive la gente, sia quella benestante, sia quella più povera... la famiglia di Reddy, ad esempio, mi pare assai rilassata nel suo tran tran quotidiano... le due figlie sanno chiaramente che il padre troverà loro un marito decoroso, del medesimo livello di benessere... impareranno con la madre a gestire una casa... quindi non si pongono problemi...

Per me, è quasi automatico fare paragoni con tutte le volte che a Torino mi sono chiesto: *come vorrei vivere? è sicuro che avere più denaro mi ren-*

derà più felice, più soddisfatto?... qui in India, capita spesso di incontrare dei santoni, che decidono di vivere in assoluta povertà... spesso, si tratta di persone benestanti, che improvvisamente cambiano vita... la prima volta che ne ho incontrato uno, è stato con Reddy... mi racconta che si tratta del più ricco proprietario terriero della regione... arrivato a 50 anni, gestendo con cura per anni la sua vasta proprietà, ha deciso di lasciare tutto alla famiglia e agli amici più stretti, per ritirarsi per tre mesi in un eremo montano, dove uno dei figli gli avrebbe portato ogni settimana una piccola porzione di cibo, sufficiente per tenere il corpo in vita... passati i tre mesi, ha incominciato a camminare in giro, condividendo la sua pace interiore con chiunque lo avvicinasse... racconta come prima si sentisse impegnato a far crescere il suo patrimonio, mentre ora... è quello spirituale che aumenta a ogni incontro che fa... le persone che incrocia lo ringraziano, felici... mi viene da pensare a san Francesco d'Assisi, uno dei rari casi simili in Occidente... mentre qui, è ancora una situazione frequente... per giorni non faccio che ripensare a questa storia... vorrei proprio incontrarla una persona del genere...

Reddy riesce bene a farci un quadro di come vive la gente... ci racconta, ad esempio, come la maggioranza voglia ancora bene al Maharaja di Mysore e, come molti, soprattutto tra la gente semplice, lo considerino

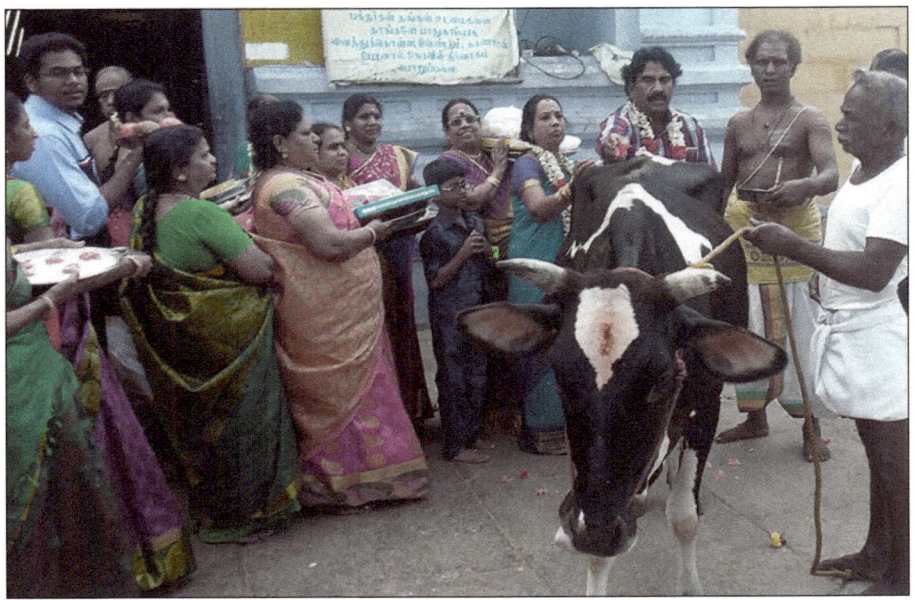

quasi una divinità... durante il dominio inglese, cioè fino al 1948, il Maharaja rappresentava l'autorità della regione, riconosciuta anche dagli inglesi, pur considerandolo un loro subordinato, ma comunque utile... il popolo non era scontento del governo del Maharaja, ma piuttosto di quello degli inglesi, arrivati qui da padroni... la gente semplice del posto, non riesce a capire che ci sia un'unica India unita... che non ci sia più il Maharaja, bensì il mondo di New Delhi, nell'India del nord, così lontano... d'altra parte, oggi, il Governo, cioè il partito del Congresso, con Nehru in testa, è presente ovunque, e infatti in pochi giorni Reddy mi fa conoscere il rappresentante del governo e, discutendo con lui, ottengo di poter incontrare il Maharaja, cosa a cui tengo molto, dato che ho sentito dire che il palazzo è una meraviglia, ma non è facile poterlo visitare... il Maharaja non ci vive più, avendo perso il titolo di governatore... quindi si è ritirato in una bella villa di campagna, per continuare i suoi studi di filosofia e religione, grazie ai quali il popolino lo aveva sempre ammirato e considerato quasi una divinità...

Non mi è difficile ottenere un incontro con il Maharaja, anche se mi è risultato problematico spiegare alle autorità il perché di questo mio desidero... me la sbrigo facilmente, poiché ormai conosco abbastanza bene la burocrazia indiana, e soprattutto grazie alle lettere firmate da Nehru, che faccio sempre vedere... dopo due giorni, mi vien detto che la mattina seguente alle 11 sarò ricevuto dal Maharaja nel palazzo ufficiale... mi vesto con giacca e cravatta e vengo ricevuto da una serie di guardie... la prima, all'entrata del palazzo, dove mi viene aperta la porta, mi affida a un accompagnatore, che mi introduce nel salone del pianterreno e poi, in una saletta laterale, dove devo togliermi le scarpe, poiché all'interno del palazzo si cammina solo a piedi nudi... saliamo al primo piano, dove si trova il salone delle feste, con uno splendido soffitto di vetrate colorate... le pareti sono stuccate e istoriate in oro... attraversiamo un corridoio, tutto dipinto a colori dorati, e arriviamo in un nuovo salone che, grazie a una balconata, si affaccia sul giardino sottostante... il soffitto è interamente affrescato e sostiene enormi lampadari...
Ho veramente l'impressione di trovarmi nell'India dei sogni... non ho mai visto un palazzo del genere e non credo che ne esistano facilmente

di uguali, se non nelle favole... mi si avvicina l'aiutante militare e mi fa il gesto di seguirlo lungo un breve corridoio, decorato con elefantini in argento e riproduzioni di antenati del Maharaja... son talmente preso dalla sorprendente magnificenza di ciò che sto vedendo, che prendo in mano la macchina fotografica, anche se immagino la necessità di permessi speciali... e infatti l'aiutante mi fa immediatamente segno di nooo...

Finalmente entro... e vedo il Maharaja, in piedi, come è abitudine indù, davanti a un sofà...   persona piuttosto grassa, con una divisa bianca, piedi nudi in semplici sandali, testa scoperta con capelli cortissimi... sembra vestito semplicemente, ma sulla giacca ha una serie di vistosi bottoni in oro, con diamanti al centro... mi accoglie con gentilezza, chiedendomi da dove vengo, ma poi non si interessa ulteriormente a quello che dico e si appresta a rispondere alle mie domande, tutte decise il giorno prima con un suo segretario... gli chiedo che tipo di cambiamento ci sia stato nella sua vita... la risposta è che lui continua a lavorare come prima, per il bene del suo popolo... la gente stenta ad accettare che non esista più il regno di Mysore, e quindi lui cerca in ogni modo di continuare a mantenere il rapporto con la sua gente, anche se sono i rappresentanti di Delhi che hanno l'ultima parola... "L'importante è che io, con i miei studi di filosofia, riesca a trovare il giusto equilibrio tra prima e adesso, sempre con l'obiettivo che il popolo progredisca"... la mia seconda domanda consiste nel chiedere quali siano stati i cambiamenti avvenuti nello stile di vita della gente... la sua risposta è positiva... mi dice che le tradizioni sono difficili a morire, ma che gli aiuti che vengono dal nord, sia in campo scolastico, sia in quello dell'agricoltura, stanno portando frutti... mi sottolinea come, nel circondario di Mysore, le scuole elementari nei villaggi siano raddoppiate e come, nella città di Mysore, una decina di insegnanti donne, venute dal nord, tengano corsi giornalieri e serali per donne in orari diversi, il tutto con notevole successo... la maggioranza di loro era analfabeta... ora, ci tengono a far sì che i loro figli se la cavino bene a scuola... mi rendo conto che le risposte sono quasi scontate... lui non è più il vero monarca, non ha un vero potere, ma rimane comunque una persona adorata dalla sua gente... gli chiedo quali siano i suoi interessi principali... "Da molti anni la filosofia e l'arte sono le mie passioni... dedico però anche tempo allo sport, mi pare corretto tenere un giusto equilibrio tra corpo e mente"... intuisco che è il momento di porre termine all'incontro, lo ringrazio e non chiedo di fare una foto, dato che il suo segretario mi aveva avvertito che il Maharaja non ama essere fotografato...

Soddisfatti del nostro soggiorno a Mysore, ci rendiamo conto che le giornate scorrono veloci... pensiamo sovente al freddo, che certamente fa a Torino, in pieno inverno, mentre noi, pochi giorni prima, facevamo il bagno in mare... dato che mi ero imposto la fine di marzo come ultima data per il rientro a casa, per avere il tempo necessario per preparare almeno due esami del terzo anno, controllo spesso il calendario... do per scontato che ce la farò, tanta è la soddisfazione di essere riusciti a venire in India... il mio inglese è notevolmente migliorato... ora sono in grado di chiedere ogni tipo di informazioni... decidiamo di andare in Tamil Nadu, lo stato del sud più importante, dove tutti dicono che c'è uno stile di vita assai diverso da quello nel nord del paese... partiamo in autobus, in modo da poterci fermare quando arriviamo in una cittadina o in un villaggio che ci paia interessante.

La prima fermata è in un paesaggio quasi montagnoso, ma talmente bello che decidiamo di fare una sosta per pianificare una lunga passeggiata il giorno dopo... quando chiediamo se c'è un alberghetto nelle vicinanze, l'autista del pullman quasi si mette a ridere... poi ci dice: "Se proprio volete restare qui per fare delle passeggiate, mi informo io se c'è qualcuno che vi possa ospitare"... si mette a discutere con varie persone, dopo di che ci dice di andare insieme al tipo con cui ha appena parlato... la cosa diventa curiosa, quasi divertente... il tipo non sa nemmeno una parola di inglese, ci fa semplicemente cenno di andare con lui... un quarto d'ora di cammino e arriviamo a una casetta semplice... vedo che ci sono due donne e cinque bambini, ma mi è impossibile chiedere qualsiasi cosa... l'uomo ci fa vedere la stalla, dove ci sono tre mucche e, a fianco, uno spazio molto piccolo, ma vuoto... ci fa un gesto, piegando la testa da un lato con le mani giunte a reggerla... gesto internazionale per indicare l'atto del dormire... ovviamente, capiamo che ci sdraieremo lì per terra, con il nostro sacco a pelo... gli facciamo segno che siamo contenti e lo ringraziamo... desiderando sapere se c'è la possibilità di mangiare qualcosa, usando a nostra volta le mani, mettendocele in bocca... con nostro piacere, ci accompagna al centro del casale, dove la sera fanno il fuoco, e chiama le donne perché preparino del cibo... la situazione sta diventando piacevole... ci si può capire solo con segni manuali, ma il signore se la cava molto bene, intuisce ciò che desideriamo, ed essendo pomeriggio, chiede alle donne di prepararci del tè... poi ci fa capire che ci vuole accompagnare al villaggio... assumendo subito il ruolo di nostra guida... la cosa ci piace perché ci porterà a vedere le cose più interessanti... il villaggio è abbastanza grande... ci mostra due templi con dipinti e sculture religiose, diverse da quelle che abbiamo visto finora...

a causa della lingua, non possiamo chiedere nulla, ma mi rendo conto che siamo entrati in uno spazio culturale diverso da quelli visti finora... la zona montagnosa, dove ci troviamo, ha ben poco a che vedere con il Kerala... apprezziamo veramente lo stile architettonico locale... ci rendiamo conto che l'India è ricca di decine di culture diverse... con molto in comune, ma spesso con differenze profonde, sia nella religione, sia nel modo di osservarla... nei gusti alimentari, nei tipi di lavoro più frequenti... proprio nell'insieme del modo di vivere.

Il giorno seguente, facciamo una lunga passeggiata per goderci appieno il paesaggio, per poi prendere un autobus diretto a Madras, la città più importante dell'India del sud, capitale del Tamil Nadu, città che, dopo la dipartita degli Inglesi, si chiama Chennai.

Dedichiamo parecchi giorni alla scoperta della città, che ci colpisce per gli splendidi templi, molto diversi da quelli dell'India del nord, ma anche per l'aspetto di certi quartieri poveri.

Abbiamo subito notato la differenza con la campagna, dove la gente si aiuta l'un l'altro, dove il cibo è semplice, ma sovente ce n'è per tutti... mentre qui in città, sono ben visibili situazioni di grande povertà... passeggiando, si incontrano non solo bambini che elemosinano, ma anche uomini adulti che raccolgono per strada minuscoli avanzi di cibo...

Ogni tanto, quando ci troviamo nelle vicinanze di una stazione ferroviaria, ne approfittiamo per mangiare all'inglese... il cibo indiano ci piace molto... ma anche il ritrovarsi di tanto in tanto a mangiare all'europea è piacevole!!... infatti ogni stazione ha il proprio ristorante, ai cui tavoli vengomo automaticamente serviti gratis pane e acqua... si ordina un piatto e, se il pane finisce, ne portano subito dell'altro... Oggi, come sempre, ci sediamo... e dopo pochi minuti, due bambini di circa 5-6 anni, si avvicinano melodiando una cantilena, che non dimenticherò mai, *no papi, no mami, I am angry, please give me bread*... li prendiamo in braccio e gli diamo un po' di quello che stiamo mangiando... non gli piace granché, ma sono contenti di essere tenuti in braccio e mangiano pane a non finire... mentre mastico un boccone, chiudo gli occhi e vedo davanti a me una nuvola di bambini affamati... mi tocca il cuore... non riesco nemmeno a ordinare un caffè... sento l'esigenza di approfondire come si arrivi a tale povertà... dopo più di un'ora seduti con noi, li prendiamo per mano e ci incamminiamo, lasciandoci guidare da loro... immaginiamo che ci conducano nel quartiere dove passano la notte... dopo una buona mezz'ora di cammino, entriamo in una zona dove scorre un rigagnolo con tutt'attorno delle specie di tende, che sono ovviamente i loro giacigli... vedendoci arrivare, tenendo i due bambini per mano, ne appaiono tanti altri, che ci lasciano interdetti... incapaci di reagire... avvertiamo la nostra insignificanza di fronte a un simile dramma... decine di bambini abbandonati, privi di qualsiasi aiuto, che bevono l'acqua del rigagnolo, dove anche si lavano alla meglio, passando la giornata a cercare un po' di cibo... decidiamo che la sera eviteremo di mangiare... un momento di digiuno... per dedicare il nostro tempo a pensare a quei bambini... cosa mai possiamo fare d'altro?...

Il giorno dopo, ci teniamo lontani da quell'estrema povertà, che ci ha sconvolto, per cui andiamo in un museo per gustare l'arte classica del luogo, i meravigliosi templi e i palazzi della nobiltà come pure l'arte tribale che, in questa regione, ha tante variazioni... scopriamo anche due gallerie, che presentano esempi di arte occidentale, tipica degli ultimi decenni in America e in Europa... si avverte chiaramente il tentativo di far conoscere ed eventualmente incorporare uno stile di vita totalmente diverso.

Il giorno seguente, visitiamo ancora dei templi, prendendo autobus locali per cercare di capire come funziona la devozione religiosa, che sembra occupare spazio notevole nella quotidianità delle persone...ogni tempio è zeppo di gente... si ha l'impressione che passino ore e ore nei templi... oltre che pregare, restano tranquilli nel giardino del tempio, talvolta anche mangiando del cibo che si sono portati da casa e che, in buona parte, hanno donato al tempio... anche noi ci restiamo per ore, sia per ammirare le sculture, sia per osservare l'insieme... metterci in sintonia con lo spirito che aleggia... stiamo così bene che non ci accorgiamo del trascorrere del tempo... quando rientriamo in centro città, dove abbiamo trovato un ostello piuttosto scalcinato, ci mettiamo a parlare con il proprietario... gli raccontiamo di come il giorno prima abbiamo accompagnato i due bambini... gli chiediamo se ci sono molte situazioni del genere... purtroppo sì, ci dice, ultimamente la povertà risulta ovunque flagrante... ci racconta che, recentemente, oltre 200.000 contadini si sono suicidati per varie cause... annate balorde per il clima... eccessivo costo dei semi e dei fertilizzanti... meccanismi del commercio, così diverso dal sistema tradizionale, quando era abituale produrre solo il necessario per la famiglia... per non parlare degli anni di siccità... veri disastri... restiamo così sorpresi... finora non avevamo capito che la situazione fosse così drammatica... ma lui continua, dicendoci che perfino l'infanticidio femminile è molto diffuso, per evitare di dover far fronte a una futura, costosa dote… cosa piuttosto frequente nelle famiglie benestanti… in quelle povere, si riesce a trovare un marito per la propria figlia… anche solo con una piccola dote… mentre per i ricchi, si tratta talvolta di dover fornire persino una casa arredata lussuosamente o cose simili… di conseguenza, si nota sovente la mancanza di donne… si preferisce avere un figlio maschio… capita spesso che il primo nato, se femmina, venga soppresso… gli uomini che vorrebbero metter su famiglia, spesso non trovano moglie, quantunque in ogni città ci siano uffici specializzati nella pianificazione dei matrimoni… sono assai colpito da tutto ciò che abbiamo visto… rivedo i due bambini di giorni fa… cosa avrei potuto fare per loro?… il semplice, ridicolo digiuno di una sera… mi ero detto: "Dovremmo farlo ogni sera!"… ma a cosa sarebbe servito?… cerco di consolarmi, pensando che, se riuscirò a far bene la tesi, forse sarà possibile qualche risultato positivo… il professore dell'università potrebbe farla circolare… in quel caso ne risulterebbe una possibilità, anche se minima, di far conoscere la povertà dell'India… paese che ha assoluto bisogno di aiuti, per migliorare il suo livello di vita.

Avendo pensato alla mia tesi, mi rendo conto che siamo già a fine gennaio… comincio a pensare agli esami dell'università… penso agli studenti, che seguono quotidianamente le lezioni…. noi siamo in India… mi ero messo in testa che avrei passato gli esami, pur non essendo in grado di seguire le lezioni… non voglio smentirmi … bisogna che rientri per aver il tempo di studiare… continuo a spedire lettere a mia madre… ne avevo promesse due al mese… lo faccio regolarmente, anche se io finora ho ricevuto solo tre lettere in tutto…
Incominciamo a pensare a come rientrare… per prima cosa, dobbiamo vedere se lo si può fare in nave… sarebbe fantastico navigare lungo il Mar Rosso e arrivare a Genova, attraversando buona parte del Mediterraneo… ma, appena andiamo al porto di Madras per informarci, abbandoniamo l'idea, perché la prima nave arriverebbe da Calcutta solo tra un mese… in ogni caso, il viaggio costerebbe una cifra enorme… e durerebbe più di un mese, a causa delle lunghe soste in vari porti… per concludere, viaggio interessante, ma impensabile per noi… abbiamo

ancora due mesi a nostra disposizione, visto che mi sono imposto di rientrare a Torino per la fine di marzo... ma come usare al meglio questi due mesi che ci restano?

Ipotizziamo di viaggiare in treno fino a quando siamo in India e poi... riprendere la strada fatta venendo dall'Italia con la Balilla, utilizzando autobus locali o, eventualmente, se riusciamo... farci prendere in auto-stop su qualche camion... il viaggio, in questo modo, non costerebbe molto... l'idea, però, non ci piace tanto, sarebbe una banale ripetizione del viaggio fatto all'andata, senza scoprire nulla di nuovo... ragionando-ci un poco, ci viene in mente che, nei quattro giorni trascorsi a Kabul, quando abbiamo cambiato i nostri soldi, da traveller's cheques in dollari, ci avevano offerto dei biglietti aerei per Mosca a un prezzo bassissimo... all'epoca, tale proposta non ci aveva minimamente interessato... ma ora... ripensandoci... ci rendiamo conto che l'offerta di rubli era certamente dovuta al fatto che molto del denaro della Russia sovietica entra in Afganistan in modo illegale, per una sorta di contrabbando... con 50 dollari, valuta da loro super ricercata, si riceveva un mare di rubli, che servono a ben poco.... nel mondo sovietico infatti, non c'è nulla di interessante da comperare, mentre i russi desiderano avidamente cose occidentali, che possono acquistare a Kabul, ma solo coi dollari... noi, di dollari, ne abbiamo, ben stretti in una borsetta di cuoio, legata alla vita nelle mutande... mentre i piloti degli aerei russi, che atterrano a Kabul, non ne hanno... forse, stiamo trovando una soluzione interessante ...

L'idea di passare per l'Unione Sovietica ci piace... capire un poco come si vive in quel mondo... decidiamo, quindi, di considerare seriamente l'ipotesi di risalire fino a Delhi in treno, per poi prendere l'autobus fino a Kabul, e poi prendere un aereo diretto a Mosca... rientrando in Italia in treno...

Inizia il ritorno avventuroso

L'idea di rientrare in Italia passando per la Russia ci pare interessante e curiosa... facciamo i conti e ci accorgiamo di avere ancora sufficiente denaro, anche se il treno in India è piuttosto costoso...
Finora, abbiamo speso meno del previsto, perché mangiamo quasi sempre cibo per la strada a cifre ridicole e raramente abbiamo dormito in veri alberghi ... quindi, la decisione è presa: si ritornerà via Mosca... del resto siamo proprio contenti di avere l'occasione di passare qualche giorno nel mondo dell'Unione Sovietica, in modo da poterci fare un'idea del regime comunista, in Italia ancora parecchio controverso... c'è chi è molto contrario e chi invece lo vede favorevolmente...

Abbiamo a disposizione quasi un mese per risalire l'India in treno, fermandoci in ogni stazione, dato che abbiamo un biglietto Madras-Delhi, un viaggio che può essere interrotto a nostro piacere...interessante, quindi, per visitare monumenti storici e altro... fino a questo momento abbiamo viaggiato con l'idea di dover seguire uno scopo prefissato, come quello dei materiali per la tesi, mentre ora avremo quasi un mese per gironzolare come capita... fermarsi a casaccio quando ci pare... del resto la regione è assai interessante, anche per la presenza di popoli che parlano lingue diverse, con anche alfabeti vari cosa che ci sorprende sempre, il trovarci delle insegne per noi totalmente incomprensibili.
Ci ricordiamo che, per ben due volte, ci era stato detto che vicino a Madras c'era un ashram interessante, che attira molta gente da ogni parte del mondo... decidiamo, allora, prima di partire verso il nord, di fare que-

sta sgambata a sud, scendendo a Pondichéry, piccola colonia, che solo nel 1952 è stata abbandonata dalla Francia, diventando a tutti i titoli territorio indiano... vogliamo visitarla, soprattutto perché ci dicono che è là che Aurobindo, il grande pensatore indiano, aveva sviluppato il suo insegnamento, basato sulla conquista del controllo fisico, grazie a ginnastica e yoga, che dovrebbe portare alla padronanza totale dello spirito, massima aspirazione dell'uomo.

Giungendo a Pondichéry, restiamo sorpresi che ci sia ancora qualche anziano francese, che passeggia in bermuda e qualche ragazza in shorts che, nel modo di comportarsi, pare essere stata catapultata qui da Nizza o da Cannes, mentre l'atmosfera tutt'attorno è analoga a quella di ogni altra cittadina nella regione di Madras.

Ci fermiamo per passare un paio di giorni all'ashram, dato che, quantunque Aurobindo sia morto nel 1952, la gestione dell'ashram viene tenuta molto bene da *La Mère*, signora francese, che ha vissuto vari anni a fianco di Aurobindo... ora è lei che amministra con intelligenza il Centro, al punto che, ormai, ci vivono ben 1.400 persone, venute dai cinque continenti... le giornate si svolgono ad orari precisi, imposti da Aurobindo, e mai modificati: sveglia alle 5,30, alle 6,00 preghiera e poi colazione... la giornata continua a orari cadenzati con ginnastica e lavoro...

Contenti di aver sperimentato la vita di un ashram, risaliamo a Madras, dove, grazie al nostro biglietto fino a Dehli, prendiamo uno dei treni lenti, che si fermano in tutte le stazioni... siamo d'accordo che, se vediamo un paesaggio che ci pare interessante. o qualcosa che comunque ci incuriosisce, scendiamo per una visita e continuiamo il giorno dopo... o anche due o tre giorni dopo...

Ci capita sovente di parlare sul treno con una persona interessante...

allora, scendiamo con lui per continuare a stare insieme... per varie volte veniamo invitati da sconosciuti a passare due giorni con loro, seppur appena incontrati... ci propongono di scendere dal treno con loro e di ospitarci per visitare il posto... il primo con cui abbiamo legato, ci invita per farci fare un giro nel centro del paese e mostrarci il tempio, che lui considera il più bello della regione, con un giardino ricco di sculture e altarini... la seconda persona, invece, è un giornalista venuto a trovare i genitori, che non vede da mesi... anche lui è contento di invitarci, gli fa molto piacere continua-

re a discutere con noi, gli interessa poter scrivere articoli sul possibile sviluppo del turismo in India... ci tiene a sapere come funziona il turismo in Italia, paese che gli piacerebbe visitare... trascorriamo con lui due giorni in una cittadina secondaria, di cui manco ricordo il nome, ma vivendo al cento per cento all'indiana...

Il viaggio è piacevole... ci pare di aver imparato a conoscere la vita quotidiana del paese meglio in quest'ultimo mese che in tutti quelli precedenti...

Da Delhi a Kabul, invece, il viaggio risulta più scontato, perché l'autobus percorre esattamente la strada che avevamo fatta con la Balilla... in ogni caso, ormai siamo contenti di arrivare a Kabul, ultima tappa del nostro viaggio, che ci farà piacere rivedere...

Arrivatici, ci prendiamo alcuni giorni per pianificare il viaggio... restiamo sorpresi che ci siano voli diretti per Mosca... si deve prendere un piccolo aereo che, quotidianamente, parte da Kabul per Tashkent, centro dell'Uzbekistan, parte integrale del mondo sovietico... da quella città, però, ci sono solo tre voli a settimana per Mosca...

L'altra sorpresa è che, quando andiamo al consolato dell'Unione Sovietica per ottenere il visto di entrata, ci viene detto che lo danno al massimo per tre giorni, e che per ognuno di loro si deve pagare 50 dollari... e questo solo per il permesso di entrata, il che ovviamente non comprende il dormire e mangiare... la cosa è un vero fulmine per il nostro portafoglio, essendo abituati a vivere con 5 dollari al giorno, o poco più... cavandocela qualche volta con soli 2 o 3 dollari, dato che ci capita di essere invitati a dormire.... e anche a mangiare... ora, però, siamo in Afghanistan... unica decisione possibile è dare un bel "colpo" al portafoglio, soddisfatti che si possa prendere il visto anche per un solo giorno... la cosa ci rincresce, vorremmo vedere un poco come funziona la vita nel paese comunista per eccellenza, che in Italia alcuni considerano paradisiaco... e altri infernale...

la mattina seguente, si vola verso Tashkent... il volo è tranquillo... atterriamo bene... e, con mia sorpresa, dopo un lungo discorso in russo, una voce in inglese dice che il volo diretto per Mosca partirà oggi stesso, ma solo alle 13,30 a causa del ritardo dell'aereo, che arriva da Mosca... verrà servito un pasto alle 12... trovarsi alla porta alle 13 col biglietto in mano...

Abbiamo con noi solo il nostro zaino, che, anche se grande e pesante, non vogliamo mollare mai..., fa quasi parte della nostra schiena... guardo l'orologio... resto interdetto... sono le 9,40... più di tre ore a far nulla in un piccolo aeroporto, privo di qualsiasi interesse... visto che sono sempre stato molto curioso di imparare qualche parola essenziale un po' in tutte le lingue che mi capitino sotto mano, ricordo qualche parola, che avevo ascoltato e fissato in testa a Kabul, dove si parlava frequentemente il russo, grazie ai continui affari di piccolo commercio quotidiano...sentendomi dunque in grado di usare le poche parole russe imparate, mi viene l'idea di andare in città, a dare un'occhiata a questo punto nevralgico del centro Asia... senza manco consultare Giuliano, che comunque è sempre d'accordo e pieno di fiducia verso il sottoscritto, mi avvicino a un taxi e, avendo le tasche piene di rubli... semplicemente dico *"na gorod"*, cioè *"in città"*... al che lui ci porta in 20 minuti nella piazza centrale di Tashkent e scendiamo lì... ci troviamo all'inizio di una larga strada, sul lato sinistro della quale si vedono una ventina di edifici, quasi uguali l'uno all'altro, tutti di dieci piani e con colori simili, mentre, sul lato destro, ci sono decine e decine di casette, la maggior parte col tetto di paglia... due mondi diversi, a distanza di una ventina di metri l'uno dall'altro... preferiamo gironzolare tra le casette, tra le quali ci pare quasi di esser ritornati in India, da come si rincorrono i bambini da una casa all'altra... ma, quando alziamo gli occhi sull'altro lato della strada... è tutto un altro mondo, la modernità assoluta... quei palazzi mi fanno venire in mente le fotografie di New York... la differenza è enorme... continuiamo a camminare, passando da un lato della strada all'altro... arriviamo a uno slargo, che si capisce essere la piazza del mercato...tutto ci incuriosisce... guardiamo cosa vendono... siamo proprio contenti di essere venuti... ma, improvvisamente, Giuliano guarda l'orologio e... è mezzogiorno e mezza, grida... siamo in ritardo... anch'io cado dalle nuvole... conto i minuti... la possibilità di cercare un taxi... guardiamo tutto attorno... nulla in vista... cerco con due parole di russo di chiedere dove trovare un taxi... ma non mi capiscono... non parlano russo, solo altre lingue... e i minuti passano... proviamo a tornare indietro, dove ci aveva lasciato il taxi, ma, quando arriviamo, è già l'una passata... inutile tentare... la partita è persa... devo assolutamente cercare una soluzione... ma come?... Giuliano, imperterrito, mi guarda con fiducia... abbiamo sempre risolto i problemi... mi dico che la cosa più importante è trovare qualcuno che parli una lingua che conosco... con il mio povero vocabolario, chiedo a un viandante di indicarmi una scuola... non so se ha capito, ma con la mano mi indica di andare verso il terzo palazzo da dove siamo venuti... mi ricordo che su uno avevo visto la scritta in rosso *skola*... non so se sia solo russo o anche lingua locale... ma l'importanza è fare presto e trovare una scuola, dove certamente ci sarà un prof che conosce almeno una lingua europea... camminiamo ancora un poco ed ecco, rivedo la scritta... entriamo e, con quattro parole di russo e di inglese, dico all'usciere *professore... professore...* con gentilezza ci fa segno con la mano di sederci e sale le scale... dopo pochi minuti ridiscende con una signora dall'aspetto neutro, che ci dà il buon giorno in inglese e ci chiede chi siamo... cosa facciamo... cosa vogliamo...

La osservo attentamente, ascoltandola... pensando che certamente, nella sua testa, si sta chiedendo come diavolo siamo arrivati lì... mi pare evidente che a Tashkent devono essere estremamente rari gli stranieri... cosa penserà di noi?... forse che siamo figli o comunque parenti di Togliatti, probabilmente l'unico nome italiano che lei potrebbe conoscere, avendolo sentito pronunciare alla radio... le dico che siamo italiani, arrivati da un lungo viaggio in India... che, purtroppo, abbiamo perso l'aereo per Mosca e che dobbiamo trovare una soluzione per prendere il prossimo volo... lei risponde che va a chiamare il direttore della scuola... forse, lui può trovare una soluzione... nel frattempo, ci dice di sederci e che sarebbe ritornata presto... dopo cinque minuti, arriva insieme al direttore, che ci pone le medesime domande di prima, per poi chiedere come abbiamo fatto a perdere il volo... ovvie le nostre risposte banali... ne discute un momento con la prof e poi dice che cercherà di trovare una signora, venuta da Mosca con l'incarico di sviluppare, in futuro, il turismo nella città... attraendo visitatori a Tashkent... quantunque le pare che per il momento si parli solo di persone che verranno dalla Russia e non stranieri... ci dice di sederci tranquilli, nella speranza di trovare una soluzione...

Ci rimettiamo in attesa, ma, mentre Giuliano incomincia a imprecare, dicendo che avevo fatto una follia a voler venire in città... stranamente io non ho paura di passare un brutto momento, come era stato all'inizio del viaggio in Turchia, quando, scioccamente, avevamo corso un grave rischio per aver comperato due copertoni, senza poi dichiararli alla frontiera… qui, invece, ci troviamo in una situazione molto curiosa… è probabile che, da decenni, nessun italiano sia mai arrivato a Tashkent… sicuramente si chiedono cosa diavolo stiamo a fare lì… non credo che possano prenderci per spie… dei ragazzini così giovani…

Mentre mi arrovello in questo modo… arriva una donna che si presenta con l'aria gentile, parlando in un buon inglese, migliore del mio… ci chiede se ci piace la città… la cosa mi sorprende, ma lei dice di essere stata mandata a Tashkent per cercare di vedere se si può aprire un ufficio, per dare il via a un'attività turistica… sento che abbiamo fortuna… sta a me giocare la partita… riuscire a farla venire dalla nostra parte… prima cosa, mi scuso per il disturbo, poi racconto nei dettagli la storia dell'aereo perso, per il quale abbiamo in tasca i biglietti con visto regolare… del grave errore che abbiamo fatto nel voler dare un'occhiata a questa importante città asiatica… ma avevamo pensato che ne valeva la pena, anche solo per una o due ore… poi abbiamo perso la nozione del tempo tanto la città ci piaceva… nelle poche ore che abbiamo avuto a disposizione, siamo rimasti colpiti dalla città e ci piacerebbe poterla visitare meglio… veniamo da un viaggio in India di vari mesi… io, in Italia, scrivo articoli di viaggio per spingere il pubblico a visitare paesi nuovi, e questa è stata la ragione del nostro viaggio in India…

Dentro di me, l'idea di essere costretti a restare in città due giorni, non mi dispiace affatto… da come mi sono espresso, vedo che il suo viso si illumina… e, infatti, invece di preoccuparsi subito del problema dell'aereo perso, mi chiede come abbiamo potuto passare così tanto tempo in India… cosa ci è piaciuto di quel paese… anche a lei piacerebbe molto visitarlo, ma non è così semplice… sento che la partita sta andando dalla nostra parte… le dico che abbiamo bisogno di cercare un posto per dormire, dato che il nostro prossimo aereo è solo tra due giorni… lei mi dice che, da sola, non può decidere nulla, ma che intende telefonare a una persona che lavora insieme a lei nell'ufficio governativo del turismo di Mosca, e che forse potrà trovare una soluzione… non era mai successa una cosa simile prima… non sa come la prenderà il direttore a Mosca… per questo spera di riuscire a parlare con la sua amica, che lavora nel medesimo ufficio e che conosce bene il direttore… nel frattempo, andrà a telefonare… ci invita a sederci tranquilli… Giuliano mi guarda confuso…non ha capito cosa stia succedendo, ma, da come mi guarda, ha ripreso un po' di fiducia… entrambi siamo speranzosi, anche se con un nodo alla gola… passa una buona mezz'ora… quando lei ritorna, con un viso non troppo allegro… dice che ha parlato con la sua amica, che proverà a parlare della cosa col direttore, ha paura però che la cosa sia di competenza della polizia, visto che riguarda uno straniero entrato nel paese con visto regolare e, quindi, non turistico… resto interdetto… so bene che, se si passa attraverso la polizia, la cosa diventa più problematica… quindi la cosa migliore è riuscire a portare lei ancora di più dalla nostra parte… comincio a chiederle quando ha cominciato a lavorare per il turismo, quale ruolo le piacerebbe avere, che paesi ha già visitato… lei è ben contenta di parlare di sé e ci racconta come non sia ancora uscita dall'Unione Sovietica, in compenso ha avuto modo di visitarne varie regioni…ricorda come abbia passato tre mesi di lavoro sul Mar Nero, mesi che per lei sono stati più una vacanza che un lavoro… continuiamo a parlare… sento che vuole aiutarci… dice che intende richiamare la sua amica per darle qualche ulteriore consiglio…

Restiamo di nuovo soli… a ruminare su cosa ci capiterà… dopo quasi una mezz'ora, la signora ridiscende col viso sorridente, dicendoci che la sua amica è riuscita a convincere il direttore a Mosca che si tratta di due ragazzi, che hanno perso l'aereo… ma che si può sfruttare la cosa sostenendo che i due giorni, che dobbiamo necessariamente passare a Tashkent, saranno utilizzati per vedere come pianificare in futuro la visita della città… il suo lavoro consisteva infatti appunto nel cercare di aprire un ufficio turistico statale, che faccia conoscere Tashkent…

Vorrei quasi abbracciarla… ma mi trattengo… so che camminiamo su un terreno minato... le dico semplicemente che la ringraziamo di tutto cuore, che qualsiasi cosa possiamo fare per lei, siamo pronti... al che ci risponde che cercherà una camera in albergo per due notti... ci avrebbe fatto visitare la città nelle due giornate che ci rimangono, e ci avrebbe poi portato all'aeroporto... l'albergo sarà a carico dello Stato, in quanto l'ufficio farà passare la cosa in questo senso...

Nei due giorni seguenti, la signora ci accompagna con molta gentilezza, ma anche con una certa freddezza, che non aveva avuto al primo incontro... a furia di ripensarci, l'unica spiegazione che mi immagino è che tema di essere controllata dalla polizia...

Due giorni dopo voliamo direttamente a Mosca e, all'aeroporto, ci accorgiamo che l'atmosfera è totalmente cambiata... controlli continui con tutti i passeggeri disposti in fila, attenti a comportarsi come ci si aspetta... controllo del nostro visto di ingresso, valido per un solo giorno... ci chiedono subito che aereo intendiamo prendere il giorno dopo, al che rispondo, come eravamo d'accordo con Giuliano, che saremmo rientrati in Italia in *treno* da Mosca, cosa che ci avrebbe permesso di vedere almeno un pizzico anche della Polonia, che avremmo dovuto attraversare... spiego che è necessario perché il mio amico *è stato troppo male in aereo, vomitando ripetutamente*... il personale di servizio resta un po' in dubbio, ma dato che, nel frattempo, la coda dietro di noi si è allungata... ci dice di prendere un taxi per andare all'albergo, di cui ci dà l'indirizzo preciso e insiste di prenotare il treno trasmite il personale di servizio... quando entriamo nell'hotel, rimaniamo stupiti dall'eleganza del locale... si tratta di un albergo dell'Ottocento, che il regime ora utilizza solo per stranieri, a cui mostrare come la Russia tratti bene i visitatori e come il regime disponga del necessario per farlo... alla reception, sono gentilissimi, abituati a ricevere solo stranieri, che lasciano laute mance... cosa che con noi non accadrà... abbiamo ormai poco denaro... lasciamo gli zaini in camera e ci precipitiamo fuori per vedere il più possibile del centro cittadino, entrando e uscendo velocemente dai negozi, per farcene un'idea anche se approssimativa... rimaniamo sorpresi nel vedere come, ovunque, davanti ai negozi alimentari, ci siano lunghe code... non vediamo segni di lusso da nessuna parte... in compenso, entrando in va-

rie chiese antiche, le troviamo ricche di opere d'arte... ben illuminate...
ma tutte, praticamente vuote... gli unici luoghi dove non ci sia coda per
entrare...

Tornando in albergo, chiediamo se possono aiutarci per sapere a che
ora, il più tardi possibile, ci sia un treno per Varsavia, per poi proseguire verso l'Italia... la cosa non è facile, ma, dopo varie telefonate, ci
dicono che dobbiamo prendere un treno per Vienna, con una fermata
di una sola ora a Varsavia, non si può, infatti, restare in Polonia senza
un visto...

Dopo la fortunata esperienza di Tashkent, non ho più il coraggio di
inventarmi qualche altro trucco per restare un giorno di più a Mosca o
a Varsavia... per cui accettiamo, contenti, l'orario di partenza del treno
alle 10,00 di sera... avremo, quindi, una giornata piena per gironzolare
in città...

Alla sera, siamo concordi nel constatare che le poche ore trascorse in
città, siano state comunque sufficienti per renderci conto che l'atmosfera che si respira in giro, non è di gente soddisfatta e contenta del
loro modo di vivere... intuiamo invece che la maggioranza delle persone
vive con un'aria rassegnata di dover sempre rispettare la fila, come se
fosse scontato che il comportamento di ognuno debba essere quello di
adeguarsi, mettersi in riga, e comportarsi come tutti gli altri... non ci
deve essere modo di cambiare rotta... noi stessi abbiamo passato tutto
il giorno a far code interminabili ovunque...

Quando, alla sera, prendiamo il treno, constatiamo che, idealmente, il
marxismo può anche piacerci... avevo letto in parte un volume di Marx,
per conoscerne un po' i fondamenti, di una società in cui tutti siano
pari, evitando le sproporzioni tra ricchi e poveri, così evidenti nella
maggior parte dei paesi europei... io avevo maturato questo tipo di
pensiero, che da vari decenni si era sviluppato in Europa... ma l'aria che
abbiamo respirato a Mosca... non è stata quella di gente contenta della
propria vita... fatta eccezione per gli unici due negozi riservati a un
pubblico con carte di credito speciali, aperti solo a una stretta minoran-
za di persone vicine al Governo... noi eravamo riusciti ad entrare in uno

di questi con un trucco, c'erano molte cose importate dall'Occidente, soprattutto vestiti, in vendita a prezzi salati...

Il viaggio in treno per Vienna, via Varsavia, non è particolarmente interessante... ci rendiamo conto che il nostro viaggio sta volgendo alla fine... siamo quasi ansiosi di arrivare a casa.... non ci passa neppure per la testa di visitare Vienna... prendiamo il primo treno per l'Italia... vogliamo fare una sorpresa, arrivando a casa... suonare il campanello... senza aver dato un segnale di arrivo...

Giuliano se ne va a casa per conto suo... io prendo il tram e, quando arrivo sotto casa, aspetto che qualcuno passi ad aprire il portone, per poter salire le scale in silenzio... suono il campanello... apre la porta la mia sorellina... lancia un urlo e mi cade in braccio... arriva subito mia madre... mi dico che forse, avrei fatto meglio a telefonare dalla stazione... sarebbe andata sul balcone, come sempre fa quando aspetta nostro padre...

La mamma non finisce più con l'abbraccio... è talmente contenta che, mentre la stringo forte, vengo a sapere da mia sorella... le tante volte che aspettava nervosa e in silenzio una mia lettera... temeva che fosse successo un qualche malanno... mi fa vedere la pila delle lettere arrivate nel corso dei mesi, e che lei tiene ordinate, contenta che io avessi mantenuto la promessa... capiva anche che spesso la posta fa degli scherzi... infatti, mi dice, "poche settimane fa ho riceuto indietro una lettera che avevo spedito a Natale in India, con l'indirizzo che mi avevi dato *Post Re -*

stant Trivandrum"... mi incuriosisco... ed effettivamente vedo che la lettera mi era stata spedita da Torino il 18 dicembre 1958, era rimasta nell'ufficio postale di Trivandrum per 15 giorni, come avevo chiesto al mio passaggio,
e poi trasferita, sempre su mia richiesta, a *Post Restant Bombay*,
e da lì di nuovo rispedita a Madras, sempre nella speranza che io la ritirassi... la cosa non è avvenuta a causa dei miei ritardi e, alla fine, la lettera è stata rispedita all'indirizzo di Torino... *"correttezza del sistema postale britannico!"* penso, mettendomi a ridere... e sottolineando che desidero tenere la lettera come ricordo prezioso.

Il giorno dopo, il primo pensiero è quello di incontrare qualche amico dell'università e organizzarmi per tener fede al mio progetto di passare due esami, nella sessione di maggio-giugno, per poi dare gli altri due a ottobre... ovviamente, desidero anche rivedere un po' gli amici...
Sento che i mesi trascorsi in India mi hanno cambiato... non sono più quello di prima... sento che qualcosa è nell'aria....

L'indomani, porto a sviluppare i rullini delle foto, che avevo fatto con la macchina di Giuliano... con grande sorpresa, giorni dopo, quando vado a ritirare le stampe, il negoziante mi chiede se può fare qualche ingrandimento, trovando le foto molto belle, e desiderando di esporle in vetrina... la cosa mi sorprende piacevolmente... avevo fatto tutto il viaggio senza avere una mia macchina fotografica... la guerra aveva reso

la mia famiglia piuttosto povera, e si faceva attenzione a ogni lira!...
quindi, avevo usato continuamente quella di Giuliano che, per fortuna,
aveva portata con sé... di conseguenza, lui aveva fatto il meccanico e io
il fotografo.

Ovviamente, sono contento che il negoziante abbia trovato belle le mie
foto... gli dico che può ingrandire ciò che vuole e, intanto, ritiro tutte le
foto da mostrare in famiglia e agli amici...

Mi pare importante rivedere al più presto l'editore con cui avevo già
pubblicato qualche articolo di viaggio, quando avevo fatto l'autostop
viaggiando in l'Europa... e, se possibile, fare visita a qualche altro editore, per proporre brevi articoli sull'India... pensavo, ad esempio, alla
settimana trascorsa a Pondichéry, che, essendo stato protettorato francese, ci aveva incuriosito... trovavo interessante far notare la differenza
di stile di vita rispetto alla maggior parte del paese, che era, invece, sotto
il controllo britannico...

Quando incontro l'editore, la mia proposta viene accettata... mi rendo
conto con piacere, che un mio articolo, *illustrato da mie fotografie*, verrà
pubblicato...

Ho proprio voglia di riprendere contatto con diverse mie conoscenze
e rivedere alcuni amici, per cui ridimensiono un po' l'idea di studiare
addirittura dieci ore al giorno... decido di accontentarmi di sette ore,
studiando però senza sosta... riesco così a trovare il tempo per fare
altre cose... per vedere gli amici, che vogliono sapere come è andato il
viaggio.

Con Giuliano, quando eravamo in India e fotografavamo la Balilla, fan-
tasticavamo sull'auto che la Fiat ci avrebbe forse regalato... quando,
mesi dopo, arriviamo a Torino, mettiamo insieme tutto il materiale fotografico che avevamo realizzato sulla Balilla... lo ordiniamo per bene,
insieme a ritagli di giornali di vari paesi, che raccontano del nostro
viaggio, e lo portiamo alla Fiat... veniamo ricevuti da una signora, che
ci fa i complimenti per il nostro viaggio avventuroso, ascoltando le
difficoltà che abbiamo avuto, come quella di aver dovuto distruggere
la nostra Balilla... poi, si assenta per un momento e ritorna per dare a

entrambi una bella scatoletta... ringraziamo... lei si congeda... appena usciti, apriamo il regalino e... sorpresa balorda... una medaglietta in oro con il logo della Fiat... la mia rabbia è tale che, rientrando a casa, passo da una oreficeria per venderla a peso... così almeno ottengo qualche lira per i prossimi viaggi estivi a cui già penso...

La fortuna... talvolta mi protegge!... si fa viva da sola... non so né perché né quando... dopo vari giorni, vado al negozio per chiedergli l'ingrandimento di una foto, che intendo regalare a mia madre... mi dice: "Son contento che sia venuto, perché non sapevo come raggiungerla.. uno dei miei clienti, che ha da poco aperto un'agenzia per vendere fotografie per libri di scuola, alle varie case editrici di Torino e Milano... vedendo le sue fotografie in vetrina, mi ha chiesto di metterla in contatto con lui..." Telefono subito al cliente e lo vado a trovare... dopo appena due ore di chiacchierata per conoscerci, mi propone non solo di vendergli buona parte delle mie fotografie fatte in India, ma anche, se mi interessa, di andare a fotografare per lui vari paesi... gli dico subito che l'idea mi piace, e che sarò libero di farlo dopo aver dato a fine luglio i miei due esami universitari...

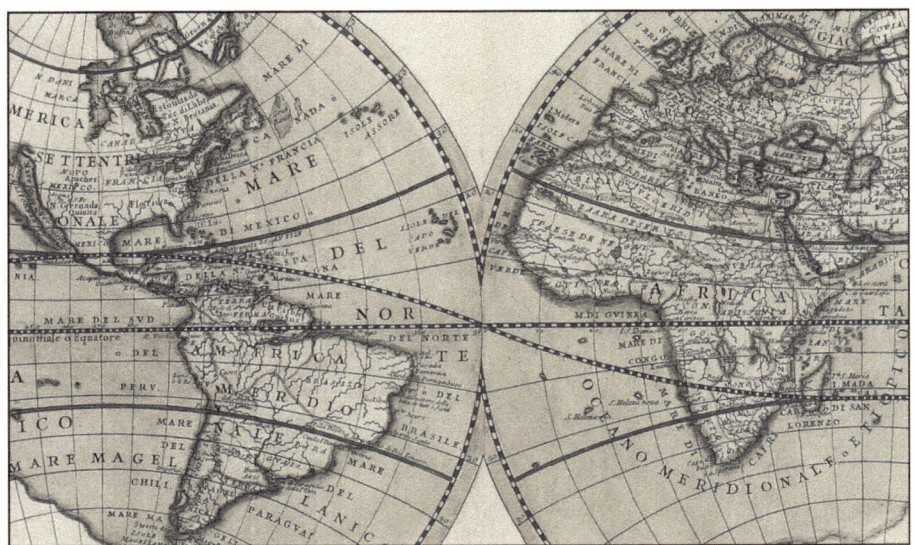

Fotoreporter in giro nel mondo

A metà luglio, incomincio veramente a lavorare come fotografo... con i soldi, in parte anticipati dall'agenzia, compero una vecchia Fiat 600 in cui poter anche dormire nel caso non si trovi un ostello... e anche per risparmiare... per due giorni gironzolo per Torino e in collina per provare la 600 e fare foto con le due ottime macchine fotografiche, prestatemi dalla ditta, per vedere il risultato... faccio del mio meglio, mi diverto, e mi fa piacere che il direttore dell'agenzia, quando vede il risultato, rimanga soddisfatto... mi dà alcuni suggerimenti su come scegliere i soggetti delle foto, che devono servire per i libri di scuola... non devono avere pretese artistiche sofisticate, ma devono essere di immediata comprensione...

Con grande gioia, parto per la Scandinavia con una montagna di rullini in borsa, e un vero e proprio contratto di lavoro... avendoci preso la mano con la 600, me la cavo bene a guidare fino in Danimarca... mi pare incredibile attraversare buona parte dell'Europa, percorrendo quelle stesse strade su cui mi ero fermato con il pollice sollevato per ore, sperando che qualcuno mi desse un passaggio... ora, invece, viaggio alla velocità che voglio, fermandomi quando mi pare... con l'unico scopo di scattare fotografie... e verrò pure pagato per farle... mentre in India era un gioco a mie spese... mi diverto a rivivere le mie giornate in autostop... il mio mondo è totalmente cambiato... ora, sono io a dare un passaggio a chi lo chiede...

Quando arrivo in Danimarca, incomincio a rendermi conto che devo proprio tener presente che sto lavorando... devo rispettare certe regole, imposte dal direttore dell'agenzia... devo riuscire a fare in modo che il lavoro mi piaccia, mi diverta, perché sono certo che, in questo modo, il risultato sarà migliore... dopo mesi di viaggio in India, sono abituato a seguire la mia curiosità, a individuare le cose più interessanti... a fotografare solo situazioni che possano dare un buon risultato...

Mi piace percorrere chilometri ogni giorno... l'idea di poter arrivare addirittura al Polo Nord mi eccita... non ci sono limiti... ogni giorno è una sorpresa... una scommessa con me stesso... l'idea che lavorare come fotografo possa diventare il mio futuro...

Trascorso un mese, e ritenendo di aver fotografato i paesaggi più rilevanti di Danimarca, Svezia e Norvegia, rientro in Italia... sicuro di non aver trascurato palazzi e monumenti richiesti per i libri di scuola, aspettando talvolta per ore che la luce sulla facciata delle cattedrali o dei palazzi reali sia quella giusta... talvolta, lavoro al mattino, ma poi capita che ritorni al pomeriggio per avere una luce migliore o, quanto meno, differente... mi sono spinto fino a Capo Nord per fotografare paesaggi unici... ho fatto del mio meglio con il Mare Glaciale Artico, che penetra continuamente nell'interno del territorio... ritengo di avere realizzato ciò che ci si aspetta da me...

Rientrato a Torino, contento di aver ritrovato la famiglia e gli amici, faccio sviluppare il materiale... tre giorni dopo, il direttore dell'agenzia mi telefona per andarlo a trovare... mi riceve con un certo distacco... mi dà il denaro che mi spetta per contratto... dice che è soddisfatto del mio lavoro, ma che vorrebbe fare una seconda prova, prima di darmi incarichi più rilevanti, come andare in America... mi spiega che per ora l'agenzia è ancor agli inizi, che ci sono varie parti del mondo da fotografare, che potrei essere assunto come loro fotografo, con una paga migliore... quale è la mia disponibilità?... gli dico che l'idea di viaggiare per fare fotografie mi piace, ma devo rispettare le date degli esami, perché intendo, in ogni caso, terminare l'università... al momento, non ho a disposizione molto tempo, devo preparare due esami da dare nella sessione di ottobre e novembre... ma dopo, come ho fatto per l'India, potrei impegnarmi più a lungo...

"Se hai poco tempo, mi replica il direttore, ti propongo un lavoro di una decina di giorni per andare a fotografare la Jugoslavia, che puoi rag-

giungere in mezza giornata da Torino... dovresti "coprirla" tutta fotograficamente, in dieci giorni... se sarò soddisfatto di questa nuova prova, potrò darti in futuro un incarico importante per un viaggio di due
o tre mesi"... senza manco prendere il tempo di ragionarci, gli rispondo
che accetto... e già mi vedo girare per il mondo, facendo fotografie...
compero un paio di libri per sapere come organizzare il viaggio... vedere quali sono i punti più interessanti da riprendere, mettendo in luce la
storia del paese.

Dopo pochi giorni, il direttore mi consegna i rullini e le stesse macchine fotografiche che avevo usato per il viaggio precedente... mi rendo
conto di avere solo dieci giorni di tempo per comprendere il modo
di vivere di uno Stato così complesso come la Jugoslavia, di cui fanno
parte diversi territori, ora riuniti sotto la presidenza di Tito... non è
cosa facile... per di più non conoscendo la lingua del posto... se pur
a malincuore, rinuncio al mio solito modo di viaggiare che comporta
l'immedesimarmi nello spirito della vita locale... mi rendo conto che,
per rispettare la scadenza di dieci giorni, devo limitarmi a fare gli scatti
necessari per illustrare dei libri scolastici... me ne faccio una ragione e
parto, seguendo le linee che mi sono imposto... il decimo giorno rientro a casa in tarda serata... la mattina seguente, per dimostrargli che ho
saputo fare esattamente quello che mi aveva chiesto, porto al direttore
i rullini e le macchine fotografiche... mi ringrazia, dicendomi che ci
saremmo visti entro pochi giorni...

Quando ci incontriamo, dice di essere soddisfatto... ho rispettato, come
lui desiderava, il tempo e il costo del lavoro... mi propone un grosso
impegno... si tratta di due mesi scarsi di lavoro per coprire diversi paesi
(Tunisia, Libia, Egitto, Sudan, Arabia... su fino in Siria)... lui stesso si
rende conto che si tratta di molti paesi, ma, come sempre, basterà che
io mi limiti alle fotografie essenziali e più rilevanti per i libri di scuola... gli dico subito che trovo la proposta interessante, ma che ci voglio
pensare... in ogni caso, prima devo preparare gli esami...

Vedendo che il direttore ipotizza la mia partenza per la metà di dicembre... penso che i tempi possano andar bene anche per me... mi preparo per questa nuova avventura, che non intendo lasciarmi scappare...
compero diversi libri, rendendomi conto che attraverserò paesi ricchi

di storia... già rifletto sul modo migliore per allungare la durata del viaggio... non posso accettare un periodo di lavoro così stretto... forse, è meglio contrattare la paga, discuterla... non c h i e-dere subito più tempo... potrebbe pensare che voglia fare foto anche per un altro lavoro... troverò il modo di spiegargli perché il lavoro sarà durato un mese di più... voglio in ogni modo dedicare del tempo anche alla storia culturale di quei paesi in Nord Africa e Medio Oriente, ci sono situazioni molto diverse per quanto riguar-da lo stile di vita, la religione e le lingue...

Cerco di prepararmi alla meglio con libri e altre fonti... quanto alla lingua, so che l'arabo non è una lingua fa-cile, ma cerco di apprenderne qualche rudimento... dopo gli esami della sessione di ottobre-novembre, mi preparerò a questo viaggio... non avrò tanto tem-po quanto ne avevo avuto per prepararmi al viaggio in India... allora, avevo avuto a dispo-sizione tutto il tempo che volevo... con questo lavoro, invece, sarò sempre di corsa, per rispettare gli incarichi e le date... mi è chiaro che il direttore vuole avere a disposizione, al più presto possibile, un buon archivio di fotogra-fie di ogni paese del mondo, vendibili per i libri di scuola... lui pensa che, per i paesi più importanti, dieci giorni siano più che sufficienti per scattare le foto necessarie, mentre, per quelli di minor importanza, possano bastarne tre, se non addirittura, in certi casi, uno solo... con-siderando che lavorerò in circa otto paesi, di cui alcuni di poco conto, come il Sudan, posso immaginare che lui pensi che me la posso cavare in 50-60 giorni di lavoro... io, invece, desidero prenderne almeno 90, per andare un poco più in profondità...

Parto a metà dicembre del 1959, avendo deciso che – nonostante i due mesi stabiliti – me ne serviranno almeno tre, per coprire parte del Nord Africa e del Medio Oriente... resta a me decidere come e quando foto-grafare... scegliere bene i soggetti che diano il quadro di ogni paese, dal punto di vista paesaggistico, economico, artistico... facendo attenzione alla situazione politica locale, non sempre tranquilla, come in Tunisia e in Libia…

La partenza è dalla Sicilia, dove mi imbarco per Tunisi, città che mi fa ricordare i miei studi scolastici… nel 146 a.C. i Romani sconfissero definitivamente i Cartaginesi, diventando i padroni della regione… è quindi importante mostrare i resti archeologici, esposti nel museo del Bardo, il più ricco al mondo per mosaici romani e bizantini, ma bisogna anche sottolineare la successiva, fulminante conquista islamica, con la sua religione, le sue fantastiche architetture, le varie rivolte berbere… infine, il lungo periodo del protettorato francese, terminato con la nascita della repubblica odierna, nata nel 1957… molti stili di vita diversi, quindi, nella capitale e in tutto il paese…

Il resto del territorio è occupato dal deserto… mi informo come e dove sia più facile fotografarlo… ci sono due belle oasi, Tozeur e Nefta, non molto lontane dalla capitale, con un paesaggio perfetto… arrivo alla prima oasi… faccio foto per mostrare quale sia la vita in questo gruppo di case, circondato dal verde intenso della vegetazione… e tutt'intorno solo deserto di sabbia… chiedo cosa ci sia di diverso a Nefta e mi rispondono che l'oasi è simile, ma che una coppia di francesi è venuta recentemente a viverci, per il puro piacere di sentirsi in una situazione unica… hanno una casa con tre stanze in più, che affittano agli eventuali visitatori, guadagnando così il necessario per vivere nel modo che a loro piace… mi incuriosisco e li vado a trovare… decido di restare un giorno in-

tero… anche due… ho l'impressione di trovarmi in un'isola fortunata… l'acqua è abbondante… il centro dell'oasi è fatto di case ben costruite ed è circondato da una corona di ricca vegetazione, non molto larga, ma rigogliosa… e poi, tutto attorno, il deserto assoluto... il Sahara...

Trascorro la serata con la coppia dei francesi, che mi raccontano di aver scelto questo tipo di vita solo per il proprio piacere... sognavano di poter vivere in un mondo minuscolo, tranquillo... e lo hanno trovato.

Il secondo paese da fotografare è la Libia... decido di dedicarmi con particolare interesse all'archeologia, dato che il territorio ha ospitato culture diverse, sin dai tempi antichi, influenzate dall'Egitto, dai Cartaginesi e dai Romani, che hanno lasciato importanti rovine... poi l'avvento degli Arabi e del mondo ottomano... infine fu l'Italia a colonizzarla... e dopo la guerra, nel '47, si convenne di lasciare la Tripolitania all'Italia, mentre la Gran Bretagna si appropriava della Cirenaica e la Francia del Fezzan... in sostanza, si tentava, da parte degli Europei, di continuare a tenere in piedi lo spirito coloniale... ma la cosa non durò a lungo... nel '51, fu proclamato il Regno Unito di Libia, con due capitali, Tripoli e Bengasi, a sottolineare che il paese è composto da popoli diversi, spesso in lotta tra di loro...

Senza indagare sulle diversità delle varie regioni, cosa che mi avrebbe preso troppo tempo, decido di realizzare delle foto nelle due capitali, ma anche in altre città come Misurata e Tobruk... mentre col paesaggio, me la cavo rapidamente, dato che non varia molto... sabbia a non finire... nonostante ciò la gente del posto fa talvolta brevi escursioni famigliari, anche se non c'è il verde.

Dedico alcuni giorni ai resti archeologici del mondo romano... soprattutto le rovine di luoghi quali Leptis Magna e Sabrate... in ogni modo, desidero arrivare presto in Egitto, convinto che sia il paese più interessante di tutto il viaggio... ho una lettera datami da mio padre per un costruttore, cugino di un suo amico, nella speranza che forse avrebbe potuto darmi una mano... io non credo che possa essermi utile, ma ritengo giusto recapitarla... vengo ricevuto da un servitore, che mi dice che l'ingegnere è fuori, ma che consegnerà la lettera... non so come reagire, anche perché, vedendo la splendida villa in cui vive, è meglio che non sappia in che misero alberghetto mi sono sistemato... gli dico che sarei passato il giorno seguente per sapere quando avrei potuto incontrarlo... il giorno dopo, quando arrivo, mi viene consegnata una lettera che l'ingegnere ha lasciato per me... la apro subito e... grande sorpresa... sono invitato tra due sere a cena nella villa... sono contento per l'invito, ma la vera sorpresa è di rendermi conto che la serata sarà per festeggiare l'arrivo in città di numerosi giornalisti, invitati dall'Unesco per una crociera sul Nilo, fino al tempio di Abu Simbel...

avevo sentito dire che in Egitto stanno costruendo una enorme diga, che formerà un vasto lago, utile all'agricoltura... ma, inevitabilmente, farà scomparire sotto le acque gli splendidi templi edificati dal faraone Ramses II...

Per evitare la perdita di tali tesori, l'Unesco sta cercando sovvenzioni, necessarie per smontare i templi, per poi ricostruirli sulle sponde del futuro lago... si tratta di un progetto grandioso... per questo motivo stanno arrivando una ventina di giornalisti da tutto il mondo, appositamente scelti, affinché pubblicizzino l'evento, in modo da convincere ditte, enti e persone benestanti, amanti dell'egittologia, a donare il denaro necessario per l'impresa.

Resto sbalordito all'idea di ritrovarmi con persone del genere... per fortuna, prevedendo l'ipotesi di dovermi presentare in simili situazioni, com'era successo in India con Nerhu, ho portato nel mio zaino la solita vecchia scatola di biscotti, in lamiera leggera, con dentro pantaloni e giacca, camicia e cravatta, da usare in casi speciali... sono piuttosto nervoso, non sapendo come si svolgerà la serata... la lettera mi invita ad arrivare alle otto... mi presento puntuale... sono il primo... evidentemente perché l'ingegnere vuole sapere chi io sia... mi accoglie con gentilezza e mi accorgo che è stupito nel vedermi così giovane... dice che è una buona occasione per incontrare altri giornalisti... nel giro di mezz'ora siamo in dodici, tra cui l'ambasciatore italiano con la moglie, quattro giornalisti stranieri e quello italiano, di stanza al Cairo... mi sento fuori posto... la prima mezz'ora di chiacchiere passa tranquilla... avendo letto la mia lettera, l'amico di mio padre sapeva che ero stato in India.... quando siamo tutti seduti, l'ingegnere dice ad alta voce: "Abbiamo tra di noi un giovane coraggioso, che è andato fino in India con una vecchia Balilla"... resto interdetto... non so come reagire...

La cena continua... la moglie dell'ingegnere aveva avuto l'idea di mettermi al centro della tavolata, vicino a lei, quasi come un ospite di riguardo... quando viene servito l'antipasto, vedo nel mio piatto un pesce mai visto prima... impacciato e timoroso di fare un passo falso, cerco di vedere come si comporta la mia vicina, ma, per fortuna, è una donna intuitiva, ha immaginato che non so come muovermi... mi fa capire che intende aiutarmi... si tratta di un pesce del Nilo... bisogna sapere come mangiarlo... incomincia ad aprire con coltello e forchetta il suo pesce, facendomi vedere come si fa... io la imito al millimetro... e così abbiamo un motivo per fare due chiacchiere... finita la cena, respiro più tranquillamente e me la cavo parlando un po' con tutti... qualche domanda sull'India, piuttosto banale... ma il momento più incredibile, *sorpresa super positiva*, è che mi si avvicina il giornalista italiano, di stanza al Cairo, che, avendo inteso che sono un fotoreporter-giornalista, essendo stato detto prima di cena, e che sono stato per diversi mesi in India... mi dice semplicemente: "Io sono tra i venti giornalisti di tutto il mondo, invitati dall'Unesco a partecipare alla crociera, con partenza tra due giorni qui dal Cairo, per risalire il Nilo fino ad Abu Simbel, con l'intento di far conoscere gli importantissimi templi che resteranno coperti dall'acqua, non appena sarà terminata la costruzione della diga di Assuan... purtroppo, ieri mi è arrivato l'incarico per un lavoro, che non posso as- solutamente evitare di accettare... non mi è quindi possibile partecipare al viaggio sul Nilo... se ti interessa... posso darti il mio invito, e tu puoi partecipare a nome mio"... resto sorpreso... incantato... non so cosa dire... non faccio altro che ringraziare... pensando alla mia fortuna sfacciata... mi si apre una settimana meravigliosa, completamente gratuita, a bordo di un battello di lusso... i giornalisti, tra cui anch'io, sono stati invitati nella speranza che convincano, grazie ai loro articoli, il pubblico mondiale a partecipare alla raccolta di fondi per il progetto "faraonico" della ricostruzione dei templi... un'impresa enorme, costosissima, per la quale esistono già vari progetti...

Il giorno dopo, incontro l'organizzatore dell'Unesco, che mi inserisce nel gruppo senza alcun problema... viaggio stupendo, il battello non ha solo il compito di portarci al tempio di Abu Simbel, ma anche di farci apprezzare, lungo il viaggio, l'importanza estrema dei monumenti archeologici egiziani, per lo più a breve distanza dalle rive del Nilo... il primo giorno si fa una sosta per farci scendere ad ammirare un piccolo tempio, non lontano dalla riva, e poi, nel pomeriggio, si arriva a Luxor, la zona archeologicamente più importante di tutto il paese... ci accompagnano a visitare alcuni dei templi più prestigiosi nella Valle dei Re... si passa la notte in battello, per poi visitare, il mattino dopo, qualche altro tesoro... e nel pomeriggio, si riparte per Abu Simbel.

Rimango stupito dall'ottimo stato di conservazione dei templi... enormi sculture ovunque nella regione di Karnak e Luxor... scatto molte foto, rendendomi conto che dovrò comunque ritornare sul posto per lavorare con più calma... nel frattempo, mi godo sia la bellezza dei punti più importanti del viaggio, sia la compagnia dei giornalisti, tutti più anziani di me, con un paio dei quali stringo amicizia...

All'arrivo ad Abu Simbel... grande sorpresa... ci rendiamo conto che i due più importanti templi, fatti costruire da Ramses II, non sono costruiti in muratura, ma letteralmente scavati nella roccia, in modo talmente calcolato che, all'interno, due volte all'anno, in base alla rotazione della terra, il raggio solare va esattamente a colpire il viso della divinità: una scultura sacra, che si trova al centro del lungo tempio rettangolare... cosa assai complessa, che deve aver richiesto notevole competenza da parte degli architetti, e poi degli scultori...

Ascoltiamo l'incaricato dell'Unesco, che spiega le diverse tecniche, ipotizzate per non perdere questo gioiello mondiale, capolavoro dell'arte... spiega che, quando la diga sarà terminata... la conca, dove si trova questo meraviglioso tempio, sarà riempita dall'acqua del lago, profondo 60 metri... ci illustra i vari progetti, intesi a salvare questi tesori... dei due prevalenti, uno consiste nel tentare di chiudere i templi, in modo che siano impenetrabili all'acqua... ma facendo sì che si possa poi scendere nel lago, con apposite tute, per entrare nei templi per visitarli... soluzione, però abbandonata, per preferirne un'altra, che prevede che i templi vengano rigorosamente spezzettati in più di mille blocchi, per poi essere trasferiti, su uno spazio in piano a 65 metri più in alto, al fine di venir rimontati, pezzo dopo pezzo, nella posizione originale, in riva a quella che sarà la sponda del futuro lago Nasser... una trentina di paesi, tra cui l'Italia, hanno creato dei comitati nazionali, composti da ricercatori, archeologi, storici, ingegneri, architetti, disegnatori e fotografi, che si occuperanno dell'organizzazione e attuazione del progetto... il quale verrà realizzato tra il 1960 e il 1968 e inaugurato un anno dopo.

Il ritorno al Cairo è veloce, con mille saluti e abbracci, dopo giornate intense trascorse in compagnia di persone interessanti... e per me anche utili... poiché osservando i fotografi invitati, più esperti di me, ho imparato diverse cose... mi rimetto al lavoro sia al Cairo, con la zona delle piramidi e della sfinge, che nella parte centrale dell'Egitto, dove ci eravamo già fermati un giorno con il battello, ma ora per poter fotografare con precisione tutto il necessario per i libri di scuola.

La prossima meta è il Sudan, che penso di poter liquidare in pochi giorni, che invece si prolungano, perché, quando vado al Consolato per avere qualche suggerimento su cosa sia meglio fotografare nella capitale, il giovane italiano che è di servizio, mi consiglia di fare varie iniezioni contro alcune malattie infettive, soprattutto sapendo che la mia prossima tappa sarà l'Arabia... accetto il consiglio, facendo ore di attesa in un centro ospedaliero, dove mi trovo... lo faccio quasi di mala voglia, ma poi, arrivando all'aeroporto di Gedda, mi rendo conto che è stato utile fare questi vaccini...

In Arabia incontro immediatamente varie difficoltà, che dovrò affrontare quasi quotidianamente in questo paese, praticamente chiuso al turismo...

All'aeroporto non solo mi chiedono il passaporto con il visto e la protezione medica, ma mi trattengono le macchine fotografiche, dicendomi: "In questo paese la fotografia è proibita... le riprenderà quando riparte"...

La cosa per me è naturalmente molto grave... nessuno mi aveva avvertito... non conosco affatto la cultura e lo stile di vita dell'Arabia... per fortuna, prima di lasciare il Cairo, essendo andato a ringraziare l'amico di mio padre che mi aveva ospitato, e raccontandogli il grande piacere di aver fatto il viaggio lungo il Nilo... mi aveva detto di essere in buoni rapporti con il console di stanza a Gedda e che poteva scrivere due righe in mio favore, dicendomi: "In Arabia, è facile che nascano dei problemi, non sempre facili da risolvere... è quindi utile avere un aiuto... qualche conoscenza"...

Ringrazio il cielo e, con la lettera di raccomandazione in tasca, prendo un taxi per farmi portare al Consolato... spiego il mio caso, sottolineando il fatto, che per me sarebbe un vero dramma non poter scattare fotografie, dato che è l'unico motivo per cui sono venuto… il console parla con l'ambasciatore e mi rassicura che cercheranno di sistemare la cosa… mi dice di ritornare la mattina seguente…

Perplesso, me ne vado, col mio zaino in spalla, a cercare un alberghetto in centro… la città è mezza vuota… vengo a sapere che oggi è il penultimo giorno del Ramadan, la grande festa in cui per un mese si prega e si vive religiosamente, digiunando tutto il giorno fino a sera… al termine del mese, grande divertimento e festeggiamenti, banchettando fino a notte inoltrata… mi sento perso… ma, comunque, curioso di vivere questa fine di giornata, che mostra la città in un momento paragonabile alle nostre feste natalizie…

La mattina dopo, rivado al Consolato e mi viene detto che l'ambasciatore intende ricevermi… resto sorpreso e mi metto a parlare con l'impiegato, che vive a Gedda da ben cinque anni … come si sta?… gli piace vivere lì?… mi racconta che non si sta male… sono anni che la presenza italiana è notevole, sia in Arabia che soprattutto in Egitto e nei paesi vicini, dove si è molto attivi per contribuire a far cambiare almeno un poco lo stile di vita tradizionale, in favore dei modi di vita all'europea… dopo poco, l'ambasciatore mi riceve cordialmente, gli racconto di aver partecipato al progetto dell'Unesco, sperando che mi prenda sul serio come fotografo professionale… la cosa fa effetto, perché mi chiede cosa ho fatto prima… evidentemente, cerca di capire chi sono… pur avendo l'aspetto di un ragazzino… immagino che voglia tastare il terreno prima di cercare di aiutarmi… gli racconto in poche parole del mio viaggio in India con la Balilla, esposta alla Fiat di Bombay… la cosa pare convincerlo… mi chiede quale sarebbe esattamente il mio lavoro, qui in Arabia, e come intendo muovermi… gli dico che non ho ancora fatto un piano preciso, ma, così come sono riuscito a lavorare in India, spero che farò altrettanto qui… credo proprio di avergli fatto una buona impressione, perché mi dice: "Domani sera ho una cena, per ricevere un americano, arrivato ieri da New York, con l'intento di attraversare l'intera penisola in macchina, una Land Rover speciale, arrivata appositamente da Londra con un autista-meccanico... stiamo ottenendo il permesso statale per questo americano, il quale è il responsabile di una ditta petrolifera, in modo che abbia la possibilità di viaggiare ovunque desidera... anche in zone senza strade, nel deserto... penso che per lei potrebbe essere una buona occasione"... senza esprimere tutta la mia gioia, gli rispondo che sarebbe un'occasione unica.... lo ringrazio di cuore per l'offerta, ma, prima, dovrei recuperare le mie macchine fotografiche... "Certo, è logico", mi risponde... "Inviterò anche una persona del governo, che potrà aiutarci al riguardo... quindi venga posdomani sera a cena, e sistemeremo la faccenda"... lo ringrazio sentitamente e me ne vado col cuore che batte... ancora una volta, la mia amata *dea fortuna* mi è stata vicina...

Gironzolo per due giorni in città e lungo il mare... poi in serata, rientro in albergo e mi vesto il meglio possibile, grazie alla mia solita scatola di biscotti... quando arrivo in taxi all'ambasciata, vengo presentato a una decina di persone... passando dall'italiano all'inglese, con cui ormai me la cavo... l'ambasciatore mi presenta all'americano, con il quale mi metto subito a parlare della Balilla, gli dico che adoro viaggiare all'avventura in macchina... l'americano, che aveva pensato di viaggiare da solo, con un'autista inglese che neppure conosce, ha subito l'aria di essere contento che io vada con lui, in fondo, non gli costa nulla e avrà un compagno di viaggio... la partita è vinta... si tratta solo di recuperare le macchine fotografiche... ne faccio cenno all'ambasciatore, che, dopo poco, mi si avvicina per dirmi che il problema è risolto... domani, in giornata, le macchine fotografiche verranno portate in ambasciata e, in serata, potrò recuperarle...

Ringrazio il cielo... all'improvviso, mi trovo a poter attraversare tutta l'Arabia, grazie a un americano che fa ricerche petrolifere... il paesaggio è piuttosto noioso, ma parlare con lui mi aiuta a immaginare come cambierà rapidamente la vita in questo paese... infatti, quando passiamo da Riad, che ormai è quasi la capitale del regno, con un re assoluto, la città appare ancora come un grande paesone, quantunque esistano già i progetti per trasformarla in città moderna... continuiamo per due giorni a esplorare il territorio, poi ci fermiamo in un campo petrolifero della ditta dell'americano... con mia sorpresa, vedo che tutti i lavoratori sono italiani... a questo punto il ruolo dell'americano non è più quello di girare per il paese, alla ricerca di eventuali nuove fonti di petrolio, ma quello di direttore della ditta, che controlla il lavoro di questo pozzo... lo ringrazio infinitamente per il viaggio e chiedo un alloggio agli italiani, contenti di incontrarmi... resto con loro due giorni, per condividere con loro questa strana situazione, e fotografarli sul lavoro... mi raccontano come vivano abbastanza miseramente, anche se pagati il giusto... mi piace restare con loro... mi hanno accolto con affetto... ma devo continuare il viaggio... facendo i conti, sono in ritardo sul programma che mi ero proposto...

Gli italiani, a cui ho raccontato il motivo del mio viaggio, mi dicono che devo andare a fotografare più a sud, dove si cerca un po' ovunque il petrolio e lo si trova... vedrai *che belle foto potrai fare*... oggi ci sono ancora situazioni di povertà, soprattutto all'interno... vecchi villaggi lungo il mare... dove non c'è agricoltura... solo sabbia ovunque... ma, se si continuerà così... tra poco tutto cambierà... il petrolio, in certi pozzi, esce a fiumi... tutto si trasformerà rapidamente... diventerà un altro mondo...

Giro per due giorni, a bordo di vecchi autobus malandati... trovo un passaggio su un autobus, che va in Quwait, dove resto un solo giorno, per fare qualche foto, e poi puntare sulle altre regioni su cui mi ero ben preparato: Siria, Giordania, Libano e, ovviamente, Israele e la città sacra di Gerusalemme (che a quei tempi non faceva parte dello Stato ebraico), entrambe situazioni problematiche.

Incomincio con Petra, città un tempo importante... per secoli è stata un centro commerciale di grande rilievo, per poi decadere nel settimo secolo al punto che non se ne conosceva più l'esistenza, fino a quando fu riscoperta, nel 1812, dallo svizzero Johann L. Burckhardt... rimango un giorno intero per fotografare i resti archeologici di questa città, così potente nell'antichità per la sua posizione strategica al centro della vallata, che mette in comunicazione il Mar Morto con il Mar Rosso... si vedono tuttora splendidi edifici, scavati nella roccia e costruiti con vari tipi di pietra, alcuni dai colori sorprendenti...

Continuo il viaggio, dirigendomi verso il Libano e la Siria, fotografando, senza andare troppo in profondità... incomincio a essere stanco... il mio proposito di non andare oltre il mese di marzo mi costringe a sbrigarmi...

Mi rendo conto che ho dedicato molte giornate facendo cose totalmente al di fuori del mio impegno di lavoro... nell'insieme, sono comunque soddisfatto, anche se so che devo completare il lavoro per soddisfare l'agenzia... non ho avuto l'occasione di incontri quotidiani come quelli avuti in India, ma ho vissuto situazioni fantastiche in Egitto e in Arabia... ora mi aspetta Gerusalemme, cuore del mondo occidentale cristiano, città condivisa tra il ricordo di Gesù e gli islamici... sono ben conscio del difficile rapporto che esiste tra ebrei, cristiani e islamici...

È evidente come la città sia importante da vari punti di vista... perfino il direttore dell'agenzia fotografica a Torino mi ha suggerito di scattare molte foto... *fanne più che riesci...* mi aveva detto... decido di restare tre giorni in questa città contesa, ricca di una storia di duemila anni...

Mi sono preparato... so che in città ci sono decine di centri religiosi, che danno volentieri ospitalità ai visitatori per pochi giorni o anche per mesi... domando alla prima persona che mi pare simpatica dove potrei passare la notte... mi fa una ricca lista di centri religiosi tenuti da suore... Salesiane, Del Rosario, Brigidine, Francescane... oppure da Patriarcati come quello Greco Cattolico... Armeno... dai Luterani... e tanti altri... un po' ovunque, insomma... mi dice che può accompagnarmi in un convento cattolico, dove sa che si passano buone serate, si mangia tutti insieme e, di solito, uno degli ospiti tiene una piccola conferenza, che può vertere sulla situazione della Gerusalemme odierna oppure sui momenti più disparati della storia, comprese le Crociate, con interminabili raffronti storici... accetto volentieri... mi accompagna e mi piace l'idea di dover passare così quattro notti...

La mattina seguente, esploro la città... mi rendo conto della complessità di decifrare, e fotografare, Gerusalemme: per più di mille anni centro dell'ebraismo, poi le varie lotte durante l'impero romano conclusesi con la cacciata degli Ebrei. L'Imperatore Costantino fu l'artefice della prima Basilica del Santo Sepolcro, intorno al 326 d.C... nel VII secolo la conquista araba di Gerusalemme, ne fece la terza città santa islamica dopo La Mecca e Medina, costruendo la moschea di Al-Aqsa e la Cupola della Roccia... ed è proprio da lì, che si ritiene che Maometto sia asceso al cielo...

Poi, una interminabile serie di guerre, durante le quali la città fu sempre contesa, fino al 1949, quando le Nazioni Unite riconoscono lo Stato di Israele...

Delicato muoversi in questa città, proprio per l'insicurezza della sua posizione ufficiale... cerco di fare del mio meglio... comunque, sono contento di essermi fermato in questo convento, anche perché, la seconda sera, un vescovo canadese, ospite del centro da circa un mese per ultimare studi specifici sulla storia locale, tiene una conferenza assai interessante sul ruolo di Gerusalemme nel mondo, centro di due religioni nemiche tra di loro, pur avendo, al contempo, parecchio in comune... seguo l'intera conferenza e, alla fine, essendo già molto tardi, tutti salutano ed escono per andare a dormire... rimane solo il vescovo... mi guarda e mi dice... desidera chiedermi qualcosa?... "È da almeno cinque anni che non frequento più la Chiesa, da quando un professore di storia e filosofia mi aveva messo con le spalle al muro, spingendomi a ragionare su mille cose che mi avevano allontanato totalmente dalla fede... che esista uno specifico Dio, che ha creato l'uomo a sua immagine e somiglianza... mentre mi pareva assai più logico pensare che sia stata la natura a sviluppare tutte le specie animali, quindi anche quella umana, cugina in qualche modo di alcune specie di scimmie"... gli dico che mi piacerebbe parlare con lui, perché mi pare che sia un buon conoscitore della storia... nel mio piccolo, credo allo sviluppo e all'evoluzione degli animali e degli umani... ha inizio una interminabile discussione, che ci porta quasi alle due di notte... a un certo punto, con grande semplicità e gentilezza, il vescovo alza le braccia al cielo e mi dice: "Lei mi pare veramente una bella persona... solamente il cielo potrà aiutarla a comprendere l'importanza della religione..."

Da quel giorno, non ho mai dimenticato le sue parole... grande rispetto per chi crede e segue i riti della propria religione... quanto a me, mi considero un essere minuscolo, non in grado di decifrare la natura vivente di cui facciamo parte... e di capire come si sia sviluppata nell'immenso cosmo, di cui siamo un microscopico pezzetto...

I giorni seguenti mi fermo a fare foto a Cipro e a un paio di isole vicine... poi, il rientro a Torino a marzo... come avevo pianificato...

L'agenzia è soddisfatta del lavoro, quantunque sorpresa che abbia durato così a lungo... il direttore mi dice che, dopo che avrò passato gli esami a giugno, intende darmi un nuovo lavoro... questa volta nell'Europa dell'Est... soprattutto in Unione Sovietica, paese di cui esistono sul mercato poche fotografie... una vera scommessa... sono contento... mi metto a studiare intensamente... nei momenti di pausa, cerco contatti con chiunque abbia relazioni con la Russia, soprattutto con associazioni culturali che abbiano rapporti diretti col paese... e anche col partito comunista italiano, che, talvolta, invita persone di cultura russa... so che, a fianco degli studi universitari, devo seguire anche il mio nuovo lavoro, regolarmente pagato...sono ormai una persona autonoma... posso gestire il mio tempo come desidero... dopo tre mesi di studio e di esami, mi prendo due settimane di riposo assoluto... di vita con gli amici...

Poi incontro il direttore, che mi dà tutto il materiale necessario dicendomi che, se sarà soddisfatto di questo incarico piuttosto difficile, per l'inverno prossimo potrebbe esserci l'America Latina, dal Messico alla punta del Cile, all'Argentina... giuro a me stesso che farò del mio meglio per accontentarlo... comincio subito a sognare l'America... quindi... via-aa... parto per l'Unione Sovietica, dove arrivo con la mia 500, la nuova auto che ho appena comperato... la vecchia 600 era ormai fuori gioco... arrivo a Mosca, la mia prima tappa da fotografare... dopo aver consultato il nostro Consolato, per sapere come fosse meglio muovermi, la prima sorpresa è vedere la gente che si accalca attorno alla mia auto... probabilmente, è la prima 500 che arrivi a Mosca... vogliono vedere questa macchina così piccina... mai vista prima...

Mi rendo conto che scattare foto in Russia è una cosa complessa...un

controllo continuo della polizia... per fortuna, mi sono portato un documento, rilasciato dal Consolato russo di Roma, e anche uno del partito comunista di Torino, scritto in russo, che sostiene che il mio lavoro ha la finalità di mostrare le bellezze della Russia... per maggior sicurezza, mi sono comperato un libro per imparare un po' di russo... che ancora un po' ricordo dai due giorni dell'avventura a Tashkent... la cosa risulta estremamente utile... almeno, posso scambiare qualche parola, la gente è molto contenta...

per prima cosa, mi chiedono da dove vengo, e perché sono venuto... si capisce che vogliono aprirsi al mondo... il terzo giorno mi capita di parlare con uno che si esprime in un inglese decoroso... non vuole più lasciarmi, vuole invitarmi a pranzo... gli dico che non posso, perché devo approfittare della luce per fotografare... mi invita per una cena al ristorante... intuisco che è uno spirito libero... non soddisfatto del governo... ma preferisce non toccare certe tematiche... siamo in un posto pubblico... non si sa chi ci può ascoltare... anch'io non mi sbilancio più del necessario... sono così pochi i fotografi stranieri... certamente sono sotto controllo...

Il mio tempo per Mosca è limitato... l'Unione Sovietica è grande e devo fotografare altre città... zone storiche e paesaggi... e, poi, coprire anche Romania e Bulgaria, per finire con l'Ungheria... nei primi due paesi trovo un'atmosfera simile a quella di Mosca, eccetto lungo la costa del Mar Nero, dove, trattandosi di un posto ideale per le vacanze, l'atmosfera è diversa, più giocosa, spensierata...

Non mi resta che l'Ungheria... sono ormai stanco, per cui mi concedo un albergo decente a Budapest, città che, in ogni modo, devo fotografare bene, vista la sua importanza storica... il primo giorno penso di dedicarlo all'importante museo storico, anche perché il cielo è grigiastro, con probabilità di pioggia... così facendo, ho la fortuna di incontrare il vicedirettore, che, da come parla, capisco subito essere una persona in gamba, e anche molto gentile... mi suggerisce le foto più interessanti da fare, mi dà l'impressione di essere una persona particolare, pronto ad aiutarmi per offrire una giusta immagine della storia della città.... tra di noi due si sviluppa un *feeling speciale*... lo sento proprio... passiamo la serata insieme... stiamo diventando amici... il giorno dopo, col suo aiuto, scatto ottime foto... la seconda sera, rimaniamo a discutere fino a notte fonda... gli racconto dell'India... lui, di un soggiorno di sei mesi in Venezuela, per una ricerca universitaria sulle popolazioni indigene di quel paese... gli dico che, forse, tra qualche mese andrò in America Latina... decidiamo di tenerci in contatto... di scriverci ogni tanto.

In ottobre-novembre do gli ultimi esami... conseguo la laurea... l'Università è finalmente finita... ormai, posso pianificare la mia vita, pensando solo al lavoro... vado a parlare con l'agenzia, che mi propone, come promesso, l'America Latina... sei mesi di lavoro intenso, mi spiega, ma ben pagati... devo riuscire a coprire tutti gli Stati, dal Messico alla punta estrema del Cile e l'Argentina... alcuni paesi sono particolarmente importanti come il Perù e il Messico, per la loro ricchissima archeologia, e il Brasile, per la sua grandezza rispetto agli altri Stati, talvolta minuscoli, come Belise, Trinidad e Suriname... anche loro, per quanto piccoli, devono essere fotografati, almeno per quanto riguarda le capitali e gli immediati dintorni...
Preciso che desidero prendere un paio di settimane per cercare del materiale informativo sull'America Latina, avere il tempo di ragionarci, per poi discutere con lui tutti gli aspetti di un lavoro che durerà come minimo sei mesi...

L'idea di fare questo viaggio mi affascina, ma mi rendo conto, che ormai potrei essere chiamato per il servizio militare... la cosa non mi piace per nulla... purtroppo, è così per tutti... avendo conseguito la laurea, ho però il diritto di chiedere di fare il servizio come ufficiale... chiedo di partecipare all'esame di accettazione, al Centro militare di Torino... quando mi presento, l'esame consiste in un breve test, scritto con domande e risposte... rispondo facilmente, ma il tipo di domande proposte non mi piace affatto... da me, non si pretende alcun tipo di ragionamento, nessuna mia conoscenza personale, ma, semplicemente, come ci si deve comportare davanti agli ordini di un superiore, anche se non ti paiono corretti... alla quinta domanda, mi viene detto di attendere... avrò il risultato in un paio d'ore... quando rientro... non sono ammesso... dovrò fare il servizio militare come soldato semplice... questo mi delude molto... anche perché ho sentito di storie spiacevoli, che succedono nelle prime settimane e mesi di leva... come vengono maltrattate le nuove reclute...

Cerco una soluzione... mi dico che l'esercito italiano non soffrirà certo per la mancanza di un cattivo soldato, come sarei io... devo trovare un'alternativa... pensa e ripensa... mille possibilità strampalate... assurde... poi, improvvisamente, mi viene un'idea... un'idea geniale!... *chi lavora all'estero è esentato dal servizio militare fino a quando continua a presentare documenti che assicurino del suo effettivo lavoro fuori d'Italia...* tempo addietro, in una delle mie visite a Parigi, città che ho sempre amato, ero diventato amico di un fotografo, che lavorava per una casa di alta moda, guadagnando bene... penso che ci sia il merito di tentare... in Francia, il certificato di residenza non è così difficile da ottenere come in Italia... potrei chiedere al mio amico di far finta che condividiamo il suo appartamento e, quindi, lo stesso indirizzo... per l'ufficio militare sarei figurato come residente a Parigi e avrei presentato una sorta di documento, che attestava come lavorassi in qualità *fotografo* per la medesima ditta del mio amico... immagino già la faccia dell'impiegato dell'ufficio militare quando gli porterò da vedere delle belle foto di modelle... mi prendo una settimana di tempo e di vita a Parigi.., il mio amico è d'accordo a farmi questo favore... al ritorno, la cosa funziona alla perfezione... quando vado all'ufficio militare, e faccio vedere il mio album di belle foto di moda... si limitano a dare un'occhiata agli altri documenti, che avevo preparato, e mi dicono: "Beato te, continua pure a lavorare a Parigi e che Dio te la mandi buona"... ho trovato la super soluzione, che potrà continuare fino a quando presenterò ogni anno questi documenti di lavoro in Francia... se ricordo bene, fino al 1965, quando avevo 28 anni... ma in quell'anno il Governo italiano decise di chiudere la questione... anche perché, in tutta Italia, eravamo rimasti solo dodici a non aver fatto il servizio militare per motivo di lavoro all'estero... ricevo così l'esenzione definitiva.

Risolto il problema, accetto con gioia l'offerta di andare in America.

Un anno in America Latina

Partenza in nave da Genova per New York... prima volta che salgo su una nave del genere... 24 giorni di navigazione in mare aperto... ovviamente, ho preso un posto in cabina di terza classe, a quattro posti... la meno costosa... sono curioso di vedere come funziona la vita di bordo... anche in prima e seconda classe... parlo con uno del personale, facendogli vedere la mia famosa tessera da giornalista, che mi è già stata utile in varie situazioni... infatti, dopo poco, lui ritorna, dicendomi che ne ha parlato col superiore, il quale gli ha suggerito di lasciarmi passare e anche scattare fotografie dove meglio credo, anche in prima classe, purché mi comporti con discrezione...

Ne approfitto alla grande, indosso il mio vestito buono, che sta nella famosa scatola di biscotti, che verrà con me anche nella foresta brasiliana... ora mi serve per andare a visitare la prima classe... di giorno, le signore prendono il sole su comode poltrone, mentre, la sera, sono tutte vestite elegantemente, quasi sempre in modo diverso da un giorno all'altro, e ballano fino a mezzanotte... nella seconda classe, invece, tutto è molto più semplice, anche se decoroso, con ottimi pasti, serviti a volontà dai camerieri, che passano in continuazione a chiederti se desideri cibo, mentre, in terza classe, viene servito dell'ottimo e abbondante cibo, ma senza l'aiuto del personale, ognuno si alza e va a prendersi da mangiare...

In prima classe non mi trovo a mio agio... troppa presunzione, che si avverte subito... in seconda classe, invece, mi fermo ogni tanto per fare una partita a scacchi... mi sono fermato a osservare una coppia che sta giocando, e vicino c'è un altro ospite che assiste alla partita... dopo un momento, mi chiede se desidero giocare... perché no?... diventiamo amici e ci facciamo una partita quasi ogni giorno... ripenso spesso alla diversità tra prima e seconda classe... ma è nella terza dove mi trovo a mio agio... è frequentata da gente semplice, in viaggio per raggiungere i parenti emigrati... non è mai salita su un transatlantico, non ha quasi mai mangiato così bene e in abbondanza... in un certo modo, mi fa pensare alle mie giornate in India.

Finalmente, arriviamo a New York... si intravedono da lontano i grattacieli... un mese prima, avevo scritto una lettera a Joice, la giovane donna conosciuta in India, che aveva passato un paio di giorni con noi in Balilla... ci eravamo poi scambiati alcune cartoline... le avevo scritto che venivo e che mi avrebbe fatto piacere incontrarla... le sarei stato grato se avesse potuto venire a prendermi all'arrivo della nave, e mi avesse cercato un posto in centro città, dove stare per qualche giorno... mi aveva risposto, *certamente verrò, con molto piacere*... quindi ero tranquillo... all'arrivo, solito controllo di passaporti... e vedo, a poca distanza, la fila di persone venute ad attendere chi sta arrivando... osservo con attenzione, ma non vedo Joice... ispeziono meglio tutta la fila e vedo una donna con un grande cartello in mano con su scritto il mio nome... mi avvicino e vedo che mi viene incontro, dicendomi: "Sono un'amica di Joice, che non ha potuto venire, perché le è appena morto un parente e, in base alla nostra religione ebraica, non si può uscire di casa per un mese... mi ha chiesto se posso occuparmi io di lei, per i pochi giorni che intende restare... il mio nome è Susan, ho un piccolo appartamento in centro e posso ospitarla per qualche giorno"...
Sono contento e sorpreso da tanta gentilezza... la ringrazio, mentre incominciamo a camminare... non riesco a credere che costeggiamo dei veri grattacieli... continuiamo a camminare e non stacco gli occhi da questi spettacolari edifici... quando arriviamo a casa sua... sono totalmente confuso... mi trovo nel centro di New York... in casa di una signora mai vista, che mi indica un divano dove potrò dormire... "Si riposi un poco, mi dice, intanto preparo qualcosa da mangiare"... cena molto semplice, con una chiacchierata a non finire... le racconto la mia

esperienza in India... le dico che sono qui per fare un lungo viaggio in America Latina, cosa che la incuriosisce visibilmente...mi dice che lei adora viaggiare... sono ormai quasi dieci anni che vive a New York, ma di nascita è tedesca... sento che quasi singhiozza... non oso chiedere... intuisco che sotto sotto c'è qualcosa di grave... mi azzardo a dire... come mai è venuta a vivere qui?... mi guarda intensamente, come per decidere se sono la persona giusta con cui confidarsi... se sia meglio tacere o raccontare... poi, guardandomi negli occhi, dice: "La mia famiglia è stata in un lager... mio padre e mio fratello sono morti... io e mia madre siamo stati salvati dai russi... ci ho messo due anni per riprendere un minimo di forze... poi ho deciso di venire a vivere in America... mio zio ci vive da prima della guerra... è uno scienziato... io sono arrivata via mare, come te oggi... entrando nel porto, ho buttato in mare il mio passaporto... ora vivo qui"...

M'accorgo che piange... la prendo tra le braccia per consolarla... non riesco a trovare le parole giuste... l'accarezzo leggermente per asciugarle le lacrime... poi le chiedo: "Sei riuscita a farti degli amici?... che lavoro fai?"... "Lavoro in una ditta impegnata nella ricerca di un ulteriore sviluppo nel campo dei computer... riuscire a passare dal calcolatore all'elaboratore... è stato mio zio che mi ha trovato questo lavoro... lui è molto conosciuto all'università, presso la facoltà di fisica... è un celebre ricercatore, Albert Einstein, lavora qui da prima della guerra"... mi accorgo che ha l'aria affaticata, forse dovuta a tutto ciò che mi ha appena raccontato... le dico che sono stanco... che però, se domani avesse del tempo, mi piacerebbe che mi facesse vedere un poco la città...

Sono convinto che le ha fatto bene d'avermi raccontato la sua tragedia... sento che parla più tranquilla e amichevole... in certe situazioni, è bene misurare le parole... la mattina le chiedo se può prendersi un giorno di libertà... farmi da guida nel centro cittadino... "Ok, mi dice... telefono in ufficio e dico che mi prendo un giorno di libertà"... la invito a pranzo e mi racconta di un viaggio, che ha fatto con una sua amica in Thailandia... avevano affittato due biciclette e andavano in giro un po' a caso... senza fare tanti chilometri, arrivando in piccoli villaggi, in una zona del paese dove vivono diverse famiglie ebraiche... "La loro

presenza rende facile il viaggio, perché si viene automaticamente invitati a vivere con loro... tra di noi è sempre stato così... quando Joice mi ha chiesto di venirti a prendere e invitarti a restare, ho immaginato che ti conoscesse bene e, quindi, non ho avuto dubbi nell'ospitarti"... le dico che, se per lei non è di troppo disturbo, mi piacerebbe restare per cinque giorni, in modo da poter vedere i musei più importanti... già nel pomeriggio ne vediamo uno... la mattina dopo, l'accompagno al lavoro e resto sorpreso nel vedere le pareti del suo ufficio totalmente ricoperte da migliaia di cartoncini bucherellati... comprendendo la mia curiosità, mi spiega che si tratta di carte perforate, grazie alle quali si sta sviluppando un futuro sistema informatico, per ora solo agli inizi, che renderà più semplice e veloce il lavoro umano, in mille situazioni diverse... non riesco a comprendere quello che mi sta dicendo, ma mi rendo conto che ho il privilegio di osservare un progetto, che cambierà il modo di lavorare in molti settori... verrà poi chiamato computer... mi dice che, il giorno dopo, andrà a trovare suo zio, uncle Albert, come lo chiama... per un consiglio riguardante il suo lavoro... mi chiede se desidero accompagnarla... ci penso un attimo... poi le dico che è meglio di no... non saprei cosa dire... non posso far perdere nemmeno un minuto di tempo prezioso al grande scienziato Einstein... io, nel frattempo, andrò a visitare altri musei... restiamo d'accordo che passeremo la serata insieme... Dopo cena, le racconto che, avendo trascorso un paio d'ore in un caffè, tra un museo e l'altro, ho quasi deciso la programmazione del mio viaggio, che durerà mesi... forse addirittura un anno...
inizierò da Cuba e dalle isole del Mar delle Antille, per poi scendere in Venezuela e continuare verso il Brasile... mi rendo conto che non conosco affatto i vari paesi... deciderò di volta in volta cosa fotografare, quanto tempo restare in ogni paese... grosso modo, il mio piano è di scendere fino all'Argentina, lungo l'Oceano Atlantico, per poi risalire lungo il Pacifico, con continue deviazioni verso l'interno, in modo da riuscire a coprire tutti i paesi, dedicando più tempo a quelli importanti... poi risalirò, attraversando l'America Centrale, e finirò con il Messico a cui, insieme al Perù, dovrò dedicare parecchio tempo....
Vedo che Susan mi ascolta con molta attenzione ed entusiasmo... con mia grande sorpresa, mi dice: "Anche a me piacerebbe visitare l'Ameri-

ca Latina"…. mi guarda negli occhi a lungo: "Ti piacerebbe se andassi a Rio De Janeiro, in tempo per quando ci arriverai tu, per poi continuare un pezzo del tuo viaggio insieme, dal Brasile all'Argentina?"… le dico che per me si tratta di lavoro… non posso viaggiare come si fa in vacanza, per divertimento… e lei: "Mi piacerà vedere come lavori, non ti sarò di impiccio, basta che tu mi dica per tempo quando pensi di arrivare a Rio… ti aspetterò là… mi posso informare fin d'ora quale albergo prenotare… così, ti sarà facile trovarmi".

Resto perplesso… ci conosciamo da così poco tempo… ma perché no?… mi ripete ancora che non mi sarà di alcun impiccio nel lavoro… il giorno dopo, l'ultimo che passo a New York, cerco di pianificare il proseguimento del viaggio… dopo mille ripensamenti, escludo che sia possibile, almeno per me, fare un buon lavoro in soli sei mesi… mi è stato anticipato tutto il denaro, per evitare di dovermelo spedire nel corso del viaggio… avrò un regalo extra, se riuscirò a completare il lavoro, come lui pensa, in sei mesi… ma, io, ho voglia di scoprire questo continente… dovrò riuscire a conoscere tutta l'America Latina, cosa molto impegnativa per la sua parte archeologica… so che, in Messico e Perù, si sono sviluppate culture rilevanti, ma per lo più sepolte dal tempo… resti di enormi costruzioni… luoghi dove hanno vissuto popolazioni assai sviluppate, con notevoli capacità architettoniche… sono curioso e desideroso di capirne un poco la storia… non riesco a immaginare di lavorare sempre di corsa… *non sei mesi, ma un anno*… poi si vedrà… non è detto che continui a fare il fotografo per tutta la vita… quando avevo scritto i miei articoli sull'India, mi era piaciuto… forse, in futuro, potrò diventare un vero giornalista … o uno scrittore… in ogni caso, decido di prendermi il tempo necessario, trovando il modo di parlare con la gente… rendermi conto di come vivono… per fortuna, è facile cavarsela ovunque con lo spagnolo…
Ai paesi più rilevanti, dedicherò dai 10 ai 20 giorni, che scenderanno a due o tre per quelli di minor importanza, come il Belise… forse basterebbero poche foto, che si potrebbero fare in una giornata, ma dovrò comunque arrivare in quella città, sperare che non piova… in tal caso dover aspettare… il direttore dell'agenzia mi aveva detto e ripetuto che,

in una piccola cittadina, è sufficiente un giorno per fare le foto necessarie… per questo, ha ipotizzato che io possa riuscire a coprire l'intera America Latina, dal Messico alla punta del Cile, in sei mesi… per lui, sono già fin troppi … dal mio punto di vista, invece, mi serve molto più tempo… me la caverò, mandando regolarmente a Torino i rullini, in modo che vedano il lavoro svolto…

Sono soddisfatto di aver fatto un progetto del viaggio… quindi me ne vado a fare una bella passeggiata proprio nel quartiere di Susan, che in ogni modo mi piace, perché è il vecchio centro, lontano dagli enormi grattaceli… durante la passeggiata ho la sorpresa di trovare un grande giardino, che nelle belle giornate si riempe di gente di ogni livello a gio-

care simpaticamente… un continuo correrersi dietro di ragazzini, inventando gare apposite, mentre vari gruppi giocano a scacchi… si incontra gente emigrata da vari paesi… infatti, gironzolando nel parco, ho inteso almeno 8 lingue diverse, con facce di ogni tipo… ho parlato con un signore che resta tranquillo, tenendosi un volatile sul braccio… mi dice che tutti i giorni viene a trascorrere qualche ora qui, essendo ormai in pensione... questo uccello ha preso piacere di stare con lui... quindi appena arriva, lo viene a trovare e dopo un poco di stare sul braccio, quasi colloquiando, guardandosi in faccia, preferisce sistemarsi sulla testa a tener-

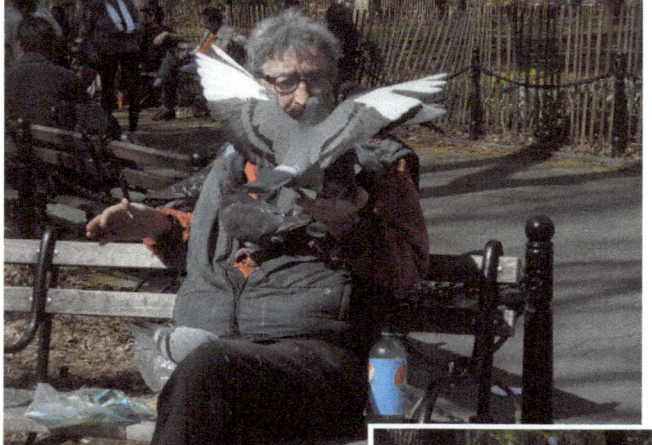

gli compagnia... trovo sorprendente come tutti condividono questo giardino con totale indifferenza.

Tornato a casa di Susan... la invito a cena e le dico che per me va bene che

ci incontriamo a Rio... dove penso di arrivare dopo almeno un mese e mezzo di viaggio... possiamo comunque scriverci ogni tanto... le racconto però delle difficoltà avute in India con la posta, per cui è meglio sapere in anticipo in quale albergo la ritroverò...

Il giorno dopo, parto in autobus in direzione Miami... viaggio lungo, che mi permette di gustare il paesaggio di una buona parte degli Stati Uniti... attraversiamo la Georgia e la Florida, quest'ultima, nota per un interminabile splendido lungomare, che attira turisti da ogni dove... mi sposto velocemente, anche perché ho deciso che gli Stati Uniti potrebbero essere un futuro soggetto di lavoro... per il momento, devo pensare all'America Latina, quindi prendo il battello che da Miami porta a Cuba...

Il luogo mi eccita... da anni, in Italia e in Europa, si discute di Cuba, isola che è diventata comunista e, quindi, in stretta amicizia con l'Unione Sovietica... si suppone perfino che sia in grado di attaccare gli Usa, grazie agli armamenti importati da Mosca, comprese le armi atomiche.

La prima tappa è la città di La Habana... so che incomincio il lavoro in un paese da parecchio tempo tormentato da una continua guerriglia... Fidel Castro, dopo anni di lotta, ne è praticamente il padrone, ma la guerra con gli Stati Uniti potrebbe essere alle porte... da un momento all'altro si teme un'invasione militare americana.

Arrivo in città con un taxi, alle tre del pomeriggio... dopo aver lasciato lo zaino in un alberghetto, decido di scattare subito qualche foto, quindi mi dirigo verso la piazza centrale... è ben illuminata dal sole... cerco delle scale per salire di qualche piano, trovare una finestra da cui affacciarmi e avere una bella veduta, possibilmente con un edificio noto che la distingua... in genere, riesco a incontrare un inquilino che si fida e mi fa entrare in casa, per potermi affacciare a una finestra... questa volta, non incontro nessuno sulle scale... salgo fino al terzo piano... vedo che posso affacciarmi a un finestrone senza disturbare gli inquilini... mi metto in posizione... scelgo l'ottica giusta... e comincio a scattare... cambio l'ottica per poter fotografare qualche dettaglio più curioso e, mentre sto rimettendo le macchine nella borsa, sento salire per le scale due uomini, che mi gridano: "Alt! Alt!... è proibito fotografare... deve venire con noi"... scendo le scale tranquillo, ma molto seccato... il lavoro comincia male... mi portano in un ufficio, dove mi consegnano a una donna, a cui dicono che stavo fotografando... lei mi fa le solite domande: chi sono... perché sto a Cuba, cosa faccio... ormai ci sono abituato... le dico che faccio foto per libri di scuola, così come ho detto al Consolato cubano di Roma poco prima di partire... ragiono con attenzione come sia meglio presentarmi... "Mi sento fortunato di arrivare a Cuba in un momento così favorevole, in cui il grande Fidel Castro sta finalmente vincendo la partita...spero proprio che l'attacco che gli americani stanno pensando di fare all'isola, non abbia successo, perché Cuba ha finalmente il diritto di vivere come vuole"... mi rendo conto che ho toccato i tasti giusti... la donna osserva le due guardie... chiede loro perché siano intervenute... forse credevano che fossi una spia... poi invece mi dice: "Domani, nel grande piazzale qui vicino, Fidel terrà un discorso a tutto il popolo cubano, sulla vittoria, è quindi logico che ci siano controlli sugli stranieri"... da come avevo parlato, e ora lei, penso sia convinta che io stia dalla loro parte... lei è una delle tre segretarie di Fidel e, in questo caso, è costretta a chiedermi di darle il rullino, che ho nella macchina fotografica... in compenso però, domani mi accompagnerà a fare delle foto in città e mi consiglierà quali sono i posti giusti nell'isola... mi darà anche dei nomi di persone da contattare... sono contento e la invito a cena al ristorante... appuntamento qui tra un'ora, le dico... in modo da avere il tempo per andare a lavarmi...

La mattina dopo, con lei accanto, posso fotografare l'immensa folla che ascolta e applaude Fidel, per cinque ore consecutive... lui urla alla folla, come gli americani stiano tentando di penetrare nel paese, ma senza alcun risultato... saranno costretti a ritornarsene a casa loro, e non metter mai più piede a Cuba.

Così è cominciato il mio lavoro, che ho poi continuato nel Mare delle Antille, fotografando varie altre isole importanti, in un'atmosfera più tranquilla, a Giamaica, Haiti e altre isole minori... dopo di che mi imbarco per il Venezuela...

Arrivando, mi vengono in mente i racconti che mi aveva fatto Franz, l'amico ungherese, venuto qui per studiare i popoli indigeni... era restato sei mesi... e io potrò dedicare solo pochi giorni alla capitale, Caracas, città con molti edifici interessanti e palazzi moderni... scatto anche parecchie foto negli immediati dintorni delle belle spiagge... mi addentro poi un poco nella Cordigliera della Costa, per fotografare il paesaggio montuoso, senza dovermi spingere troppo nel centro del paese... fotografo anche delle belle chiese, che ricordano come la Spagna e il Portogallo abbiano portato nel nuovo continente la loro cultura, profondamente pregna di cristianesimo e della sua arte…

Riprendo anche alcune fabbriche… penso di aver fatto un buon lavoro e di potermi dedicare più velocemente ai tre paesi più piccoli, che si trovano sulla via di Belém, la porta del Brasile, arrivando da nord…

Intendo "misurarmi" al più presto col Brasile, paese di importanza fondamentale, non solo perché, inevitabilmente, diventerà il più ricco e potente del Sud America, ma soprattutto a causa della sua immensa foresta equatoriale, da cui dipende in parte il buon funzionamento del nostro pianeta…

Arrivo a Belém, capolinea della navigazione di tutto il bacino dell'immenso fiume del Rio delle Amazzoni… resto due giorni per abituarmi al clima e ai grandiosi spazi che si aprono da ogni parte… la città è interessante, essendo stata il porto di arrivo di tutte le navi che hanno trasportato dall'Europa le migliaia di persone venute alla scoperta dell'interminabile foresta, ricca di mille possibilità di venir sfruttata…

Salgo su un battello per andare nell'interno… ho preso quello che fa continue soste, per aver la scelta di scendere in alcuni dei villaggi lungo il fiume… talvolta si tratta di poche case… si naviga lentamente… la foresta è infinita… resto sul battello fino a Manaus… appena scendo, mi incammino verso il centro… edifici dell'Ottocento molto ben tenuti… ecco perché Manaus, capitale della regione settentrionale del Brasile,

è stata denominata la Parigi dei tropici… nell'Ottocento, si è scoperto il modo di produrre facilmente e di esportare il caucciù, a quel tempo molto richiesto… sono stati numerosi gli europei che si sono stabiliti in città per lavorare e arricchirsi… spendevano facilmente il denaro, desiderosi di una vita agiata, anche se in mezzo alla foresta… ancora adesso, c'è il teatro cittadino, sorprendente per la sua splendida architettura, e vari altri edifici dell'Ottocento e primo Novecento.

Dopo alcuni giorni a Manaus e nelle immediate vicinanze, prendo un piccolo battello, che naviga nei canali secondari … sono curioso di addentrarmi un poco nella foresta… desidero conoscere l'ambiente e come la gente lo viva… navighiamo per un giorno intero… di tanto in tanto si intravede una casa lungo la riva del canale… sarebbe interessante fermarsi per visitarne una… l'idea mi piace…

Passiamo davanti ad altre case senza fermarci… ormai è pomeriggio avanzato, quando vedo che ci avviciniamo a una casa più grande… il battello rallenta e si avvicina… è una casa piuttosto semplice, con qualche animale attorno, gli immancabili strumenti per la pesca… due bar-

che ancorate… mi avvicino al timoniere e gli chiedo se sarebbe possibile fermarsi, e scendere lì… cerco di spiegargli che vorrei rimanerci per due o tre giorni… riusciamo a capirci, parlando un portoghese che è quasi

più uno spagnolo, lingua che avevo un po' studiato prima di partire...
mi dice che conosce il padrone di casa... si può provare... si ferma...
parlotta un po' con il padrone di casa che, dopo avermi ben squadrato,
mi chiede, con pochi gesti, come e dove penso di dormire... gli faccio
vedere il mio sacco a pelo, che srotolo per terra... allarga le mani, come
per dirmi: fa pure... mi sto forse buttando in una cosa un po' folle, ma

l'idea mi piace... chiedo al timoniere quando può passare a riprender-
mi... nel pomeriggio di dopodomani... mi sta bene... gli faccio segno che
per me è tutto chiaro e lo ringrazio... il battello parte e l'uomo mi fa
fare il giro della casa... indica dove mettere il sacco a pelo e mi offre del
cibo... accetto volentieri perché ho fame, e mangiamo insieme...
La mattina dopo, l'uomo parte per la pesca... lo aiuto a mettere il materiale sulla barca... mi fa segno se voglio andare con lui e, ovviamente,
accetto... ci inoltriamo in minuscoli canali, dove l'acqua è bassa... tutto
intorno c'è un verde talmente vasto che avvolge ogni cosa... silenzio totale, rotto solo dal cinguettio degli uccelli... non parliamo... non siamo
in grado di farlo... ma mi pare che lui sia contento di non essere solo,
una volta tanto... prende parecchi pesci... saranno la cena di stasera...
rientriamo nel pomeriggio... mi riposo un poco...
Quando viene il momento del tramonto, con la luce che si inabissa,
creando ovunque tratti d'ombra, accanto a spazi di luminosità, mi viene
voglia di fare due passi... lui sta pulendo il pesce, e ha già preparato

il posto dove farà il fuoco per cuocerlo... gli passo accanto... osservo come si organizza, gli faccio segno che faccio due passi... mi inoltro in un sentiero... le mie mani sfiorano le foglie, i rami, i tronchi... ho l'impressione che le mie dita restino a far parte della foresta, della vita che cresce... attimi di curiosità, di piacere, gioia, stupore...

I miei occhi ora si fissano sulla testa di un serpente che si sta sollevando dalla siepe... momento di paura... di terrore, pensando al rischio di morire... istante straordinario di stordimento, mentre mi pare che il tempo si sia fermato... rimango inchiodato di fronte alla serpe, piuttosto voluminosa, che mi guarda come io la guardo... d'improvviso, sento sul braccio la mano del pescatore che mi tira indietro, facendo segno con l'altra mano e gridando... nooo, nooo... mi allontana e mi fa capire che, se quel serpente morde... si muore...

Lo guardo con grande riconoscenza, che non so come esprimere... poi mangiamo... dormiamo vicini, perché ha paura per me... momento straordinario... unico... impossibile dimenticarlo...

Dopo questa avventura, riprendo il lavoro e mi dirigo verso Brasilia, città diventata da poco capitale del Brasile, dove arrivo con una serie di autobus, che mi permettono di scendere quando voglio... mi fermo ben tre volte, perché siamo nel periodo del carnevale... ho sentito dire che è una festa molto importante... non rispetta rigidamente le date e non ha limiti di orario... alla seconda fermata, scendo e mi fermo un giorno intero per capire cosa succede, anche in un piccolo paese... è già quasi sera, e vedendo in giro solo persone mascherate, immagino che capiterà qualcosa... sento musica e intravedo un gruppo che si sta incamminando... mi metto in coda, osservando gli scherzi che si fanno l'un l'altro... improvvisamente, da un'altra strada, arriva un gruppo musicale che si mette alla testa del corteo e tutti incominciano a cantare, accompagnati dalla musica... corro in testa al corteo per vedere cosa sta succedendo, e vedo che ci sono dozzine di persone sdraiate per terra che, lentamente, si alzano... hanno la faccia stanca, ma iniziano comunque a danzare, a cantare, si uniscono al gruppo, che si allarga sempre di più... chiedo a un vicino come mai dormissero per terra... "È da tre giorni che viviamo così", mi risponde... ogni tanto ci si ferma per dormire... ma, quando sentiamo una musica, ci alziamo e viaaaa... si mangia e si beve a casaccio, ovunque e con chiunque... decido di trascorrere anch'io la notte in questo modo... il giorno dopo, mezzo addormentato, prendo l'autobus per Brasilia, dove mi cerco un buon posto per dormire, sapendo che mi fermerò almeno tre giorni.

La città, pur essendo ancora in continuo sviluppo, si impone per la grandiosità del suo centro, ideato dal noto architetto Oscar Niemeyer, che ha pianificato la città a forma di aeroplano... vedendola dall'alto, si può immaginare che l'asse centrale sia costituito da due ampi viali, che fiancheggiano un grande parco, in modo che il tutto appaia come una immensa fusoliera.

Si possono già apprezzare vari monumenti straordinari, come la catte-drale..., per cui si può facilmente immaginare lo sviluppo futuro della città... lavoro per un giorno intero nel centro, ma, mentre riprendo certi particolari dell'architettura, utilizzando la lente 500, ottimo obiet-tivo della Hasselblad, mi rendo conto che ha un difetto, non funziona bene... non riesco a capire come sia successo... non sono un tecnico... bisognerà trovare il modo per farla riparare... vedrò cosa fare a Rio, al-trimenti bisognerà spedirla alla ditta di Torino, dove è stata acquistata... del resto, mi dico, come spedisco per aereo i rullini, potrò anche spedire un obiettivo...

Quando lascio Brasilia, considerando la vastità del paese, mi rendo con-to che devo ancora fotografare parecchie città importanti, per cui, pri-ma di scendere a Rio, mi fermo a Belo Horizonte, dal 1897 capitale dello Stato del Minas Gerais... la città si è sviluppata rapidamente e già supera i due milioni di abitanti... la cosa mi interessa in modo partico-lare, dato che circa un terzo della popolazione è di origine italiana... nell'Ottocento, arrivavano a decine di migliaia dal Sud Italia, famiglie intere, a cercare nuovi spazi, nuovo lavoro... nuova vita... prendo molte foto, che sottolineano la notevole presenza italiana, un fattore certa-mente importante per i libri di scuola... resto due giorni in questa città... improvvisamente, mi viene in mente Susan, che dovrebbe essere ormai da parecchio tempo a Rio De Janeiro, dove avevamo stabilito di incontraci... controllo quanti giorni sono trascorsi da quando ho la-sciato New York... e allibisco...circa due mesi.. ci vorranno ancora due o tre giorni per arrivarci, continuando a cambiare autobus per poter scendere ogni tanto a fotografare...

Arrivando a Rio, faccio il conto esatto di quanto sono in ritardo sulla data che avevamo deciso ... 18 giorni... non è poco... mi aveva trattato talmente bene a casa sua.... quindi, appena arrivo a Rio, invece del so-lito guardarmi in giro per farmi un'idea della città, scendo dall'autobus e chiedo al primo taxi che passa di portarmi all'albergo stabilito... per fortuna ne arriva subito uno, che mi prende e costeggia tutto il lungo mare, che è un trionfo di splendore... si ferma proprio davanti all'alber-go... non grande, ma a pochi metri dal mare... entro a chiedere se Susan è tuttora loro ospite… "Immagino che a quest'ora stia sulla spiaggia", mi dice il portiere… lascio lo zaino e vado in spiaggia a farle la sorpresa… tento di scusarmi, ma lei: "Sono stata benissimo… non ero mai stata così bene al mare".

Decido di prendermi anch'io due giorni di totale riposo, le racconto cosa ho fatto fino a quel momento, in modo che sappia come sarà il ritmo del mio lavoro… non si tratterà solo della città di Rio, la più nota di tutto il Brasile, che quindi dovrà essere fotografata a fondo, ma di circa un mese di lavoro intenso… devo anche trovare una soluzione per la Hasselblad… facciamo il giro di vari negozi, ma nessuno sa aiutarci… decido di mandare l'obiettivo a Torino… cerco l'ufficio dell'Alitalia… utilizzo il loro telefono per comunicare con la ditta… si decide di spedirla con l'aereo e loro si occuperanno di tutto: ritirarla, farla riparare e rispedirla… faranno sapere a questo ufficio le date di consegna… il terzo giorno, incomincio a lavorare la mattina… saliamo sul Pan di Zucchero, il colle di granito conosciuto ovunque, perché dalla sua cima si domina l'intera città, distesa di fronte al mare, quasi interamente circondata da alture, che rendono la veduta stupefacente… panorama insuperabile… direi unico al mondo…

Due giorni interi, passano a fotografare la famosa spiaggia di Copacabana, la statua del Cristo Redentore, alta 38 metri, collocata in cima al Monte Corcovado… nel pomeriggio, passiamo dall'ufficio per sapere quando arriverà l'obiettivo… ci vorranno ancora cinque giorni… possiamo prendercela con calma, dedicheremo un'intera mezza giornata alle favelas, le baraccopoli, zone intere di colline circostanti, dove vivono milioni di famiglie povere… contrasto totale con le zone benestanti situate lungo il mare, dove abbiamo visto qualche resto del carnevale, che mi dicono essere stato meraviglioso, con il passaggio dei carri allegorici superbamente decorati… ormai è solo un ricordo, mentre nelle favelas troviamo ancora dei bambini che non rinunciano ai costumi sgargianti e, sul viso, ogni tipo di maschera…

Dopo quattro giorni tra Rio e dintorni, passiamo a prendere l'obiettivo e partiamo per San Paolo, una delle città più popolose al mondo, il più vivace centro finanziario del Brasile... devo fotografarla per la sua importanza economica e la grandiosità del centro, costellato da innumerevoli grattacieli, anche se non ha il fascino di Rio... punto sulla chiesa del Pátio do Colégio, costruita in stile coloniale, che si trova nel punto in cui i gesuiti fondarono la città, nel 1554... so bene che, per i libri di scuola, queste foto sono rilevanti, in quanto dimostrano che, a soli sessant'anni dalla scoperta dell'America, in Brasile arrivavano già gruppi di portoghesi, che costruivano chiese e importavano lo stile di vita europeo, facendo scomparire, il più rapidamente possibile, ogni traccia di cultura locale.

Pensando di avere ormai sufficiente materiale sul Brasile, decido di passare in Paraguay per proseguire verso la pampa argentina, dove cercherò di fotografare l'abbondanza degli animali per cui la pampa è nota... ci recheremo poi nella capitale, Buenos Aires... grosso modo, questo giro potrebbe durare una ventina di giorni, dopo di che Susan, arrivando nella capitale dove vuole incontrare una famiglia di sua conoscenza, sarà libera di scegliere se ripartire direttamente per New York o proseguire con me per i pochi giorni necessari al lavoro che dovrò svolgere in Uruguay, prima di ripartire verso il sud dell'Argentina e poi il Cile... Lei mi risponde decisa: "Ti ho già detto che desideravo, se ti è utile, contribuire al tuo lavoro... per cui, ogni decisione che prendi, per me va bene... se mi diventa troppo faticoso, posso sempre ritornarmene a casa"...

Partiamo con i soliti autobus, che si fermano in ogni villaggio, in direzione del Paraguay, fermandoci, quando lo ritengo utile... scatto parecchie foto di paesaggi, attraversiamo il confine e puntiamo sulla capitale, Asunción... città che ha un centro in stile europeo, con case moderne, piuttosto eleganti, ma appena si va un po' fuori, s'incontrano gruppi di persone chiaramente povere, mescolate alla gente del luogo...si capisce che hanno perso il ritmo di vita tradizionale, senza peraltro riuscire a integrarsi nella nuova vita ... non vedo nulla in quelle persone che mostri un segno di fierezza, né nel modo di vestire, né nel comportamento... mi rendo conto che, in certe zone, l'arrivo dei conquistatori spagnoli o portoghesi, ha distrutto la popolazione indigena... si sa che l'arrivo degli europei causò centinaia di migliaia di morti per vaiolo e altre malattie, delle quali gli europei erano portatori, essendo però protetti dai vaccini... trovandomi in questo ambiante spiacevole e triste, mi viene in mente ciò che mi aveva raccontato un medico a Cuba, riguardo alla popolazione originaria dell'isola che, sul milione di abitanti che contava, si era ridotta praticamente a zero nel giro di 45 anni, a causa dei massacri, ma ancor più, delle epidemie...

Mi domando come sarà la situazione in Perù e in Messico, fondamentali per le loro rovine grandiose, testimoni della vita precedente all'arrivo degli europei...

Decido quindi di passare direttamente in Argentina, il secondo paese per grandezza del Sudamerica dopo il Brasile... mi rendo conto che, se mi prendo tutto il tempo che ho dedicato al Brasile, non basterà nemmeno un anno per coprire tutto il Sudamerica... devo necessariamente fare delle scelte...

Prima di entrare però veramente in Argentina, facciamo un salto alle Cascate di Iguazu, che si trovano proprio al confine con il Brasile... spettacolo impressionante... restiamo un giorno intero, poiché per fortuna siamo arrivati con la luna piena, e ci avevano detto che certe volte, se le nuvole si trovano, la sera, in posizioni favorevoli, le cascate prendono colori meravigliosi... restiamo incantati, fino a notte inoltrata, ma la mattina partiamo presto... ora bisogna rispettare il programma!

Mi limiterò, quindi, alla capitale e ad alcune altre città, la famosa pampa, che è la parte centrale del territorio, con la sua fauna particolare, come il formichiere gigante, l'armadillo e tanti altri ... e anche le vaste zone di territorio fertile, utili per l'allevamento di cavalli, ma anche di mucche e capre, macellate sul posto, per poi essere spedite in Europa come carne congelata ...

Mi organizzo quindi in modo da poter visitare uno di questi centri, composti da un grande recinto, dentro il quale spingono la mandria, che hanno deciso di macellare per la vendita... in fondo al recinto, inizia una specie di corridoio che si divide in due spazi separati, dove entra solo un animale alla volta... c'è una serie di operai, disposti in doppia fila...il primo dà un colpo secco sul capo dell'animale, che cade a terra tramortito, il secondo lo colpisce a morte con un coltello, il corpo viene poi tagliato in grossi pezzi di carne, ripulita da altri operai e messa in scatole, che vengono sistemate nei frigoriferi per essere spedite in Europa.

Dopo i primi minuti passati nel recinto, Susan se ne è andata via, e quando finisco il lavoro, capisco perfettamente che non ha nessuna voglia di rimanere a seguire il lavoro di macellazione... inevitabile per lei ricadere in orrendi ricordi del passato... anch'io trovo pesante fotografare questo macello.

Lasciamo la pampa per dirigerci a Buenos Aires, dove vivono gli amici di Susan... voglio in qualche modo ringraziarla, sia per avermi sempre tenuto compagnia, senza mai accennare a modificare il programma, ma soprattutto per avermi aiutato con le macchine fotografiche... solitamente ne tengo due a tracollo, mentre lei mi porta la terza, che mi serve quando intendo cambiare ottica rapidamente...

Arrivati nella città di Buenos Aires, incontriamo la famiglia amica di Susan, ovviamente ebrea, che ci invitano a restare da loro per un paio di giorni... ci faranno vedere le bellezze della città e anche andare in barca sul Rio de la Plata... ci meritiamo veramente due o tre giorni di riposo... mi concedo questa breve vacanza.... porto con me solo una macchina fotografica, come se fossi un semplice turista, le altre, le lascio a casa... trascorriamo delle piacevoli giornate in barca, visitando un museo e alcune mostre.... una sera, invito tutta la famiglia in un bel ristorante... ho l'occasione di vedere e comprendere quanto sia forte il legame tra le famiglie ebree, anche se si conoscono da poco tempo o, comunque, non profondamente... l'incredibile legame, che hanno vissuto durante gli anni di Hitler, li ha resi tutti

fratelli... quindi sempre pronti ad accogliere chiunque di loro si presenti alla porta.

Trascorsi i tre giorni di relax, vado da solo in città per fotografare le cose

fondamentali, poi dico a Susan che devo andare per qualche giorno in Uruguay, per scattare un po' di foto prima di recarmi nel tratto a sud dell'Argentina e risalire il Cile, lungo la costa dell'Oceano Pacifico... senza pensarci troppo, Susan mi dice che viene volentieri anche lei in Uruguay per poi rientrare a New York.

Arriviamo a Montevideo, una città importante, situata lungo la baia, con un centro che, in passato, era una cittadella spagnola.
Come già ad Asunción, anche qui è chiaro come la Spagna, nel Cinquecento, abbia invaso l'intero continente, salvo il Brasile, che era sotto il dominio del Portogallo... nessun rispetto per la cultura locale, imponendo il proprio modo di vivere... in quattro giorni me la cavo a foto-

grafare, sia la città sia i dintorni, e torniamo a Buenos Aires.

Il giorno dopo è quello dell'addio... con un abbraccio e la promessa di scriverci regolarmente....

Parto per la Terra del Fuoco, lontana centinaia di chilometri... l'attraverserò con gli autobus locali, per fermarmi via via a fotografare gli stupendi paesaggi montuosi, a volte innevati sulla cima... mi sto avvicinando al Polo Sud... quando arrivo alla punta estrema della parte meridionale, incomincia a piovere e mi viene detto che, con tutta probabilità, la pioggia durerà per qualche giorno... sono vicino a un passaggio di frontiera con il Cile... vale la pena passarlo e incominciare ad ambientarmi in questo nuovo paese...

Mi fermo dove c'è poco più che un gruppo di case con un minuscolo alberghetto dall'insegna *El Mejor*... dormo bene ma, al mattino, vedo che fuori nevica... inutile fotografare o viaggiare... meglio aspettare che smetta... passo due giorni interi a fare esercizio di spagnolo con l'unico altro ospite della locanda... sviluppiamo subito un buon rapporto, per non restare soli tra la neve e il freddo... la sua prima battuta è: "Vengo in questo hotel perché si chiama El Mejor, mentre dovrebbe chiamarsi El Pejor", peggio di così, infatti, non potrebbe essere... incominciamo a chiacchierare per far passare il tempo, visto che è praticamente impossibile uscire, a causa della neve che sta cadendo sempre più fitta... mi racconta che è la seconda volta che viene qui... lavora per una ditta nel settore che intende promuovere il turismo in Cile... quindi viaggia spesso, cercando situazioni convenienti a ospitare futuri turisti.... tutti sono concordi nel dire che il Cile può diventare una meta di grande richiamo, per la sua particolare posizione geografica, *una interminabile striscia lungo l'oceano*... da parte mia, gli racconto come mai mi trovo qui e che lavoro faccio... non poteva capitare meglio... entrambi lavoriamo in un settore simile, grazie a cui è ben facile potersi tenere compagnia, aiutandosi reciprocamente... trascorriamo un'intera giornata in cui mi racconta tutte le cose più interessanti da fotografare in Cile e poi, anche in Bolivia che, a suo parere, ha poco da offrire, essendo così vicina al Perù, un paese dove, invece, vale la pena restare per alcune settimane... Da parte mia, gli chiedo se i cileni viaggino parecchio, e se conoscano bene il loro paese…. "No, appunto per questo sono qui. Quasi nessuno arriva fin qui, a sud, mentre invece, ti assicuro che ci sono posti bellissimi, paesaggi montani incredibili"… gli chiedo se esistono dei libri ben illustrati, che stimolino il desiderio di andare a visitare questi posti… ci pensa un momento e… "No, nessun libro che attragga veramente"… passiamo ore a discutere sull'argomento… e improvvisamente mi viene una idea folle… e se ne facessi uno io?… perché non resto in Cile?… forse la mia benedetta *fortuna*, che parecchie volte mi ha indicato la strada da prendere… se cercassimo di creare insieme un libro, che apra

veramente le porte al turismo?… mi viene quasi da ridere… dopo tre giorni passati insieme, in attesa del bel tempo, lui parte con una guida a cercare il luogo giusto, per dar vita a un locale che sia veramente il *meglio*, mentre io prendo il pullman che, a causa della neve, era fermo da tre giorni… le lunghe chiacchierate mi hanno finalmente chiarito le idee…

Osservo come la cordigliera delle Ande segua tutta la costa dell'oceano, quindi devo riuscire a rendere fotograficamente questo paesaggio, così tipico del Cile, e mostrare, se possibile, come si sia sviluppata la vita del paese.

Fotografo, ovviamente, la capitale Santiago e la città di Valparaiso, lungo il mare, mentre il resto sono cose ovvie, banali... qualche foto di paesaggio, sull'economia e sulla storia... faccio la stessa cosa per la Bolivia, nella zona centrale del continente, con un territorio che va dalla catena delle Ande al deserto di Atacama, fino alla foresta pluviale del Bacino Amazzonico.

La capitale, La Paz, sorge a un'altitudine di più di 3500 m, davanti al picco nevoso del monte Illimani. Vado a scattare delle foto anche al Titicaca, il lago più grande dell'America del Sud, che, con le sue acque tranquille, si estende oltre i confini del Perù.... mi piace e trovo interessante questa regione lontana dalla capitale, dove si incontra ancora gente vestita all'antica, gente che non è stata totalmente inghiottita dal mondo europeo, e ci tiene a conservare le proprie tradizioni e il proprio stile di vita... mi viene l'idea di arrivare in Perù in battello... ma, nonostante abbia chiesto informazioni a varie persone, mi devo rassegnare a prendere i soliti autobus per arrivare a Lima, la capitale, dove potrò avere consigli su come raggiungere e fotografare i centri archeologici, la cosa più interessante che so di voler fotografare a fondo, fermandomi tutto il tempo che necessiterà.

In pochi giorni, fotografo Lima e i dintorni, poi salgo fino a Cuzco, la città che fu il centro dell'impero inca che, dal 1300 circa fino all'arrivo degli Spagnoli, comprendeva gran parte della cordigliera delle Ande, giù fino alla metà del Cile odierno.

Si sa ben poco dello sviluppo di quell'impero, all'epoca così potente, capace di vincere, ma anche di integrare le popolazioni confinanti, in un certo modo come aveva fatto Roma, ingrandendo sempre più il proprio impero...

Quando arrivo a Cuzco, che immaginavo essere una città antica, essendo stata capitale di un ex-impero, la trovo piuttosto moderna, a prima vista poco interessante... per fortuna, mi dicono che, non molto lontano, si può visitare il centro dell'antica città di Machu Picchu... parto con il primo autobus e, quando si ferma nel paesino indicatomi, scendo... e mi incammino lungo una stradina, grazie alla quale dovrei poter arrivare facilmente... cammino un bel po'... e tutto ad un tratto non riesco a capacitarmi... si tratta davvero delle rovine di una città, a ridosso di un picco montagnoso...con molte case ancora quasi intatte... mi viene da pensare ai resti archeologici di tante città romane, che avevo fotografato, ma che non ricordo così grandi e ben tenute... scatto molte foto, sia dell'insieme sia dei particolari, evidenziando il modo di costruire che avevano gli Inca... sono talmente entusiasta che decido che, ripassando per Lima, vorrò approfondire e fotografare più a fondo il museo archeologico...

Per fortuna, passando dal paesino, avevo chiesto se c'era qualcuno che potesse accompagnarmi e mi avevano parlato di un maestro di scuola, assai competente... ritornando, riesco a rintracciare il maestro, che accetta di venire con me nel pomeriggio... mi spiega come il territorio delle Ande sia divenuto gradualmente soggetto alla legge di Cuzco, che all'epoca era la città imperiale degli Inca, dove viveva la classe dominante, tesa a riunire i sudditi in un unico popolo, per governarlo e garantirne l'equilibrio sociopolitico... il maestro mi fa notare parecchi dettagli, a cui a prima vista non avevo fatto caso, e mi racconta che, ultimamente, ci sono vari archeologi al lavoro presso altri siti del periodo inca... finalmente, si è iniziato a dar valore a queste rovine... gli domando se c'è modo di passare la notte nel villaggio, perché vorrei continuare a parlare con lui... non c'è un albergo, mi dice, ma mi offre di dormire da lui... avendo notato un piccolo ristorante, l'invito a cena e passiamo la serata insieme...

Il giorno prima, parlando con l'autista, avevo appreso che l'autobus continua diretto verso il bassopiano, dove si arriva nel tratto del Perù che già fa parte dell'Amazzonia ... penso che sarebbe interessante, dopo tanti mesi, rivedere quel mondo vegetale, estremamente fitto, così poco abitato da essere umani... decido di ridiscendere a valle, dopo settimane di montagna... ritrovare il gran caldo, la foresta, forse la possibilità di incontrare qualche gruppo di indigeni che vivono ancora secondo le antiche tradizioni, lontano dalla civiltà moderna... la mattina dopo, salgo sull'autobus, mi godo il paesaggio, e mi inoltro nella giungla...

I primi gruppi di case moderne sono scontati... in paese, si vedono solo persone venute per tentare di arricchirsi, sfruttando la foresta... sembra che raramente arrivi qualche indigeno per fare scambio di merci... decido di restare qualche giorno, ma, ricordandomi il rischio corso con il serpente velenoso, non mi inoltro da solo all'ipotetica ricerca di indigeni... mi piacerebbe fare come Franz, il mio l'amico ungherese, che ci restò per sei mesi... mi accontento invece di due giorni di riposo, prima di ripartire per Lima....

Il viaggio inizia a sembrarmi interminabile... comincio a essere stanco... è da più di otto mesi che non faccio che lavorare, con pochi momenti di riposo... risalgo in autobus lungo la catena montuosa, per poi ridiscendere verso Lima, dove prendo tempo a scattare ancora molte foto nel museo, che ora vedo con altri occhi, dopo aver visto l'originale di una vera città...

Arrivato a Lima, la mia idea è di approfondire quel poco che so di archeologia... si parla positivamente della scoperta di Colombo, nel 1492, così come della conquista, in pochi decenni, dell'intero continente da parte degli europei... ma si parla stranamente poco dei massacri compiuti per impadronirsi di quel mondo immenso... del fatto che, per secoli, gli europei sono arrivati a fiumi, portandosi dietro gli schiavi, catturati e trasportati direttamente dall'Africa.

Voglio cercare di capire come sia stata possibile una così rapida presa del potere da parte degli spagnoli: nel 1542, solo 50 anni dopo Colombo... fu istituito il vicereame di Castiglia, ribattezzato in seguito vicereame del Perù, il cui territorio comprendeva buona parte del Sudamerica... nel 1551 fu fondata, a Lima, la prima università del continente... passo importante per sottolineare come il regno di Spagna avesse deciso di imporre le sue leggi e la sua cultura, senza il minimo rispetto per le tradizioni e gli usi dei popoli locali... l'unico ostacolo per gli spagnoli era la presenza del Portogallo, con il quale erano in guerra e con cui dovettero spartire il continente.

La prima missione gesuita fu fondata nel 1609, con lo scopo di evangelizzare, e civilizzare, la popolazione indigena... il re di Spagna aveva ovviamente un ruolo fondamentale, ed era strettamente legato alla Chiesa... ogni conquista veniva suggellata con l'imposizione della religione di Stato... il che de facto significava che gli indigeni praticamente non avevano altra scelta che convertirsi al cristianesimo...

Nel libro di Jared Diamond[1], autore che si è dedicato molto a questo argomento, si può leggere fino a che punto la Chiesa contribuì al massacro degli indigeni, spesso proteggendo e assolvendo i militari, che uccisero a migliaia la popolazione locale, non in grado di competere con le nuove armi venute dall'Europa... nel 1532, quando il conquistatore spagnolo Francisco Pizarro volle incontrare l'imperatore inca Atahualpa, monarca assoluto che governava il più grande e progredito impero di tutto il continente, lo invitò nella città andina di Cajamarca... Atahualpa arriva, trasportato su una splendida lettiga, decorata in oro e sorretta dai nobili dell'impero, seguita da un esercito di 80.000 soldati... Pizarro, che rappresenta il re di Spagna, a quell'epoca sovrano del Sacro romano impero, è invece a capo di soli 168 soldati, una buona parte dei quali a cavallo, animale sconosciuto al nemico... Pizarro ha predisposto, con grande abilità e senza farsi notare, il suo piccolo esercito... quando Atahualpa si trova di fronte Pizarro, gli viene mostrato il libro della Bibbia, il libro sacro dei cristiani, al quale Atahualpa dovrebbe adeguarsi... ma quando egli mostra disprezzo per la Bibbia, Fra' Vincente, il sacerdote presente, grida: "Uscite fuori, cristiani! Colpite questi cani infedeli, che rifiutano la parola di Dio! Questo indegno tiranno ha gettato via il libro della legge divina! Colpitelo, perché io vi assolvo dai vostri peccati"... immediatamente, escono allo scoperto i cavalieri e tutti i soldati, mentre Atahualpa viene fatto prigioniero... si incomincia ad ammazzare tutte le persone attorno a lui...

Un gran numero di soldati inca rimangono interdetti alla vista dei cavalli, animali a loro ignoti, e incapaci di reagire con le loro armi inadeguate, fatte di bastoni e pugnali, inutili di fronte a quelle in acciaio degli spagnoli, soldati considerati come degli strani esseri divini...

Pizarro si tenne Atahualpa in ostaggio per ben otto mesi, durante i quali si fece consegnare il più enorme riscatto mai esistito... circa otto metri cubi di oro... alla fine, rimangiandosi ogni promessa, lo fece uccidere...

---

1 *Armi, acciaio e malattie - Breve storia del mondo negli ultimi tredicimila anni*, 1997.

Si resta sorpresi nel pensare come sia stato possibile che poche centinaia di spagnoli siano riusciti ad avere la meglio su decine di migliaia di nemici, ma bisogna tener conto che avevano le armi da fuoco, le armature in ferro e i cavalli, tutte cose mai viste prima dagli Inca... inoltre, le varie popolazioni non erano sempre in rapporto amichevole tra di loro, e comunicavano ben poco l'uno con l'altro... inoltre ci furono spesso tremende epidemie, introdotte dagli spagnoli, che fecero morire buona parte della popolazione.

Il mio lavoro prosegue in Ecuador e in Colombia, dove mi limito a scattare le poche foto necessarie... mi fermerò giusto il tempo per fare le foto per i libri scolastici... mi aspettano ancora i vari paesi dell'America Centrale, e poi, soprattutto il Messico, molto impegnativo dal punto di vista archeologico, importante quasi come l'Egitto... mi fermo a lungo al Canale di Panama, vista la sua importanza strategica per abbreviare il passaggio delle navi... avendo incontrato un archeologo, mi faccio raccontare quello che sa sul Guatemala... pare che alcuni ricercatori stiano scoprendo i resti di una città antica, forse simile a quelle esistenti in Messico... voglio informarmi al riguardo... quando arrivo in Honduras, chiedo a varie persone se sanno qualcosa di ricerche archeologiche nella foresta... finalmente vengo a sapere che sì, proprio ai confini tra Honduras e Guatemala, sono in corso delle ricerche, essendo stati trovati nella giungla dei tratti di antiche mura... è un segno importate della presenza di popoli vissuti secoli prima...
Dopo aver fotografato le capitali con quel tanto di foto che oramai faccio quasi a occhi chiusi, parto per andare al nord dove pare che ci sia un gruppo di archeologi, che sta lavorando nella foresta, al confine con lo Yucatan, regione ormai facente parte del Messico... stanno trovando resti di mura, assai strane per la loro fattura, consistenti soprattutto in enormi gradoni, che non si capisce a cosa servissero... per questo, si è deciso di far venire degli esperti... quando arrivo nel paese più vicino, mi dicono che non ci sono autobus per arrivare sul posto... l'unico modo è di andarci a cavallo... mi dicono che mi possono accompagnare... non son mai andato a cavallo, ma in qualche modo me la caverò...

partiamo in due a cavallo, gli ho detto di andare adagio, mi tranquillizza e, in quattro ore, arriviamo... leghiamo gli animali... si prosegue a piedi, fin dove incontriamo sei persone che stanno disboscando e portando alla luce una ventina di resti di mura, con pietre diverse l'una dall'altra... non so immaginare di cosa si possa trattare... un archeologo è rimasto sul posto per vari giorni e dovrebbe ritornare per restarci il tempo necessario... quasi certamente, si tratta di un sito simile a quelli trovati nello Yucatan, dove, quasi duemila anni prima, fu fondata la città di Chichen Itza, di cui sono stati ritrovati resti sorprendenti.

"Ritorno a cavallo, per trovare il primo autobus che mi porti in Messico... un paese di enorme importanza, con una storia di migliaia di anni e di cui si conosce ancora assai poco... si ritiene che, in America, i primi abitanti siano stati degli asiatici, arrivati avendo attraversato lo stretto di Bering al momento delle grandi glaciazioni... gli studiosi sono convinti che il territorio messicano sia stato abitato da cacciatori e raccoglitori a partire da circa 30.000 anni fa.

L'agricoltura ha incominciato a svilupparsi nel nono millennio a.C., anche se la coltivazione del mais, la più importante della regione, non è cominciata che nel quinto millennio a.C.

Il vasellame, importante segno della nascita di una società sedentaria, fu introdotto attorno al 2.500 a.C... il Messico fu la patria di civiltà avanzate, quali gli Olmechi, che ebbero il loro apogeo dal 1.200 al 500 a.C. e, soprattutto, i Maya, che dominarono dal 1500 a.C. al 300 d.C... civiltà tra le più evolute dell'epoca pre-colombiana... di loro ci sono rimasti, in vari luoghi del Messico, maestosi centri cerimoniali, il cui simbolo è il tempio a forma piramidale a gradoni... Chichén Itzá è tra le più importanti città maya del Messico pre-ispanico... fu fondata nel V secolo d.C dagli Itza, gruppo etnico predominante nella parte settentrionale dello Yucatan.

La cosa sorprendente, e positiva, è che le rovine di questa città siano visitate non solo dai turisti, ma anche dai messicani, che parlano tuttora la lingua maya e credono in quella religione... si tratta ovviamente di minoranze, ma parlando con la gente del luogo, si scopre che sono sempre più numerose le persone che preferiscono parlare il maya... segno di ritorno alla loro antica cultura... Chichén Itzá era, ed è tuttora, una città sacra, un centro di pellegrinaggio maya.

Molti studiosi ritengono che i Maya abbiano sviluppato una delle culture più affascinanti ed enigmatiche dell'umanità, nel cuore delle fitte foreste di Chiapas, Guatemala, Yucatán, Honduras e Belize. Sebbene l'habitat in cui si stabilirono non fosse molto favorevole allo sviluppo urbano, la loro civiltà raggiunse un grande splendore... tra il terzo e il decimo secolo della nostra era, hanno dato vita a città quali Chichén Itzá, Tikal, Copán, Palenque e tante altre, governate da re, quasi considerati divini, ma intriganti e noti per la loro sete di potere. Il fatto che lo spagnolo Francisco de Montejo, conquistatore dello Yucatan, abbia avuto l'idea di utilizzare Chichén Itzá come capitale della provincia - idea poi caduta nel vuoto-, significa che la città conservava ancora un'aureola sacra...

Oggi, ci sembra incredibile il comportamento dell'arcivescovo Landa che, avendo scoperto che i Maya avevano sviluppato l'uso della scrittura, e che esistevano biblioteche con decine di migliaia di volumi pittografici... diede ordine di bruciarli tutti, considerandoli diabolici... facendo così morire una cultura millenaria, di cui restano solo tre volumi in musei europei... trionfo della miserabile meschineria umana... quando si crede di possedere la verità assoluta, essendo convinti che il proprio sistema di vivere sia il migliore in assoluto... e quindi non solo lo si ritiene corretto, ma lo si vuole anche imporre agli altri... la storia ci insegna che, con a causa di tale atteggiamento, succedono disastri e massacri... si vuole far scomparire l'altro, considerandolo un nemico da abbattere.

Le piramidi maya, che ancor oggi affascinano architetti di ogni parte del globo, furono realizzate principalmente come edifici religiosi, luoghi di culto per venerare le varie divinità... in seguito, le piramidi furono anche utilizzate come punto di riferimento nel cuore della fitta vegetazione... grazie alla loro imponenza, infatti, queste strutture riescono a svettare sopra le cime degli alberi più alti, e quindi a essere visibili anche da lontano.

Sono conscio che dovrei, e soprattutto vorrei, dedicare almeno un mese al Messico, il paese che certamente è ancor più sorprendenti degli altri, per ciò che riguarda i resti archeologici. Purtroppo incomincio veramente ad essere stanco... sono in viaggio da un anno... ho voglia di tornare, vedere la famiglia... quindi decido di accelerare, anche se so bene che il Messico meriterebbe di più.

La prima tappa è Città del Messico, grandiosa città che gli spagnoli costruirono sulle rovine di quella precedente, che venne distrutta da Cortez, con il suo piccolo gruppo militare. Egli, convinto che il suo piano sarebbe riuscito, si presentò in maniera regale, con altri cavalieri, di fronte al potente imperatore Montezuma, il quale scambiò gli spagnoli, con i loro misteriosi cavalli, per divinità, che quindi andavano venerate... pare che Montezuma si sia lasciato ingannare perché credeva alla leggenda che circolava, secondo cui un antico re che era stato spodestato, fosse ora tornato con l'aiuto delle divinità, per cui era meglio rispettarlo.

Dopo il primo momento di sconcerto, Montezuma tentò di resistere, ma la sua capacità militare era troppo inferiore a quella del nemico e, nonostante le preghiere e le offerte fatte agli dei, anche con sacrifici umani, accettarono la resa, quasi come se fosse il volere degli dei... non si conosce il numero dei morti, ma si sa che gli Spagnoli si imposero con tale violenza, che gli Aztechi furono condannati a morire o a divenire i loro servi.

Resto parecchi giorni in città, e visitando il museo, mi rendo conto dell'importanza archeologica del Messico, per cui mi ci vorrebbero almeno un paio di settimane per visitarlo e fotografarlo come si deve... così avevo fatto in Egitto... ma sono ormai stanco e d'altra parte, penso che per fare un lavoro serio in Messico, ci vuole un viaggio apposito... chissà... forse un giorno...

Decido quindi di fare il necessario per i libri scolastici, e considerare che ho già allungato più del dovuto il mio viaggio... mi do dunque da fare nelle città principali, scelgo i paesaggi più belli e significativi, lungo l'oceano e nel Golfo del Messico, dando la necessaria importanza ai reperti del mondo antico... resto sorpreso nel constatare che in Messico si parlano una cinquantina di lingue e dialetti... tutti conoscono lo spagnolo, ma i locali, tra di loro, spesso preferiscono parlare nelle antiche locali... inevitabile ricordo di antiche culture.

L'ultima sorpresa arriva nello Yucatan, dove sono arrivato per fare le mie ultime foto... si sta parlando di un nuovo centro archeologico... si tratta di una località scoperta negli anni Venti da un gruppo di persone che ne hanno poi parlato con amici, i quali, a loro volta, si sono messi in contatto con un'università americana... due studiosi sono venuti a visitare il luogo, lo hanno trovato interessante, per cui decidono di coinvolgere l'università per pianificare un intervento della durata di un paio di anni... purtroppo, con la crisi economica del 1928, l'università non ha più i fondi per continuare i lavori... poi è arrivata la guerra e non se ne è più parlato... la cosa sorprendente è stata che, nel 1957, quando l'università ha deciso di riprendere in mano il progetto, non è stato possibile ritrovare il luogo, dove si erano iniziati i primi lavori di scavo... le rovine portate a suo tempo alla luce, erano state nuovamente ricoperte dalla fitta vegetazione, al punto che neppure i vecchi operai, che avevano lavorato sul posto, riuscirono a ritrovarle...

Ci sono voluti ben due anni di continui tentativi, per ritrovare il posto giusto... oggi, i lavori stanno proseguendo... sono stati già scoperti edifici alti fino a dieci metri... ma il sito non è stato ancora aperto al pubblico... decido di fare un salto, sperando di riuscire a vedere i lavori in corso... non è cosa facile... evidentemente, ci sono motivi di segretezza... resto per una settimana in zona, tentando di trovare la persona giusta, che mi possa indirizzare... molti mi dicono che la foresta è piena di rovine... che un tempo, in questa regione, c'erano città intere... finalmente, incontro uno che conosce il posto, perché ogni settimana porta cibo e altre cose a chi ci lavora... riesco a convincerlo a portarmi con lui e, dopo tre giorni di attesa, mi fa montare sul suo camioncino sgangherato, pieno zeppo di ogni cosa... dopo sei ore di viaggio a 10-15 km all'ora, arriviamo... sono contento, perché ciò che vedo, vale il tempo che ho dedicato... mi trovo davanti a un edificio imponente, in gran parte ancora coperto dalla vegetazione, con lunghe scale a pioli su cui lavorano quattro operai, che disboscano, cercando di mettere in luce i gradini... stanno costruendo delle passerelle di legno tra un albero e l'altro... incredibile quanto appaiano piccole le persone in mezzo alla vastità della giungla... vorrei restare giorni, ma la camionetta riparte domani... passerò comunque almeno una notte in questo posto... so che non dormirò, ma rimarrò tutta la notte a contemplare le rovine... a pensare alla forza del lavoro umano per vincere l'intrico vegetale... a ipotizzare spazi per le divinità... il bisogno di confrontarsi con loro...

La mattina dopo mi sento veramente stanco... penso che il mio datore di lavoro giudicherà sufficiente il materiale che gli spedirò... sono sempre stato preciso nel lavoro, non potrà lamentarsi, salvo per il ritardo di sei mesi... discuteremo al rientro...

Cuba mi era molto piaciuta, e quindi decido di prendere un battello che mi porti direttamente all'Avana, per poi partire per New York...

Questa volta farò una sorpresa a Susan... mi aveva detto più volte che, se fossi ripassato da New York, la sua casa sarebbe stata aperta... invece che scriverle, preferisco la sorpresa... l'unico rischio è che arrivi una sera, quando lei non è in casa...

Ma va tutto liscio... quando esco dall'autobus, dopo interminabili ore di viaggio, preferisco andare a piedi, attraversando il centro, per ristabilire un rapporto con la città... busso alla porta... e scoppia un urlo reciproco... dopo vari bicchieri di vino, lei incomincia a parlare dell'Africa... è l'unico continente dove non è mai stata... perché no? le dico... non conosco il mio futuro, ma è stato bello il mese che abbiamo trascorso insieme... quindi, di nuovo, perché non l'Africa?

Il giorno dopo do il mio addio a New York e parto per l'Italia.

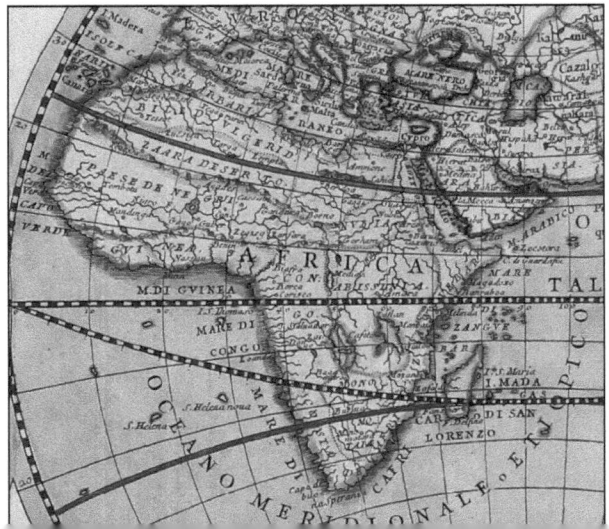

Alla ricerca di nuova vita

Quando rientro a Torino, dopo tredici mesi di viaggio in America, il mio futuro non mi appare chiaro... la paga stabilita con l'agenzia era conveniente per sei mesi... ma per tredici?... incomincio a pensare su come gestire la mia vita... il denaro è necessario, ma mi pare fondamentale soprattutto avere un lavoro che mi piaccia... che mi soddisfi... Quando incontro il direttore, a cui porto l'ultima parte dei rullini da sviluppare, mi dice che ho fatto un buon lavoro, ma mi sono preso troppo tempo... mi potrà dare un po' di denaro extra, oltre a quello che mi ha già dato per i sei mesi di lavoro svolto, ma, certamente, non il doppio, ho fatto troppe foto inutili per dei libri di scuola...
Indipendentemente dal denaro, ho l'impressione di aver vissuto troppo superficialmente l'America,
non sono riuscito a viverla in profondità, se confronto il viaggio con quello fatto in India, dove a volte, mi sono sentito quasi di far parte della popolazione...
Forse sarebbe meglio... smettere di lavorare come semplice fotografo, puntando invece sullo scrivere, per poter approfondire argomenti e situazioni... avevo già pubblicato qualche articolo, ma con editori secondari, e pagato male... ora, si tratterebbe di fare il salto... decido di tentare con l'editore De Agostini, che gestisce la rivista mensile *Atlante*... vado direttamente all'ufficio di Milano, dove non conosco nessuno, ma credo di avere le carte convenienti per presentarmi... voglio propormi come collaboratore, per andare a fare lavori, che comportino testo e fotografie, in qualche paese dell'Europa orientale, ancora poco conosciu-

ta… vengo ricevuto da una giovane segretaria di redazione che, invece di mandarmi direttamente dal direttore, Ariele De Stefani, si sofferma a parlare con me, mi fa raccontare come e dove ho lavorato… le parlo del mio viaggio in India e le dico che sono già stato in Russia, luoghi poco frequentati dai fotoreporter… la segretaria, amichevolmente chiamata da tutti *Lula*[1], va dal direttore e, invece di dirgli semplicemente che c'è un fotografo che intende parlargli, sottolinea che si tratta di una persona interessante, che ha già viaggiato molto, facendo nel frattempo anche la tesi universitaria e scrivendo articoli… De Stefani si incuriosisce… mi chiama, e dopo due chiacchiere, mi chiede se me la sento di fare un servizio su Praga… desidera allargare il suo archivio fotografico, fino a quel momento piuttosto limitato, includendo l'Europa orientale e incominciando dalla Cecoslovacchia.

Gli rispondo che, prima di iniziare il lavoro, desidero prendermi del tempo per studiare a fondo la storia di Praga, città storicamente importante… mi dà l'incarico…

Avendo già lavorato nell'Europa orientale, che è sotto il controllo di Mosca.. e ricordandomi dell'amico ungherese Franz, so bene l'attenzione che bisogna avere in questi posti quando si lavora e si fotografa da professionisti… ci sono sempre dei controlli… si deve sapere con chi parlare per essere meglio informati… i dipendenti d e i musei, ad esempio, sono molto utili, perché conoscono bene la storia della città e del paese… parlando con loro, si può capire se sono rigidamente legati al sistema politico del momento o se, dopo un primo incontro, se la sentono di parlare anche su argomenti delicati come la mancanza di libertà… se si trova la persona giusta, è facile ottenere informazioni utili, per arricchire l'articolo su Praga, sia dal punto di vista storico, che per quanto riguarda la vita di tutti i giorni… Dopo quasi tre settimane in Cecoslovacchia, rientro… il mio lavoro viene apprezzato… so di aver impiegato, come al solito, più tempo del dovuto, ma amo andare in profondità… si imparano cose che poi

---

1 *Lula è poi divenuta una mia cara amica, con la quale nel 2023 ho festeggiato 60 anni di amicizia.*

possono servire per futuri lavori...

L'articolo su Praga, illustrato con mie foto, mi incoraggia a continuare... la porta della De Agostini ormai è aperta... lavorerò per anni con loro, proponendo io stesso dei servizi, con testo e fotografie...

Grazie alla segretaria di redazione, vengo presentato alla signora Serena Battaglia, direttrice del Centro iconografico della De Agostini, la quale in quel periodo intende ampliare l'archivio fotografico... è quindi interessata a visionare le mie foto dopo ogni viaggio... negli anni, me ne acquisterà molte... a volte, è lei stessa che mi propone di andare a fotografare dei luoghi di suo interesse... cosa che, naturalmente, accetto quasi sempre.

Mi impegno a trovare tematiche interessanti per *Atlante*, ma prendo contatti anche con agenzie fotografiche che vendono foto sia in Italia che all'estero...

Invece di essere un dipendente stipendiato e con un programma stabilito, come succedeva con l'agenzia di Torino, intendo essere più libero nel mio lavoro...

Propongo a una piccola rivista di viaggi un servizio su Monaco di Baviera, che viene accettato, mentre la De Agostini me ne ordina uno da fare sul delta del Danubio...

Parto per il Danubio, rimandando a dopo quello su Monaco di Baviera... decido di passare per Budapest, sosta che mi permetterà di incontrare il mio amico Franz, con cui ho scambiato diverse lettere... quando arrivo in città, gli faccio la sorpresa di arrivare da lui direttamente al museo... un lungo abbraccio emozionato, senza parole... pranziamo insieme e mi racconta di come la situazione culturale a Budapest stia leggermente migliorando... la cosa mi interessa, perché penso a possibili articoli sull'attuale clima ungherese in campo artistico...

Sfruttando la sua posizione di funzionario statale, Franz ha la possibilità, altrimenti rara, di andare all'estero... ha cominciato ad avere contatti con artisti in Francia e Germania, e mi assicura che, la prossima volta, intende venire in Italia... mi racconta come il settore culturale sia stato per decenni totalmente chiuso alle novità esterne... nessuna possibilità di un pensiero autonomo... prevaleva nettamente lo stile di vita imposto da Stalin... totalmente autoritario a qualsiasi livello...ma, dopo la sua morte nel 1953, Budapest e l'Ungheria hanno incominciato ad aprirsi al mondo esterno e oggi, dopo dieci anni di lotte, stanno comparendo i primi artisti creativi, che non seguono le regole finora accettate... nascono gruppi di pittori e scultori, che riescono a ottenere dall'Occidente materiali finora introvabili...

Franz mi racconta che il clima è ancora pesante... si è soddisfatti anche solo di piccoli cambiamenti, che rendono possibile un quantum di libertà personale... gli dico che alla frontiera sono stato controllato... mi sono state sequestrate le riviste e i giornali culturali, che avevo portato proprio per lui... Franz insiste sul fatto che è già positivo che in Ungheria esistano ormai dei gruppi di artisti, sufficientemente liberi... qualcuno riesce perfino a inviare quadri in Occidente, che vengono esposti a Parigi e in Germania...

Gli chiedo di mettermi in contatto con questo gruppo artistico... penso che, se li potessi intervistare, potrei offrire del materiale interessante per una rivista d'arte... prima di partire per il Danubio, resto a Budapest due giorni per far conoscenza con questi artisti... è il vantaggio di essere ormai padrone del mio tempo... con la libertà di decidere se accettare o rifiutare un lavoro, se farlo subito o posticiparlo... scegliendo i lavori che mi interessano di più... in quel caso, trovo sempre il tempo... anche se dovessi lavorare dodici ore al giorno...

Quando, nel pomeriggio, passo a salutare Franz, prima di partire, lui mi dice: "Prima che tu parta, ho una bella sorpresa per te... ci vediamo per cena e dopo... la sorpresa!"

Ovviamente non posso non accettare... a cena, mi dice che mi vuole portare a incontrare una persona straordinaria... recentemente, ha conosciuto un sacerdote che, pur occupandosi della parrocchia, ha come principale interesse il prendersi cura di un vigneto, proprietà della chiesa, in cui da secoli si coltiva il Tokaji, un vino dolce, basato su un procedimento di alterazione delle uve, che vengono volutamente attaccate da una muffa pregiata... nella sua storia secolare, il Tokaji ha conquistato il palato di Papi e Imperatori e, oggi, è considerato fra i migliori vini del mondo... sono, ovviamente, contento di andare a conoscere questa persona così particolare... e dopo un'ora di auto, arriviamo alla chiesa verso le undici di sera... suoniamo il campanello... una volta... due volte... si apre una finestra... l'amico sacerdote si affaccia e grida: "Che ci fai tu qui a quest'ora?... scendo subito"... per cinque minuti, parlano ungherese tra di loro, forse per spiegare chi sono... poi il sacerdote, in un italiano molto semplice, ricordo di quando è vissuto per alcuni mesi a Roma, mi dice: "Le farò visitare la cantina in cui teniamo solo vino del nostro Tokaji... nella prima parte della cantina teniamo il vino dell'anno in corso... il Tokaji, come si sa, deve essere tenuto sotto controllo per anni al fine di ottenere il meglio"... mentre visitiamo la cantina, mi racconta che, da un anno all'altro, si ottengono qualità diverse... ci fa assaggiare prima il vino dell'anno, poi tre altri assaggi di annate differenti... scendiamo lungo il corridoio, che porta in uno spazio quasi buio: "E' qui che teniamo il vino che mandiamo al Papa... è un'antica tradizione... ci teniamo molto... siamo fieri di fargli questo piacere"... guardiamo l'orologio... sono quasi le due... "Ho la messa alle sette... voi che fate?"... ci guardiamo... propongo, se possibile, di fare un riposino e, poi, di assistere alla messa... e così facciamo...

Il giorno dopo, grandi abbracci al mio amico, contento di avermi fatto vivere una situazione curiosa... lui prende un autobus per rientrare al museo, mentre io par to per il mio servizio fotografico sul delta del Danubio, lavoro che mi risulta molto semplice e, in poco più di una settimana, raccolgo materiale sufficiente.

Al rientro, passo alcuni giorni tra Torino e Milano, per prendere contatti con le varie agenzie e case editrici, sia di turismo che di cultura... poi parto per Parigi, dove ho sempre l'appoggio del mio amico fotografo, che, tra l'altro, mi ha detto di avere un progetto interessante da realizzare in Portogallo, e gli piacerebbe farlo con me... "Si tratta di una faccenda che neppure io ho veramente capito bene, mi dice... conosco un imprenditore, che naviga ad alto livello, il quale mi ha detto di star sviluppando un progetto per una installazione artistica, che riguarda il Portogallo... la storia e lo stile di vita di questo paese... deve però essere fatto in un modo originale, che sorprenda e crei curiosità... la faccenda per il momento deve restare segreta"...

Le cose strane mi son sempre piaciute... chiedo per quanto tempo pensa di stare via... che tipo di rimborso o di guadagno avremo... e perché ha pensato a me, per farlo insieme... mi risponde che limitarsi a fare foto di moda, anche se hai sempre belle donne davanti al naso, alla fine diventa un lavoro ripetitivo... "Sono un po' stanco di lavorare solo in studio... mi piace l'idea di concedermi una pausa... è quasi come prendermi una vacanza"...

Sa che io ho viaggiato molto e conosce il mio modo di fotografare... intende farsi carico lui di tutte le spese, garantendomi che, se la cosa andasse storta e l'imprenditore dovesse rinunciare al progetto, ci verranno rimborsate le spese, mentre, se tutto funzionerà, la paga sarà notevole e dividerà il denaro con me.

Faccenda assai strana, ma perché no?... porterò con me le tre macchine fotografiche, che nel frattempo ho comperato, due per gli eventi più originali insieme all'amico, e una per le foto normali, da inviare alle agenzie, con cui sono in contatto per i loro archivi... attività marginale, su cui non posso mai contare regolarmente, ma succede sovente che, dopo mesi in cui non vendono nulla, ricevo un bel po' di denaro perché han venduto tutta una serie di foto, riguardante un argomento strano, su cui io avevo lavorato... il sistema con loro funziona così, che quando vendono qualche foto mia, mi mandano il 30%, con scadenza trimestrale... non si tratta di un grande introito, ma sono ampiamente soddisfatto di aver contattato e stabilito il rapporto con quattro agenzie straniere, in Germania, Spagna, Inghilterra e Stati Uniti, dalle quali ogni tanto ricevo denaro, che messo insieme a quello che guadagno in Italia, mi è più che sufficiente.

Decidiamo dunque di partire, per vedere sul posto cosa escogitare... passiamo dieci giorni in Portogallo, dove fotografiamo le cose più strane... o perfino assurde... particolari di oggetti esposti nei musei, ripresi in modo originale, paesaggi rovesciati che potrebbero essere qualsiasi cosa, minuscoli oggetti ingranditi alla follia... ridiamo come matti, dicendoci che questa è una bella vacanza, ma non riusciamo a immaginare come saranno utilizzate le nostre foto... un vero mistero...

restiamo ancora una settimana, che ha comunque rinforzato la nostra amicizia... rientriamo a Parigi, dove resto per fare due servizi, che avevo promesso da tempo a piccole riviste d'arte, con cui mi piace lavorare, anche se pagano poco...

Nel frattempo, il mio amico ha portato tutto il materiale del Portogallo all'imprenditore, che lo ha trovato interessante e divertente... ma, per il momento, il progetto rimane fermo... non si sa se in modo definitivo... ha pagato comunque tutte le spese... ci diciamo che *in fondo, abbiamo fatto una vacanza gratis!*

Come sempre, mi tengo in contatto telefonico con mia madre, che ho autorizzato ad aprire la mia posta... la chiamo per darle un saluto, e mi dice che ci sono due lettere per me, una da una rivista turistica, in cui è scritto che è stata accettata la mia proposta di un servizio sulla Côte d'Azur, e l'altra dall'America con il nome di Susan come mittente...

Sono contento di fare il servizio sulla Costa Azzurra, anche se è una regione che conosco già assai bene... è talmente bella col suo mare, le spiagge meravigliose, i paesaggi sorprendenti, per non parlare dei dintorni... uno splendore... è talmente ricca di musei e di spazi dedicati ai numerosi artisti che vi hanno vissuto!... bastano i nomi di Chagall, Picasso e Matisse, che qui hanno trascorso parte della loro vita insieme a tanti altri, che hanno lasciato opere o interi musei... interminabile mondo artistico, in una regione dove non si finisce mai di scoprire tesori.

Terminato il lavoro, rientro a Torino, curioso di leggere la lettera di Susan, da cui non avevo ricevuto notizie da tempo... ci eravamo promessi di tenerci in contatto e di scriverci, soprattutto se succedeva qualcosa di curioso, per cui non mi stupisco quando, aprendo la lettera, leggo: "Ho proprio voglia di fare un viaggio, ma non ho ancora deciso dove... sono stata molto soddisfatta di quello che abbiamo fatto insieme ... mi è venuta l'idea di proporti di farne un altro... mi piacerebbe conoscere un pezzo d'Africa, unico continente dove non ho mai messo piede"...

Resto sorpreso, non ci avrei pensato... ma perché no?... conosco molto poco dell'Africa... solo l'Egitto, che ho visitato in piccola parte, grazie alla fortuna di esser stato inserito nel gruppo di giornalisti dell'Unesco... le scrivo che cercherò di pensare quale potrebbe essere un viaggio interessante da fare insieme in Africa... che anch'io sono stato bene con lei...

Durante una delle mie soste a Parigi, ne approfitto per andare in biblioteche e librerie alla ricerca di informazioni su possibili viaggi da fare in Africa... mi rendo conto che non sarà cosa facile, come avevo fatto in America, dove c'erano autobus ovunque... dalle guide turistiche che ho consultato, risulta che è necessario avere un'automobile, per poter fare un lavoro serio... la mia auto non è certo adatta per un viaggio in Africa... scrivo a Susan, spiegandole il problema... la sua risposta è fantastica... da anni non vede sua madre, e aveva già pensato di venire in Europa per almeno un mese, stando con lei anche per conoscerla un po' meglio e andare in giro insieme.... per questo, aveva intenzione di comperarsi un auto, che avrebbe poi rivenduto o portato a New York... le suggerisco di prendere una Volkswagen, dove, volendo, si può dormire... se vuole, sono interessato a partecipare all'acquisto, sempre che il costo sia quello da lei ipotizzato... mi risponde che ci saremmo certamente messi d'accordo e mi prega di farle avere il progetto del viaggio.

Il lavoro che desidero fare è quello di mettere in luce lo sforzo che in Africa si sta facendo per uscire dal sistema coloniale, in atto in quasi tutto il continente... l'idea le piace, e aspetta di sapere quale parte del continente visiteremo, come pure la data e la durata del viaggio...
Passo ore in libreria a sfogliare i libri più recenti sull'Africa e, alla fine, decido di far partire il nostro viaggio da Dakar, dove arriveremo via mare, per poi attraversare il Senegal, proseguire nel Mali fino a Bamako e oltre... quindi scendere nella Costa d'Avorio, per poi risalire la costa ovest, attraversando i vari paesi fino al Gambia... chiudendo poi l'anello a Dakar, dove reimbarcarci per il ritorno... incontreremo popoli ed ex colonie... la fine di dicembre potrebbe essere la data giusta per un viaggio della durata di circa tre mesi...
Susan è d'accordo, e si terrà pronta con la macchina a inizio dicembre...

Ora che ho fatto la mia scelta, devo informarmi bene sulla storia di quel continente, iniziando dalla fatidica conferenza di Berlino del 1884, che diede il via alla spartizione dell'Africa tra i maggiori Stati europei:

il Portogallo, primo paese ad aver circumnavigato il continente, e poi la Francia e l'Inghilterra, i più avidi... l'Africa è stata praticamente tutta colonizzata, fatta eccezione per l'Etiopia, restata indipendente, essendo stata per secoli un grande impero cristiano.

Con la fine della Seconda Guerra mondiale nel 1945, si riscontrano tentativi di indipendenza in quasi tutti i paesi africani, come il Senegal, divenuto *colonia autonoma* nel 1904, con Dakar capitale dell'Africa Occidentale Francese... si sviluppano nuovi equilibri con altri territori coloniali, tutti però intenzionati a staccarsi prima o poi dalla Francia.

A dicembre, ci imbarchiamo con la nuova Volkswagen, sistemata in modo da poterci dormire e da fare anche un po' di cucina, nel caso ci sia la necessità di essere autonomi.

Arrivati a Dakar, ci prendiamo qualche giorno per "assorbire" lo spirito della città... nel frattempo, tramite l'Ambasciata, cerco la possibilità di incontrare Léopold Senghor, eletto primo presidente del Senegal nel 1960, persona con ottimi studi fatti in Francia, dove ha vissuto per molti anni, e che mi interessa particolarmente, sapendo che è anche un poeta.

Dopo cinque giorni di attesa, mi viene detto che il Presidente potrebbe ricevermi il 25, il giorno di Natale, che, ovviamente, in Senegal non è festivo... ne approfitto e, entrando nel suo ufficio, gli dico: "La ringrazio, Presidente, per accogliermi il giorno di Natale... ho letto alcune delle sue poesie, e poter essere con lei in questo giorno è un vero privilegio"... si inizia un piacevole colloquio sulla difficoltà di vivere a Dakar, città tuttora di stile francese ma dove, allo stesso tempo, la gioventù tende a ribellarsi, come un po' ovunque nell'Africa Occidentale Francese... si sta sviluppando il desiderio di vivere all'africana, continuando, però, ad approfittare dei vantaggi, che si hanno grazie allo stile di vita europeo...

Soddisfatto dell'interessante colloquio con il presidente, rifletto a quali siano gli aspetti da mettere maggiormente in luce nelle foto e negli articoli... siamo nel 1963, tutto sta cambiando... il territorio che ho scelto è in continuo movimento... non sono sufficientemente preparato a trattare temi di politica... quindi è meglio che punti sull'aspetto culturale...

storico... paesaggistico.

Avevo pensato di lavorare seriamente a Bamako, in Mali, ma dopo pochi giorni che viviamo in quella città, che fino a pochi anni prima aveva fama di essere piacevole e simpatica, mi rendo conto che ora presenta continui contrasti e litigi tra i vari gruppi, che vogliono prendere il potere, eliminando sempre più l'aspetto di città francese.

Di conseguenza cerco una alternativa, e pensandoci bene, decido che una buona soluzione possa essere di puntare su Timbuctù, anche se difficile da raggiungere, a causa di strade assai malconce per arrivare fino alla parte più a nord del fiume Niger, dove si trova questa antica città di origine Tuareg, gruppo etnico tradizionalmente nomade, stanziato nel deserto del Sahara... così facendo, abbiamo

l'occasione di vivere l'esperienza di viaggiare in auto in pieno Sahara, cosa non facile, ma eccitante, e poi restar pronti a entrare in una città assai particolare... infatti restiamo favorevolmente sorpresi, quando ci arriviamo... la città presenta un'architettura particolare, con la maggioranza degli edifici eretti in fango, che garantisce una certa solidità, dato che la città si trova in una regione desertica, dove praticamente non piove mai... ci godiamo questa città dalla storia quasi mitica, visitando parecchi antichi edifici interessanti...

Timbuctù ha vissuto il suo massimo splendore tra il 1300 e il 1500, quando era un importante polo culturale e commerciale del mondo arabo, talmente ricco d'oro, da essere considerato una sorta di Eldorado... la città attirava uomini di cultura e commercianti

in cerca di affari... tra questi, il celebre Leone l'Africano, intellettuale nato a Granada nel 1485, che viaggiò anche in Italia, dove scrisse libri, tra cui un vocabolario medico in ben tre lingue: arabo-ebraico-latino... tra le sue tante esperienze, visitò Timbuctù nel 1526, e scrisse: "Qui c'è un gran stuolo di dottori, giudici e altri uomini di cultura, che vengono

mantenuti riccamente dalla generosità del re".

La città fu per secoli idealizzata per le sue favolose ricchezze e per la sua difficile accessibilità... luogo dunque più mitico che reale… al punto che, in Europa, si mise addirittura in dubbio la sua esistenza, sino al 1806, quando l'esploratore Mungo Park la raggiunse, seguendo il corso del fiume Niger... la città, pur non godendo delle ricchezze materiali di un tempo, conserva tuttora una piccola parte delle eredità culturali del passato, tra cui 700.000 manoscritti arabo-islamici dei secoli XII-I-IV…

Soddisfatti di aver visitato una città così particolare, partiamo verso sud, diretti alla Costa d'Avorio, lasciando il vero deserto del Sahara, per gradualmente

entrare in regioni in cui si attraversano zone ricche di vegetazione, un tempo ideali per gli elefanti, che per secoli furono assai numerosi in queste foreste, ma che poi furono non solo brutalmente uccisi, in gran parte dagli europei, che cercavano in ogni modo di sfruttare il territorio, e dove i bracconieri vendevano il prezioso avorio a ottimi prezzi... ma arrivarono fino al punto di eliminare totalmente gli elefanti nella regione, facendo di conseguenza cessare questo specifico commercio all'inizio del Settecento... rimase solo il nome del territorio, Costa d'Avorio, divenuto poi colonia francese... dove però non c'è più avorio! Nel periodo coloniale, i francesi hanno avuto un obiettivo prevalente: stimolare la produzione di generi alimentari per l'esportazione... in breve tempo, sorsero lungo la costa piantagioni di caffè, cacao e olio di palma... la Costa d'Avorio divenne l'unico paese dell'Africa Occidentale con un'apprezzabile popolazione di coloni europei, che vi lavoravano di persona; mentre altrove, sia i francesi che gli inglesi, si installavano in Africa, solo con un ruolo amministrativo.

Un terzo delle piantagioni di cacao, caffè e banane erano nelle mani di francesi, i quali, grazie a un sistema di lavoro forzato che sfruttava gli indigeni, le fecero diventare la spina dorsale di quell'economia... Parigi ha amministrato la Costa d'Avorio con i propri governatori fino al dicembre del 1958, quando, dopo un referendum, il paese proclamò la propria indipendenza.

Condividendo per diversi giorni la vita locale, constatiamo che è ancora evidente l'impronta del sistema coloniale... a differenza dell'India, dove era facile dialogare e discutere con le persone del luogo, qui, non solo è difficile, ma quasi sempre impossibile... poiché se ti fermi per chiedere il senso di una strada o semplicità del genere, ti rispondono secchi, senza mai chiederti il minimo "da dove vieni? perché ci vuoi andare?"... senza darti nessun incoraggiamento a iniziare lo scambio di qualche parola.

Da oltre un mese e mezzo siamo in Africa e mi rendo conto che, oltre al Presidente del Senegal, non abbiamo incontrato nessun'altra persona interessante, con cui discutere tranquillamente... sulla vita... come viverla al meglio... che tipo di famiglia hanno...

Abbiamo passato spesso le notti nel nostro pulmino, ai bordi di villaggi, senza attirare particolare attenzione... se c'era una festa, non riuscivamo a farne parte... la nostra impressione è che il lungo periodo del colonialismo ha troppo influito sul sistema di vita, con i bianchi, padroni assoluti, rigidamente separati dagli indigeni, trattati come esseri inferiori... la cosa mi rincresce, perché ho l'impressione di non riuscire a comunicare con gente che considero simile a me... ne discutiamo insieme, io e Susan, la quale è assai portata a parlare di cose del genere, avendo sofferto a morte cosa significa essere trattato da inferiore, nemmeno degno di vivere... ne discutiamo insieme... la scarsa possibilità di imparare qualcosa dagli africani, di arricchirsi avendoli conosciuti... siamo insoddisfatti perché non sappiamo come aprirci con loro... discutiamo tra noi due, come potremmo fare ad avvicinarli maggiormente...

Improvvisamente ci rendiamo conto che noi parliamo sempre... *di africani*... mentre si tratta di centinaia di etnie differenti... solo nella regione di Abidjan, centro della Costa d'Avorio, dove ci troviamo ora, ci sono circa una sessantina di etnie: malinké, senoufo, lobi, dan, krou, baoulé e tante altre… ognuna con le proprie usanze e i propri riti… decidiamo allora di tentare di approfondire le differenze tra le varie etnie… sperando di poter individuare più da vicino una o due di queste… ci viene una idea… sarà difficile, ma tentiamo… ci fermiamo in un negozio di Abidjan ad ammirare alcune maschere e statue di rara bellezza, e vi trascorriamo più di un'ora, osservando gli oggetti artistici, e chiedendone i prezzi… notiamo che ci sono due tipi di oggetti... entrambi interessanti, ma con uno stile alquanto diverso… chiediamo direttamente al proprietario, di che etnia sono gli autori di quelle opere? a noi interessa veramente sapere di che etnia sono, perché in Francia lavoriamo con gallerie specializzate, che scelgono le opere in base alle etnie dell'artista… il negoziante incomincia subito a dirci che lui lavora con artisti di varie etnie, ma soprattutto con un Malinké e un Lobi… noi continuiamo a osservare con calma i due tipi di opere, e gli chiediamo di raccontarci dove vivono gli artisti… ci dice che uno di loro è un Senoufo, il quale vive in città e ogni tanto viene in negozio.

Gli dico che ho intenzione di comprare una sua opera, se l'artista venisse in negozio, o meglio ancora se ci portasse a casa sua, a vedere altri lavori… siamo sulla strada giusta… gli dico di contattarlo e che noi torneremo dopodomani…

Due giorni dopo, incontriamo l'artista nel negozio e, grazie all'intervento del proprietario, viene deciso che ci porterà a vedere il suo studio… ce la caviamo con il francese, anche se lui parla una delle innumerevoli lingue locali… mi faccio spiegare come intende finire alcune sculture, lasciate a metà… chiedo da quanto tempo fa questo mestiere… "Mio nonno e mio padre facevano già questi oggetti… fa parte della nostra etnia, noi non siamo convertiti all'islamismo, come i malinké e i dioula… siamo animisti, veneriamo un dio unico, presente nell'universo… anche i nostri culti si basano su una serie di intermediari naturali, quali geni, antenati, divinità secondarie… da noi onorati, affinché ci diano la loro benefica influenza, e tengano lontane le potenze maligne, le cerimonie iniziatiche e le feste rituali sono animate da danze ritmate dal tam tam, e dal suono di flauti e zucche trasformate in strumenti"…

Lo ascoltiamo con grande interesse, spingendolo a continuare, poiché siamo molto interessati…

Per quanto riguarda i costumi, i villaggi presentano una precisa organizzazione e gerarchia sociale... ogni individuo ha il suo posto all'interno di una serie di legami familiari, soggetti allo spirito di clan... all'interno di questi grup-

pi, la solidarietà tra i membri, la sottomissione al capo e il rispetto dei tabù sono regole assolute.

Ora capiamo perché non ci è permesso di entrare nei villaggi e ancor meno nelle case, senza essere stati invitati dal capo villaggio... siamo molto contenti di ascoltare queste riflessioni ed entrambi comperiamo una sua scultura, che, forse, perfino a Parigi sarebbe costata meno cara... ma non abbiamo voluto contrattare... lui, certamente, è abituato a farlo, perché

è evidente che il commerciante, che viene da Parigi a comperare una decina di oggetti, inizierà con l'offrirgli cifre misere... quando ci ha chiesto un prezzo piuttosto alto aveva probabilmente dato per scontato che

avremmo poi chiesto un forte sconto...

Un po' delusi del nostro viaggio, non certo paragonabile a quelli fatti in America, per non parlare dell'India... decidiamo quindi di risalire direttamente lungo la costa oceanica, attraversando vari staterelli, che ci lasciano, anche questi, un po' delusi... non hanno nulla di specifico... ci godiamo il paesaggio delle interminabili spiagge e facciamo ritorno a Dakar, dove riprendiamo la nave, per rientrare con il nostro pulmino. Ripensandoci, il viaggio è stato piacevole e interessante, ma ben diverso da come

mi aspettavo… non sono riuscito a parlare con la gente, così come era stato possibile farlo in America Latina e in India… in Africa, si sente che gli europei manifestano un certo disprezzo verso i locali…. il che ovviamente rende difficile entrarci in comunione.

Al ritorno, Susan va a trovare sua madre per restare un po' di tempo con lei prima di rientrare a New York… io decido di restare in Francia per sistemare il lavoro fatto, con i relativi testi e, ovviamente, le foto. Passo poi un paio di settimane in Italia per incontrare gli editori… ho bisogno di stare solo per un certo periodo, di concentrarmi su me stesso… forse l'Africa ha contribuito a farmi sentire questa esigenza… nell'insieme, il viaggio non è stato fruttuoso come avevo immaginato, ma sono comunque contento di averlo fatto… però avverto di non aver progredito lungo il mio cammino per trovare decisioni legate al mio futuro… da una parte, mi sento portato verso l'arte… infatti a Parigi, passo giornate intere a visitare i musei… dall'altra, sento il bisogno di isolarmi… non so che decisioni prendere…

Ma come spesso mi succede, certe cose nascono da sole… sono da diverso tempo amico di Jeanne, figlia di Modigliani, il pittore livornese che, all'inizio del '900, si era stabilito a Parigi con molto coraggio e un notevole successo… non sapevo, però, che avesse comprato una piccola casa nell'isola di Ibiza, per passarci ogni tanto periodi di riposo… dopo la sua morte, la casa è restata a Jeanne, che ci passa un paio di mesi in estate... quest'anno, ha deciso di non andarci e, durante una serata in cui cenavamo insieme e le dicevo che sentivo il bisogno di starmene un po' per conto mio... mi propone: "Perché non vai tu a Ibiza? La casa è in collina... niente di speciale, ma almeno sei solo e tranquillo con i tuoi pensieri"... dopo pochi giorni, trascorsi pensando a come utilizzare questa generosa offerta, compero l'*Ulisse* di Joyce, sia in inglese che in italiano, per meglio comprenderlo e andare in profondità... e per leggere in tutta tranquillità un tale libro, cosa c'è di meglio che sfruttare un'offerta tanto inaspettata?

Pochi giorni dopo sono a Ibiza, con la mia auto, che ormai da tempo uso per i continui via vai tra Parigi e l'Italia... dalla casa isolata in collina, si raggiunge facilmente il mare... faccio lunghe camminate... incomincio a scrivere poesie in modo nuovo, più ragionato... approfondisco i due libri di filosofia che mi sono portato.... continuo a rimuginare quale sia il senso della vita... che strada prendere... spontaneamente mi viene voglia di fare arte, sviluppare la creatività... ma non saprei da dove cominciare... perfino mi chiedo: ma cos'è l'arte???... mi perdo in pensieri complessi, contrastanti...

Ogni giorno, mi imbatto in nuovi interrogativi, che mi lasciano stordito... mi rendo conto che osservare con attenzione certi spettacoli della natura, mi dà le stesse sensazioni che provo nella sala di un museo... ma, allora, quali sono i limiti dell'arte? chi li stabilisce?... mi hanno insegnato così poco a scuola... non ricordo alcun insegnante che mi abbia aiutato a indirizzarmi su strade giuste...

e la poesia? come la si può definire...?

Passo giornate apparentemente vuote, ma debordanti di continui pensieri... riflessioni su come ho vissuto fino ad ora... cerco di immaginare *una nuova vita... ma quale vita?* leggo libri per trovare risposte... ne ho portato una borsa piena... i due volumi di Joyce, ma anche Dante e giovani poeti odierni... non trovo pace... cerco sempre di andare più in profondità... le pieghe del cuore umano... il folle, assurdo tentativo di sfogliare l'immensa biblioteca del mondo... rendendomi conto che già millenni or sono, alcune persone si ponevano i medesimi interrogativi che mi dilaniano... ho 27 anni.... e continuo a trascorrere giornate intere, rigirando in mille modi il cervello, ipotizzando come voler vivere...

mi vien voglia di ridare un'occhiata ai miei diari, che ho sempre tenuto con cura, come una parte di me stesso... infatti, li ho portati con me, pensando che potessero servirmi... sfogliandoli, ne trovo uno del '54... avevo 17 anni... varie pagine, dove racconto la mia prima esperienza in montagna, una scalata al Monte Rosa...

"Il richiamo è imperioso... la vittoria è là... ti aspetta... e più si fatica, più ti soddisferà... il giorno dopo... finalmente la cordata... sul ghiacciaio... lo scricchiolio della piccozza che preme sulla neve ghiacciata... lo scorrere lento della corda... più avanziamo, e più si apre uno spettacolo fantastico, meraviglioso... le più alte vette si tingono di rosa, spiccando sullo sfondo del cielo... stiamo superando i 4.000 metri... la visuale si fa sempre più incantevole, illuminata dal sole, si stacca dal cielo azzurro... siamo ormai soli sul ghiacciaio... ancora pochi passi ed eccoci in vetta... vero trionfo ai 4.559 metri.... lo spettacolo è grandioso... dentro di me risuona una sonata di Beethoven ... solo la sua genialità poteva arrivare a questa altezza..."

Parole di ragazzo... ma che hanno lasciato una traccia... vivendo su questa collina, mi vengono in mente situazioni strane, momenti eccezionali... che per qualche ragione mi hanno colpito, e che non riesco a dimenticare... mi ritorna in mente, senza nessuna ragione, un episodio dal diario... *"Prima di dormire ieri sera, ho rivisto il gesto dell'attore che con la mano si stringe forte la gola... sempre più forte, con le sue stesse mani"*... non sono mai riuscito a dimenticare quel momento... che a volte mi riappare... mi spaventa...

Un altro istante, che per anni mi è tornato ben chiaro alla mente, è stato un giro in bicicletta fatto nella collina torinese, durante il quale mi è capitato di passare vicino a una villetta da cui usciva il suono di un pianoforte... Chopin... mi sono fermato... sono rimasto, immobile, ad ascoltare... dopo sessant'anni, vedo ancora perfettamente quella casa e il suo giardino... ero giovane all'epoca, 16 anni, ero appena venuto a vivere a Torino e volevo approfittare dei vantaggi della città: teatro, concerti... ovviamente non avevo una lira, ma sono riuscito a far parte della claque di un teatro e, quindi, non perdevo un solo spettacolo...

Dopo un mese di solitudine a Ibiza, avendo parlato con pochissime persone, riparto per Parigi, sperando di mettere a frutto le mie riflessioni... devo riprendere la mia vita quotidiana... e anche il lavoro, perché i soldi non piovono dal cielo... non sono la cosa più importante, ma sono necessari...

Dopo l'esperienza dell'India e il lavoro intenso di fotoreporter in Europa, Medio Oriente e America, oltre al fatto che ormai ho stabilito contatti soddisfacenti con varie riviste di turismo e cultura, sento che devo prendere decisioni per il mio futuro.

Dentro di me, sento una voce che dice continuamente: *dove vuoi andare?... che vuoi fare?* mi rendo conto che la vita è passione, desideri talvolta irraggiungibili, conflitti... ma poi tende verso la quiete, la pace... ogni situazione è in continuo sviluppo... fino a quando si è in grado di accettare nuove sfide, nuove lotte... ma, nel momento in cui si tende al riposo... inizia la quiete... che, però, è anche monotonia... ho visitato molti paesi, con diversi modi di vivere... non mi è chiaro però, come voglio vivere io... per il momento non penso a fare famiglia... sono sopratutto portato a indagare la storia dell'umanità... come si sia sviluppata... come viveva la gente nei tempi andati... l'unico punto che mi pare sempre presente è il fatto che *il più forte, tende a sottomettere i più deboli...* leggo libri di storia antica... Egitto, Babilonia, Cina, India... e anche di filosofia... da Platone ed Aristotele a Spinoza e Nietzsche... da sempre si è cercato di studiare e proporre il modo migliore di pianificare la vita... ma io non riesco a decidere che strada prendere... mi sento un po' perso... sono talmente confuso che, una sera, scrivo nel mio diario: *"If I shoud live a second time, I'd like to be either a god or a stone... any other way is simply shit!"*

Ma mi rendo conto che devo riprendere il lavoro, anziché filosofare sulla vita... pianifico vari servizi per riviste italiane da fare negli Stati Uniti, dove resto per oltre quattro mesi... poi mi rendo conto che mi sento quasi a casa mia a New York, Parigi e Londra, mentre non conosco affatto Berlino... decido quindi di andarci a vivere per qualche mese... migliorare quel po' di tedesco che conosco, e approfondire la vita di una città spaccata in due, da un muro invalicabile... entro in contatto con varie persone, tra cui un giornalista molto interessato alla poesia, il quale un giorno mi chiede di raccontargli del Gruppo di neoavanguardia '63, di cui ha sentito parlare, ma che vorrebbe conoscere meglio... la cosa mi sorprende, perché anche io, pur avendo parecchio letto su di loro, non ho approfondito... nei giorni seguenti mi informo e vengo a sapere che tra una mesata ci sarà l'incontro annuale dei soci del Gruppo... nato anni fa in Sicilia, dallo scrittore e poeta torinese Sanguineti, col nome di *Gruppo* 63, con l'intenzione di aprire nuove strade alla poesia e al modo di fare romanzi e testi vari... abbandonando sistemi antiquati, e tentando di dar vita a nuovi modi di scrivere e poetare... mi informo e vengo a sapere che quest'anno la riunione avverrà tra un mese ... faccio una proposta al mio amico... perché non ci andiamo insieme?

Lui è d'accordo... non sa bene l'italiano, ma io lo aiuterò con piacere... farà un buon servizio per il suo giornale, mentre io, non solo avrò possibilità di prendere contatti con vari scrittori di buon livello, ma approfitterò del viaggio per incontrare editori, proponendo loro articoli da fare in Germania.

Quando arriviamo alla riunione, che questo anno si tiene lungo l'adriatico, resto stupito dell'alto numero di partecipanti, tra cui spiccano nomi ben noti, come Arbasino, Balestrini, Umberto Eco e Giorgio Manganelli... sapevo che fanno parte del gruppo poeti, scrittori, critici e studiosi, animati dal desiderio di sperimentare nuove forme di espressione, rompendo con gli schemi tradizionali... ma non mi aspettavo una partecipazione di soci così numerosa... il Gruppo ha ottimi contatti con la casa editrice Feltrinelli, che è presente in prima persona... per cui i soci hanno facilità di venir pubblicati...

Per una buona settimana, passiamo giornate intere insieme a scrittori ed artisti, che sono presenti e   partecipano a un continuo scambio di idee... la maggior parte sono giovani, che intendono sperimentare nuovi sistemi, non solo di scrivere, ma di vivere... mi piace l'ambiente... si formano facilmente piccoli gruppi, in cui si ipotizzano le più curiose situazioni... prendere case in comune... aiutarsi l'un l'altro... ipotizzare le cose più strane, come quando un gruppo propone di provare a scrivere in due o tre persone insieme, i quali scrivono tre o cinque righe cadauno a turno... mi trovo in un ambiente che mi sorprende, ma mi soddisfa... divento amico con alcuni di loro...ci si propone di invitarsi l'un l'altro... passo una serata intera insieme ad Adriano Spatola, che pare essere uno dei più attivi, e che li conosce tutti... con lui ci capiamo al volo, consci di avere molte somiglianze... mi invita a venire a Roma con lui, perché mi vuol far conoscere altri amici... Adriano è curioso di capire come io sia riuscito a girare mezzo mondo da solo... vorrebbe che io vada con lui a Roma... resto in dubbio su cosa fare: tornare in Germania, o andare a Roma... chiedo al mio amico tedesco se non gli dispiace tornare da solo, perché io intendo passare qualche settimana a Roma... Ovviamente lui è d'accordo... improvvisamente sento di essere sulla strada giusta, quella che ho cercato da mesi... Adriano mi fa conoscere una buona decina di amici, tutti che vivono in un modo che condivido.. una casa tranquilla... vivere di intensa creatività, nel campo dell'arte... una vita tutta da inventare... che ti tenga sempre attivo, ma in modo che ti piaccia, che lavori con gioia...

forse non sarà così facile... ma come sono riuscito ad andare in India, riuscirò a farlo... andrò in Germania, solo per breve tempo, per fare un paio di servizi programmati con gli editori... ma poi tornerò in Italia...

Quando arrivo a Berlino... enorme sorpresa!... vengo a sapere che sto aspettando un figlio!... la cosa mi sconvolge... è travolgente... non era prevista...

Da pochi mesi frequentavo una ragazza, Icki, che avevo appena conosciuto... mi dice di essere incinta... resto sbalordito... lei è assai dubbiosa su cosa fare... ci conosciamo talmente poco... per Natale andiamo a casa di sua madre a Amburgo... ci accoglie con molta apertura... donna estremamente in gamba, Katia, con una notevole cultura, per cui stringo subito un buon rapporto, e a cui io risulto essere ottimo compagno per sua figlia... la quale però resta dubbiosa...

Decisione difficile per me... ma una volta presa... è per la vita... mi rendo conto che la responsabilità di mettere al mondo un bimbo è enorme... mi impone di cambiar vita... quindi incomincio a contare quanti mesi mancano prima della nascita... devo riprendere il lavoro, che porta denaro, necessario con una famiglia, anziché filosofare sulla vita... pianifico vari servizi per riviste italiane, da fare in USA, dove resto per oltre 3 mesi... rientro quando la nascita è vicina, e si decide di vivere nella casa della madre, ben felice di avere un nipotino per qualche tempo...

Sono ancora indeciso di come organizzare il futuro... se vivere in Germania o in Italia... erano mesi che non sapevo quale strada prendere... ora è chiaro... cercherò una casa in Italia, e inventerò il modo migliore di vivere con una famiglia.

Viviamo vari mesi nella casa di Katia, dove nasce il bambino, Dorian... tutto cambia in me... ora devo preparare la nostra futura vita... una casa bella e comoda... me la immagino piena di amici, iniziando da quelli che ho appena conosciuti a Roma... nuova vita, in cui ci sia spazio anche per l'artista-scrittore...

Quando il bimbo ha ormai sette mesi, lo lasciamo alla nonna, che è assai felice di occuparsene per qualche tempo, e parto con Icki in cerca della casa.

Vita in Italia

È deciso che si cerca la casa in Centritalia... ho un cattivo ricordo di Torino, che snobbava gli operai venuti dal sud... mi rendo conto di conoscere poco il mio paese, avendo lavorato quasi sempre all'estero... cerco una casa in campagna, che sia però nel raggio di 100 chilometri da un aeroporto... tanta è la mia abitudine di viaggiare...
Si tratta di scegliere tra la zona di Milano e quella di Roma... scelgo Roma... per ben quasi un mese gironzoliamo nei suoi dintorni, fermandoci nei bar, per chiedere se sanno di qualche casa rurale in vendita... nella mia ingenuità non penso nemmeno di ricorrere ad un'agenzia immobiliare... per cui senza accorgercene, stiamo proprio girando a vuoto... per fortuna un giorno, avendo deciso di lasciare il reatino, che abbiamo visitato sufficientemente, ma senza risultato, sto risalendo l'altura, dalla quale poi si ridiscende verso Roma... quando da una curva, dalla quale si vede bene tutta la piana reatina nella sua bellezza, mi viene in testa di tentare un'ultima volta a trovarvi una casa... faccio marcia indietro... giro in una stradina che sale verso un villaggio, del quale vediamo il campanile, da cui immagino che certamente si avrà un'ottima veduta su tutta la pianura... arriviamo in quel villaggio, di nome Greccio, facciamo a piedi la piccola salita verso la chiesa, da cui si ha effettivamente una fantastica veduta... sarebbe una fortuna trovare qui una casa, dico... cerco un bar, che certamente dovrà esserci, dove poter fare la solita domanda... e così è... la fortuna talvolta mi è davvero amica... capita che il postino del paese si trovi casualmente nel bar a prendersi un caffè, proprio mentre io faccio la domanda di rito... e

lui replica: "Io so che c'è una casa in vendita... se vuole, l'accompagno a vederla" ... mezz'ora di passeggiata insieme, e quando entriamo nel cortile... vedo una casa, di cui mi innamoro immediatamente... proprio il tipo di casa che sognavo...

Ringrazio il postino, dicendogli che spero di rivederlo, poiché, se tutto va bene, dovrà portare la posta anche a noi...

Mi presento alla signora anziana, il cui marito è morto da un anno... desidera vendere la casa, per comperarsi un piccolo appartamento in paese... ora è sola, non ha più voglia di vivere in una casa così grande, con due stalle e un vasto terreno tutt'attorno... me la propone a un prezzo conveniente...

Di colpo, la mia vita si rovescia... mi pare sorprendente, ma mi piace l'idea di iniziare un'esistenza campagnola, non solo con il giardino, ma anche con l'orto, animali di vario tipo... occuparmi degli alberi... vedo che c'è perfino un vigneto...

Si tratta di iniziare al più presto i lavori per ristrutturare la casa, consistente in due grandi stalle al piano terra, e in due piccole stanze al primo piano... ma priva d'acqua corrente e di bagno... però, almeno, c'è l'elettricità... anche se a bassissimo voltaggio...

Trovo, il giorno stesso, due operai che mi dicono di poter cominciare subito il lavoro: uno per l'acqua e l'altro per la muratura... penso che saremo in grado di far fronte alle difficoltà di trovarci a vivere per un po' di tempo nel primo piano, anche senza il bagno... si andrà tra gli alberi...

il giorno dopo iniziano i lavori... l'idraulico, grazie a un tubo che fa passare sotto terra, riesce a portare l'acqua da una fonte, distante circa 200 metri, a un serbatoio che costruisce in un tratto di terreno più alto della casa, da dove l'acqua scenderà sul tetto, per poterla avere corrente... il muratore trasformerà una delle due stalle in una bella stanza, con un bagno accanto e un'altra piccola stanza...

Sia io che Icki siamo entusiasti, perché vediamo i lavori procedere rapidamente... mi sto completamente identificando in una nuova persona, che vivrà in campagna... so che imparerò tante cose, come gestire quel tipo di vita... penso subito che prenderemo galline e conigli... compero gli attrezzi per tener pulito il terreno intorno alla casa... fare qualche aiuola per i fiori e scegliere un terreno per l'orto...

Mi piace l'idea di cambiar vita... entrare in contatto con la natura... scoprire un mondo finora sconosciuto...

In breve tempo, con l'aiuto anche di altri operai, il grosso dei lavori è terminato... arriva il fratello di Icki, Andreas, che porta il bambino... facciamo una grande festa... un frammento di Germania, nella tradizionale campagna laziale... il fratello resta due buone settimane ad aiutarci in tutti i modi,   per migliorare la casa e iniziare a dar vita al giardino.

Invito Spatola, che viene con tre amici che avevo conosciuti a casa sua... trascorriamo una giornata piacevole, dicendoci che faremo sovente scambio di casa... bella idea, sapere che avrò un posto dove poter passare la notte a Roma... mi piace di poter invitare gente... dopo anni di solitudine,   sono contento di vivere in gruppo... casa nostra diventerà bilingue... per i primi tre mesi ci godiamo l'avventura di organizzare la vita in una casa sconosciuta, appena acquistata, discutendo continuamente sul come migliorarla... ci rendiamo conto che c'è anche un vigneto, ancora in buono stato... quindi si dovrà vendere l'uva, o altrimenti fare il vino, che, come mi dicono tutti, qui è normale farselo... mi immagino già, di vedermi pestando l'uva... innanzitutto dovrò comperare una botte... mi rendo conto che la casa si trova in una zona alquanto tradizionale, ma io non mi preoccupo affatto... durante i miei viaggi ho vissuto in territori assai più antiquati.

Unica delusione...   sento che la mia compagna rimpiange Berlino e l'ambiente cittadino... dopo il primo entusiasmo di vivere in Italia, paese che molti tedeschi sognano per la sua bellezza, le manca la città, gli amici... forse per questo, o per essermi messo troppo sotto stress, mi ammalo... ho molto male al ventre... vado dal medico, che avendomi tastato dove fa assai male, mi spedisce all'ospedale, col timore che si sviluppi in peritonite... è domenica pomeriggio... ho molto dolore... il medico d'urgenza resta in dubbio se operarmi subito... poi ci ripensa... ha timore di sbagliare... è meglio attendere al mattino, quando ci sarà il primario... resto in ospedale... una unica camerata, con 12 letti da un lato, e altrettanti dall'altro... con due monache che regolarmente passeggiano per intervenire, se sentono qualcuno star male e lamentarsi... c'è un unico doppio bagno, con quasi sempre la coda di attesa...

La mattina seguente mi visita il primario, il quale esclude chiaramente che ci sia pericolo di peritonite, ma non sa rendersi conto di quale sia il mio male... interpella anche gli altri medici, che per vari giorni provano con varie medicine, ma senza alcun risultato... continuano a lungo consultandosi reciprocamente, facendomi varie diagnosi... ma il tutto a vuoto... mi pare evidente che è inutile insistere...

Decido quindi di lasciare l'ospedale e andare a Torino, dove tenterò di capire, con mio fratello che è medico, cosa si possa fare... sto navigando nel vuoto... mi sento debole, con ogni tanto dolori sparsi.... un medico mi consiglia, visto che è ormai estate, di andare in montagna, in un posto tranquillo, dove... mangiar bene, alzarmi presto, e fare brevi, ma tante, passeggiate e soprattutto bere almeno due litri al giorno di acqua di fonte... devi lavarti molto bene, non la pelle, ma dentro... ti deve essere successo un grande sbilanciamento tra il corpo e lo spirito...

Ritengo l'idea alquanto stramba... mi sono ammalato non appena aver comperato una casa... in ogni modo, devo tentare di curarmi e di guarire... andare in montagna e fare belle passeggiate è piacevole... dopo tutto, perché non tentare?

Vado a comperare un po' di libri e mi ritiro in un paesetto della Val d'Aosta, a oltre mille metri di altitudine, dove passo le giornate senza incontrare nessuno... cercando di guardare in profondità dentro me stesso... cosa possa essere successo...

Dopo un mese, mi sento meglio... ritorno a casa, e riprendo, con Icki, la vita campagnola che avevo sognato, con galline e conigli... faccio arare il terreno intorno, per poterlo coltivare .

Al contempo, vado frequentemente a Roma, a incontrare Adriano e i suoi amici, che a loro volta vengono a trovarci in campagna... in città trovo sempre il tempo di passare alla Feltrinelli, la libreria dove si incontrano i soci del Gruppo '63... e non esco mai senza aver scelto qualche libro appena stampato... sento proprio che mi fa bene respirare quell'aria... far parte di quel gruppo... mi vengono idee, per inventare io stesso cose strane... scrivo brevi testi... cerco di riuscire a trovar tempo, sia per il lavoro contadino, che per quello artistico... riempire ogni giornata in modo piacevole...

Facciamo ogni tanto brevi viaggi, con Icki e il bambino, nel napoletano e lungo la costa adriatica, per goderci il mare, e spesso anche per fare delle foto, che poi mi servono per presentare brevi lavori agli editori, che ormai mi conoscono da anni... mi rendo conto però, che lavorare viaggiando con il bambino, non è facile... talvolta quindi resto via da solo per una settimana o più, per poter fare un lavoro serio, e guadagnare sufficientemente...

Continuiamo così per oltre un paio d'anni... ma sempre più, sento che la situazione tra noi non va bene... Icki non è contenta di vivere nella casa che abbiamo scelto insieme... va sempre peggio... quando a dicembre andiamo a passare Natale in Germania, lei decide di non tornare a Greccio, vuole restare col bambino... è evidente che non si sente più legata a me...

Momento molto duro, difficile, che mi mette alla prova... ho appena comperato una casa... sono riuscito a trovare uno stile di vita che pare finalmente convenirmi, dopo anni di incertezza... sto ancora sperimentando, ma è più di un anno che son convinto di essere sulla buona strada, dopo mesi che non sapevo più quale prendere... ormai sento di aver imboccato quella giusta...

Mi rende però assai triste, il fatto che non ci sia più il bambino, il piccolo Dorian, con cui mi sono abituato a giocare... mi manca... ma sarebbe assai difficile il lasciare ciò che ho costruito in due anni di sforzi... ho pure pensato all'ipotesi di affittare un appartamento ad Amburgo... purtroppo sto ricadendo in un'incertezza continua...

Riprendo a fare articoli per le riviste che mi conoscono, ma al contempo resto in stretto contatto con gli artisti romani... scrivo, per conto mio, senza manco farli vedere ad alcuno, testi poetici e teatrali... però il tempo che resta è poco, poiché devo tenere in piedi non solo la casa, ma anche un orto e gli animali... avverto che ho bisogno di allontanarmi ogni tanto... mi fa troppo male trovarmi solo in questa casa... mi metto d'accordo con amici romani che, quando necessario, dovendo io partire, vengano a vivere anche un mese o due per occuparsi della casa, cosa che fanno con piacere, poiché amano la vita in campagna... spesso parto, per le varie riviste e anche per le agenzie fotografiche, per settimane intere in Europa orientale, che ormai conosco bene, ma che è sempre richiesta... così passa un buon anno, durante il quale faccio due viaggi con una compagna, Silvana, che, tra un viaggio e l'altro, si ferma volentieri alla casa di Greccio... la cosa mi fa piacere, anche perché per me è triste restare solo.

Improvvisamente la mia vita si rovescia nuovamente... ricevo una incredibile sorpresa... *la mia ex compagna, Icki, non se la sente più di occuparsi del bambino... mi dice di venirlo a prendere e occuparmene io...* resto fulminato... mi pare incredibile... lo vado a prendere... stabilisco chiaramente il rapporto che dovrà rispettare... lei potrà venire a trovarlo, ma il bambino vivrà definitivamente a Greccio... in tal modo divento automaticamente papà, ma anche mamma, del piccolo Dorian... a modo mio imparo a fare il ruolo materno... invento un personaggio curioso, Zuzulino, che per anni resterà l'autore delle storielle che invento, per farlo dormire la sera...

Per mia fortuna, Silvana, che da pochissimo tempo vive con me, si innamora del bambino, resta volentieri a vivere a Greccio e diventa gradualmente la mia compagna per molti anni, al punto che dopo qualche tempo, decidiamo insieme di far nascere un fratellino a Dorian, in modo che abbia qualcuno con cui giocare, Dag.

Ripensandoci oggi, la mia gioia è enorme, quando quasi 60 anni dopo, il mio Dorian, avendo finalmente un figlio... che aveva a lungo desiderato... gli racconta storielle che hanno come personaggio... Zuzulino... *giochi strani della vita!*

Per parecchio tempo ricasco nel dover riorganizzare la vita... sento che ora ho la responsabilità di un figlio... tra poco saranno due... devo assolutamente pianificare il futuro... con che tipo di lavoro tenere in piedi la famiglia... continuare a viaggiare mi pare difficile... cosa fare allora?... sento dentro di me un bisogno di creatività assai forte, ma... come guadagnare la vita?

E' chiaro che la mia vita si svilupperà a Greccio... nella casa, che ormai

ho imparato ad amare... ora devo riuscire a far funzionare un quadro di vita più complesso... con tutta la mia forza, mi metto alla prova... so che devo trovare qualcosa, in cui possa riversare il mio bisogno di creatività... *inventare un progetto, un sogno che mi soddisfi, mi piaccia...* ma che possibilmente abbia anche ritorni economici, perché so che il denaro non porta felicità, ma è necessario per campare...

Con piedi solidi e razionali, mi dico che per prima cosa devo conoscere gente con cui poter condividere un mio progetto... non posso far tutto da solo... cerco quindi di vedere se, a Rieti, ci sia qualcuno che si interessa di arte contemporanea... mi suggeriscono Aldo Vella, che ha un gruppo teatrale... come posso incontrarlo?... ho avuto il suo nome al bar della piazza di Rieti, che frequento sovente, soprattutto per rendermi conto di come sia la vita di questa cittadina, ormai diventata la *mia cittadina*... il barista mi dice: "Venga la domenica mattina... Vella è sempre in piazza per incontrare gli amici"... la domenica, il barista, uscendo in piazza, me lo indica... mi avvicino e... "Scusi, mi hanno detto che lei fa teatro e ha una compagnia... sono venuto a vivere a Greccio da poco, mi interesso di teatro e mi piacerebbe conoscerla"... mi risponde gentilmente, ci sediamo a prendere un caffè... e nel mentre mi racconta del suo gruppo... mi rendo conto, da come parla, che è un tipo in gamba... ha una laurea in cultura teatrale, sostenuta a Napoli... sceglie spettacoli tradizionali... col suo gruppo, mette in scena opere degli anni '20-'30, molto popolari, ma che non mi interessano minimamente... soprattutto, perché mi è rimasto in testa da tempo lo spettacolo del *Living Theater*, visto anni prima in una cantina nel centro di New York, quando la compagnia era ancora ai suoi esordi... nello spettacolo, i vari attori urlavano a turno: *China does not exist... China does not exist... China does not exist...*", variando il tono di voce a seconda dei movimenti che facevano e, talvolta, trasformando le urla in semplici parole... che, anche se solo ripetute, generavano una tale energia, da far andare il pubblico quasi in estasi...

Ripensando a quell'evento, mi viene l'idea di raccontargli quanto fosse stata grande la mia sorpresa nel vedere uno spettacolo simile... gli chiedo se gli piacerebbe fare una cosa nuova con me... un qualcosa di strano... che stupisca il pubblico reatino... mi guarda con sorpresa, mi chiede di raccontargli che tipo di vita io faccia... se ho già lavorato per il teatro... accenno ai miei viaggi in India e in America... si vede chiaramente che resta sorpreso e ci tiene a sviluppare in amicizia la nostra improvvisa conoscenza... così, dopo due o tre incontri, gli propongo di creare una nuova compagnia di teatro d'avanguardia... noi potremmo usare il medesimo spazio che usa lui per lavorare con la sua compagnia tradizionale... e nel nostro caso, lui sarebbe non solo attore, ma mi aiuterebbe a trovarne altri, adatti alla nostra nuova compagnia teatrale... lui accetta l'idea, anche perché, in base a questa mia proposta, nulla vieta che possa continuare a lavorare con la sua compagnia...

Mi rendo conto che sto giocando d'azzardo... non ho mai fatto teatro... ma per rassicurarmi, mi dico che ogni cosa ha il suo inizio... comunque, questa iniziativa mi aiuterà a conoscere un po' di gente, qui del reatino, cosa assai utile, visto che ho comprato una casa, e che quindi dovrò continuare a vivere in questa zona... nell'arco di una decina di giorni, incontro varie persone, tra cui Osanna, una giovane donna, proprietaria di un negozio di abbigliamento, ereditato dalla madre un anno prima, ma scontenta del suo lavoro e desiderosa di occuparsi di qualcosa d'altro... diventiamo subito amici... mi racconta che sta cambiando appartamento e comperandone uno al piano alto nel centro cittadino, con un bel terrazzo con vista su tutta la città... la cosa mi interessa, pensando che sono spazi che si potrebbero utilizzare in varie occasioni...

Mi vengono subito tante idee, che in questo periodo scoppiettano tra i giovani del Gruppo '63, che ormai frequento regolarmente a Roma... sono diventato veramente amico di Adriano, col quale, a volte, ci scambiamo casa... lui mi lascia la sua a Roma e io a lui quella di Greccio.

Propongo ad Osanna di provare a leggere dei brevi testi poetici, abbinandoli a dei movimenti di danza... è contenta di farlo e mi sembra anche che sia brava... penserò a qualcosa da realizzare insieme a un altro artista... Osanna ci tiene a farmi conoscere il suo amico Enzo... mi sembra un giovane assai particolare... ha cura estrema nel vestirsi, ma nello stile dell'Ottocento, con cilindro, guanti e bastone... proprio per questo, mi sorprende... sono convinto di essermi imbattuto in una coppia curiosa... entrambi sono lieti di frequentarmi, e mi propongono di farmi vedere l'appartamento appena comperato e, per il momento, vuoto... lo utilizzano per danzare tra di loro, cosa che amano molto fare... mi piacerebbe dare un'occhiata al locale... saliamo e mi fanno vedere come danzano insieme...

Per vari giorni mi scervello su cosa potrei inventare per animare questo spazio... penso agli amici romani del Gruppo '63, alla lettura di poesie, al teatro... mi è chiaro che, in ogni caso, devo riuscire a coinvolgere questa coppia di nuovi amici... mi viene un'idea... posso inventare uno spettacolo teatrale, in cui ci sia un ruolo per loro e uno per Aldo... pensa e ripensa... mi viene in mente uno spettacolo che inizi, come la solita commedia tradizionale, con due giovani che si innamorano, ma non riescono a incontrarsi a causa di uno dei genitori, contrari alla loro unione, e altre banalità del genere... ma, poi... lo spettacolo si sviluppa in modo ironico... Aldo avrà una doppia parte... la prima, mette in scena un teatrino tradizionale... mentre con la seconda, improvvisamente entrano in gioco altri tre attori: la coppia che ho appena conosciuto, e un'altra mia amica, una brava ballerina... grazie alla mia regia, loro si devono improvvisare attori... mettendo sul ridicolo, con interventi imprevedibili, lo sviluppo della storia...

Facciamo un mese di prove… poi lo spettacolo va in scena, con notevole successo… viene ripetuto quattro volte e poi portato in trasferta a Terni, per una intera settimana.

Osanna e il suo amico Enzo sono felici di aver partecipato allo spettacolo… diventiamo amici, al punto che Osanna mi mette a disposizione gratuitamente l'appartamento, che per ora preferisce tenere vuoto…
Ho quindi la possibilità di farne un centro culturale, dove poter dar vita al mio desiderio di far parte del mondo artistico, soprattutto ora che incomincio ad avere parecchi amici a Roma… propongo la cosa a Osanna, che è ben contenta dell'idea, perché immagina che ci sarà spazio anche per lei… e potrà evadere dalla noiosa routine quotidiana del negozio…
Decido di dare al centro culturale un nome strano, in modo da incuriosire i reatini… se inviterò gli amici romani, ci sarà quasi certamente un buon pubblico, e tutto andrà per il meglio… ecco il nome: *Gruppo Llullallaco*… volutamente una curiosità… che stupirà tutti… mentre a me ricorda una montagna del Perù, che mi aveva impressionato… mi piace il suono della parola e soprattutto il farlo "girare" in bocca… mi sono sempre divertito a decantarlo, cantilenandone il suono…
Il poter disporre di questo vasto spazio, mi spinge a promuovere un vero gruppo culturale, con frequenti atti-

vità artistiche... invito gli amici di Roma a vedere il locale... a ritornarci per leggere le loro poesie o per semplici spettacoli... elaboro nuovi progetti...

Improvvisamente... ecco un'idea importante... se riesco a farla funzionare, sarà un successo per Rieti, città piuttosto provinciale e poco aperta al mondo... so che gli happening, inventati anni or sono in California, son divenuti di moda in Europa... mi ricordo di averli visti a Londra, quasi due anni fa... anche in Italia, so che stanno prendendo piede... quindi potrei pianificarne uno... inviterò naturalmente gli amici di Roma, ma soprattutto Adriano, ancor sempre poeta attivo del Gruppo '63, che so aver già fatto simili eventi... Rieti è totalmente vergine per questo tipo di spettacolo, il che rende la cosa ancor più allettante...

Ne parlo direttamente con Adriano... gli piace l'idea e mi dice che convincerà anche altri a partecipare... quanto a lui, vorrebbe che gli procurassi un vecchio frigorifero... il suo intervento consisterà nello spaccarlo di fronte a tutti con una mazza... decidiamo che potremmo organizzare lo spettacolo per una domenica di ottobre, alle 11,30 del mattino, all'uscita dalla messa... un evento speciale, ospitato nello spazio di fronte alla cattedrale della città... nessuno ne saprà nulla, eccetto Enzo e pochi altri che ci daranno una mano... tutto deve essere preparato in gran segreto...

Alle 9,30 del mattino, arriviamo in piazza... in due vanno a prendere il vecchio frigorifero, che sono riuscito a trovare, con relativa mazza... lo sistemiamo al centro della piazza... come previsto, alle 10,30 arrivano cinque auto da Roma, con Adriano in capo, e altri tredici artisti, che cominciano subito a sistemare i loro materiali, molto eterogenei... materiali di ogni tipo, con cui improvvisano giochi strambi, con oggetti che mettono in mano al pubblico, affinché, se vogliono, possano giocarci... rotoli di plastica dipinti, che vengono trascinati in giro... curiosi strumenti musicali, con i quali una coppia di attori si diverte a suonare musica classica, accompagnandola con urla e giochi sonori... oggetti strani, che lasciano stupito il pubblico reatino, il quale non ha mai visto cose del genere... il tutto mentre Adriano si sfoga con la mazza sul vecchio frigorifero... molte persone si fermano, senza capire cosa diavolo stia succedendo... ovviamente il pubblico aumenta   improvvisamente all'uscita della messa solenne delle undici...

Intorno al frigorifero, si sono ammucchiati tutti gli oggetti più strani... di colpo, il pubblico alza gli occhi verso il cielo, attirati da una specie di cilindro di plastica, lungo forse più di due metri e largo mezzo metro abbondante, legato in modo da finire quasi a punta... appena l'artista ha terminato di gonfiare il cilindro, scioglie le corde che lo tengono a terra, in modo che automaticamente inizia a salire verso il cielo... ma lui lo tiene in modo da farlo spostare lentamente in linea orizzontale... ma la cosa che sorprende il pubblico, non è tanto l'oggetto volante creato dall'artista, quanto la bella ragazza, compagna di Jim Haynes, direttore dell'Arts Laboratory di Londra, con cui ero amico da anni... nell'inverno del '64 ero stato a casa sua per quasi un mese... ora tenevo contatto per legare il suo centro culturale con il gruppo Llullallaco... trovandosi casualmente in Italia in vacanza, lo avevo invitato a partecipare all'happening... la ragazza dunque, vestita in modo molto succinto, con un pantalone indiano e una camicia quasi trasparente, si mette a saltare alzando le braccia come per spingere il cilindro, volutamente dipinto a forma di pene... a ogni salto che fa la ragazza, i pantaloni scendono un poco e il reggiseno si alza... tra la sorpresa di tutti e la curiosità delle famiglie, che escono dalla messa...

Ciliegina finale... mi si avvicina un signore distinto, in giacca e cravat-

ta... non lo conosco... ma ho poi saputo che era il se-gretario del partito della *Democrazia Cristiana*... direttore dell'Ufficio del Turismo... quel

signore mi saluta e mi chiede se sono io ad aver organizzato la festa...
alla mia risposta positiva, mi chiede direttamente se mi interesserebbe
di organizzare il carnevale, che si terrà in città a febbraio...

Cado dalle nuvole... non ho mai fatto una cosa del genere... gli chiedo
come e per quanti giorni si sviluppa la festa... "Dal giovedì grasso al
martedì"... ben sei giorni in cui dare vita a mille cose... non ho mai
partecipato a nessuno dei famosi carnevali italiani... dovrei inventarne
uno tutto nuovo... con il rischio di fallire... allo stesso tempo, la proposta mi stimola... gli domando quanto denaro pensa di mettere in gioco,
per sei giorni di festa continua... circa 5 milioni di lire, mi risponde...
sorpreso dalla cifra, decido di tentare... di giocare il tutto per tutto...
ma a condizione di avere piena libertà per il progetto... gli farò vedere
gradualmente come intendo sviluppare le sei giornate... sarò però io il
direttore unico, nessuno sopra di me!... mi guarda dritto negli occhi e
mi dice: "Ok, venga a trovarmi tra due giorni in ufficio, e mettiamo la
cosa nero su bianco"... Penso subito di chiedere ad Adriano di unirsi a
me per il progetto... lui conosce decine di artisti in tutta Europa, e la
mia idea è proprio quella di fare un carnevale con artisti internazionali... una cosa che, credo, non è mai stata fatta...

Intendo invitare artisti che inventino dei giochi, situazioni, curiosità,
cose mai viste prima... al posto dei soliti carri carnevaleschi... il rischio
è grande, so bene che la gente è abituata a vedere i carri... più o meno
belli... mentre la mia idea, invece, è di fare una cosa completamente
diversa... ne discuto a lungo con Adriano, su come pianificare il tutto...
lui è comunque entusiasta... può contattare parecchi artisti, che conosce
bene... che fanno cose straordinarie... mi rendo conto che ci vorranno
mesi di preparazione...

Passo tre settimane a casa di Adriano, a Roma, per mettere a punto
il progetto del carnevale, con tutti i dettagli... immaginiamo di poter
inventare un gioco collettivo per i primi tre giorni, poi un qualcosa di
grandioso per la domenica, seguito da un giorno quasi di silenzio, il
lunedì, per preparare poi la "bomba" finale per il martedì grasso.

L'impresa è enorme, ci spaventa... io ne sono il vero responsabile, anche
se è sopratutto Adriano a scegliere gli artisti da invitare...

Devo fidarmi di quelli che mi propone... devo pensare a cosa programmare per ogni giorno dell'evento, in modo da trasformare la città il più possibile...

Decidiamo di creare una specie di enorme tirassegno, nello spazio dietro il municipio, di solito utilizzato come parcheggio... verrà inaugurato il giovedì pomeriggio, e rimarrà in funzione anche venerdì e sabato, giorni in cui inizieranno a circolare gruppi di artisti mascherati, che potranno fare vari tipi di scherzi ai reatini... Adriano deciderà la maggioranza degli artisti da invitare, chiedendo anche che giochi e sorprese vorranno fare, mentre io dovrò controllare che gli artisti non esagerino... non sarà facile con persone, che incontro per la prima volta... ma sarò io il responsabile, se qualcuno dovesse lamentarsi per scherzi spiacevoli...

Il sabato, verranno installati nella piazza centrale due enormi edifici in carta pesta, mentre, la domenica, ci saranno gruppi di artisti, che fin dalla mattina continueranno a girare per la città... un noto artista fiorentino farà volare tantissimi palloni a mo' di nuvole... lunedì, riposo per avere tutta la città in attesa della sorpresa finale, che dovrà essere necessariamente grandiosa... da giorni ho trovato una ventina di ragazzi, che mi hanno garantito che si presteranno volentieri, per partecipare alla creazione dell'animale mostruoso... un gigantesco serpente, che gli artisti avranno preparato nel salone dell'aeroporto, messo a nostra disposizione... tutta la città sarà in trepida attesa di cosa avverrà il martedì... sarà certamente un trionfo...

Il lunghissimo serpente di plastica è sorretto, al suo interno, da 25 giovani che "formano" i 50 piedi del mostro, che gira ondeggiando tra le vie della città... una sorta di strano serpente, con grandi orecchie e una larga bocca, animato da persone invisibili: sarà il momento culminante dell'intero carnevale.

Siamo abbastanza soddisfatti del progetto, che faccio vedere al direttore dell'ufficio del turismo, che rimane un po' perplesso, ma, ormai, ha deciso di fidarsi di me... e mi da il suo ok.

Con Adriano, decidiamo quali artisti invitare, sempre in base al nostro budget, ma, soprattutto... insisto sul fatto che devo sapere che tipo di giochi e scherzi vorranno fare... posso fidarmi di loro solo fino a un certo punto, e so che Adriano riesce a essere anche più "estremo" di me... ho timore che accetti qualsiasi gioco, anche col rischio di provocare una reazione da parte dei reatini....il mio compito è quello di creare un giusto equilibrio con gli artisti, in modo che riescano a sorprendere la città, facendola ridere, gioire, divertire...

Quando si avvicina il fatidico giovedì grasso, il direttore dell'ufficio del turismo, responsabile di fronte alla città dell'intera festa, mi avverte che il questore vuole incontrarmi, perché desidera sapere anche per iscritto, in cosa consisterà il tirassegno... problema delicato... tre su cinque degli artisti, che parteciperanno al gioco, non sono ancora arrivati... immagino che abbiano già preparato delle sorprese... ma non vogliono dire in anticipo cosa faranno... sono stati chiamati, perché noi li stimiamo e abbiamo fiducia in loro...

Cercherò di convincere il questore, persona che non conosco... ma che certamente sarà un tipo assai diverso dagli artisti con cui lavoro e discuto... lo incontro... mi dice che è suo dovere sapere cosa si colpirà con il tirassegno... cerco di spiegargli che il gusto della cosa è proprio quello... mirare a qualcosa che non si sa ancora cosa nasconda... mi invento, lì per lì, che io ho visto in Brasile, famoso nel mondo per il suo carnevale, cose del genere, dove tutto funzionava perfettamente... il direttore del turismo sa bene chi ho invitato... la situazione sarà continuamente sotto controllo... l'idea del Brasile, forse, fa un certo effetto... dopo una buona mezz'ora di sue insistenti domande per sapere tutto in anticipo, mi dice: "Va bene... per questa volta faccio un'eccezione... ma la ritengo personalmente responsabile..."

Quando, il giovedì, si apre il tirassegno, ci sono ben cinque artisti che gestiscono il proprio spazio, poco più di un metro di larghezza per due di altezza... ognuno di loro ha predisposto da quattro a sei punti da colpire, per vincere e ottenere un premio… chi intende giocare, riceve, a seconda di quale spazio ha scelto, una cerbottana, oppure un arco con freccia o una palla, per colpire il punto scelto… e per ottenere, se è riuscito a centrare, il premio, che sarà assai diverso, l'uno dall'altro… più il punto da colpire è piccolo, più il premio sarà sorprendente… per questo motivo, molti giocatori si intestardiscono a continuare il gioco, pagando un piccolo tributo per ogni colpo, sperando di vincere il fantomatico super premio.

Giovedì, venerdì e sabato tutto funziona liscio… il direttore del turismo è contento, la piazza centrale ha cambiato faccia, con un enorme torrione nato dal nulla…

Sono soddisfatto perché vedo tutti contenti… mi metto d'accordo con vari artisti per cominciare la mattina presto a girare per tutta la città e trasformarla con i loro giochi…

Ma, la domenica, succede il disastro… il sabato sera si annuvola e incomincia a nevicare… rientro a casa e ho difficoltà a salire lungo la stradina, già coperta di bianco… sveglia alle sette, per essere alle otto a Rieti e tenere tutto sotto controllo… guardando fuori, però, mi rendo conto, che lo spessore della neve rende impossibile scendere con l'auto il chilometro e mezzo della stradina - già di per sé in pessime condizioni - che s'inserisce in quella asfaltata, che porta a Rieti…

Non mi resta che mettermi gli stivali, coprirmi bene, e scendere a piedi, sperando che sulla strada principale siano già al lavoro gli spazzaneve… forse potrò tentare di chiedere un passaggio a qualcuno, che mi porti in città… sono l'unico responsabile di tutta la festa... Adriano è in un albergo a Rieti, ma non è in grado di sostituirmi... può certamente aiutare gli artisti, ma non trattare con l'ufficio del turismo...

Mezz'ora di attesa... e finalmente passa lenta una macchina con le catene... si ferma e, dopo poche parole... *Ok, venga con me...* arriviamo in città... il disastro... le strade sono semivuote... solo ora cominciano a passare gli spazzaneve... mi rassicura un poco il fatto che, girando per le strade, incontro due gruppetti di artisti mascherati, che girano nonostante il

freddo e la neve, facendo scherzi ai passanti... che del resto sono ben pochi... per fortuna, il direttore è in ufficio... salgo da lui per telefonare agli artisti, che dovrebbero arrivare da Firenze... non se la sentono di venire... il tempo non lo permette... è un vero disastro... il gruppo di Firenze aveva predisposto un gioco grandioso, e anche abbastanza costoso, che avevo trovato eccezionale... si sarebbe riempito il cielo di stelle, in pieno giorno, come se fosse notte... resto tutto il giorno in città... ma è praticamente impossibile fare qualsiasi cosa... la gente rimane chiusa in casa...

Il lunedì, per fortuna, esce il sole... si riprende il buon umore e, insieme ad Adriano, chiediamo   agli artisti di mettere in gioco tutta la loro energia per fare continui scherzi durante tutto il giorno, e soprattutto prepararsi al massimo per il martedì, quando passerà per le strade cittadine la lunghissima serpe di plastica... devo riuscire ad avere tutta la città che venga a guardarci... per fortuna siamo facilitati dal fatto che 25 giovani reatini sono nascosti dentro il misterioso animale, per farlo camminare, il che significa che almeno 25 famiglie si troveranno lungo il percorso, per applaudire il ruolo del proprio figlio... per oltre

due ore, il fantastico animale percorre le strade cittadine... è un vero successo, che ripara in gran parte, il vuoto della domenica...

Tutti gli artisti sono già pronti per la festa finale, che l'ufficio del turismo ha predisposto negli spazi di una ditta, la Snia Viscosa... è molto divertente vedere il contrasto tra i responsabili del Turismo e del Comune, abituati a offrire festeggiamenti tipicamente ufficiali ed eleganti, ed invece artisti che sono tutto fuorché formali... ma che *di buon umore* mangiano e bevono alla grande...

Io sono soddisfatto di come siamo riusciti a superare l'improvvisa difficoltà, cadutaci addosso la domenica... è importante che siano venuti parecchi giornalisti, anche da Roma e Milano... nei giorni successivi all'evento, si apre una battaglia tra chi giudica il *Karnhoval* un grande successo e chi invece lo critica, perché sono mancati i carri allegorici... e, difatti, l'anno seguente non mi richiamano... me lo aspettavo...

Trovo però assai interessante e significativo che, nel 2019, a distanza di 50 anni, l'Archivio di Stato di Rieti, avendo in deposito tutta la documentazione del vecchio ufficio del turismo, abbia volu-

to pubblicare un libro sul *Karnhoval*, presentandolo ufficialmente, in una giornata di grande festa, con una mostra di tutto il materiale relativo a quel carnevale, ideato da me e Adriano nel 1969.

A mio parere, il *Karnhoval* è stato un vero successo... siamo riusciti a dar vita a un progetto assolutamente nuovo... i giornali locali ne hanno parlato ampiamente, ma, come sempre capita, dopo mesi di duro

lavoro realizzati con entusiasmo, improvvisamente mi ritrovo un po' vuoto… devo decidere cosa fare, che strada prendere… organizzare il *Karnhoval* è stato un periodo eccitante, ma non è facile inventare altre cose del genere… soprattutto trovare il denaro necessario per simili progetti… in ogni caso, devo riprendere la mia normale attività lavorativa…

Contatto alcune riviste, e riparto per viaggiare in Europa orientale, che già conosco, ma che, di volta in volta, si sta modificando… quindi si trovano facilmente riviste interessate.

Ormai però sono un po' stanco di viaggiare, e vorrei cambiare stile di vita… la mia amata *zia fortuna*, che mi aveva dato un bello schiaffo la domenica del *Karnhoval*, rovinando tutto con la neve, torna di nuovo da me tramite Aldo, con cui avevo fatto uno spettacolo teatrale… lui è insegnante di inglese presso l'Istituto di Ragioneria di Rieti, e sa che stanno cercando un altro professore per questa materia… l'inglese è una lingua, che personalmente non ho mai studiato, ma che parlo bene ormai… ho pure una laurea, che finora non ho mai presentato in nessuna situazione, poiché i lavori finora fatti non richiedevano alcuna laurea, ma che, legalmente, mi dà il diritto di insegnare *lingue*… senza specificare quale!… *solita ridicolaggine del sistema ministeriale*… Aldo insiste perché io accetti… lui farà bella figura con il preside, che non riesce a trovare un prof di inglese… accetto… devo iniziare la settimana prossima… la cosa curiosa è che, dopo la prima settimana, si fa l'incontro con tutti gli insegnanti e il preside, per pianificare i progetti extrascolastici, e scegliere il vicepreside, per l'anno che sta per iniziare…

Si apre la seduta e, dopo altri interventi, si alza Aldo per illustrare come intende dar vita a un gruppo teatrale all'interno della scuola… il preside, forse poco interessato alla cosa, prende la parola, parlando di teatro in modo talmente negativo, da lasciarmi interdetto... a un punto tale che io, non sapendo nemmeno che chi ha appena parlato è il preside, prendo la parola dicendo: "Scusatemi, sono nuovo nella scuola, ma ho fatto recentemente uno spettacolo teatrale qui a Rieti, che ha avuto un certo successo in città, non capisco proprio come si possano dire cose così negative sul teatro, uno dei settori culturali importanti"... il preside risponde con poche parole più o meno discutibili... ma la cosa curiosa è che, dopo pochi altri interventi, si passa alla votazione... sorpresa pazzesca per me... la maggioranza assoluta dei voti è per il mio nome... evidentemente, il preside non è molto amato, quindi, hanno preferito votare uno sconosciuto, che ha avuto il coraggio di parlargli contro... così, divento vice di un preside che non conosco, ma che è costretto a considerarmi tale...

pur intuendo che non sarà facile pestarmi i piedi, se dovrò sostituirlo in certe situazioni...

quando entro per la prima volta in classe, non so come devo incominciare... effettivamente non conosco nemmeno quale sia il loro libro, Aldo mi ha detto che me ne procurerebbe uno e mi darà qualche suggerimento... ma oggi non lo ho visto e quindi quando entro in classe, non so che fare... allora inizio chiedendo agli studenti se sono interessati a imparare l'inglese.... *è necessario per l'esame*, è la risposta generale... mi rendo conto che non lo trovano veramente utile... essendo di fronte a ragazzi quasi diciottenni, immagino che molti di loro vadano d'estate a lavorare sulla costa adriatica, piena di belle ragazze scandinave... *"Se sapeste qualche parola di inglese, potreste provare a rimorchiarle"*, dico loro... scoppia un mare di risolini a non finire... "Ma io dico sul serio... *l'inglese vi servirà in mille occasioni... i libri di testo insegnano come fare scambi economici in inglese con paesi esteri... certamente necessari solo a un certo livello professionale... ma se non prendete confidenza con la lingua, dimenticherete tutto in breve tempo... quindi, cercherò di aiutarvi per imparare almeno quattro parole in croce... se d'estate andrete al mare, vi serviranno in tanti modi"*... sento che ho la classe dalla mia parte...

Riesco perfino a prendere gusto a fare il prof... cerco di aiutare i miei allievi a crescere bene, indipendentemente dall'inglese... siccome nel frattempo sono diventato vero amico di Enzo, grazie soprattutto all'aver fatto teatro insieme, gli chiedo se è interessato a partecipare con me a dar vita a un Cinema d'Essai... vado a chiedere all'unica sala seria di Rieti, che però funziona solo la sera, se mi metterebbe a disposizione la sala cinematografica nel pomeriggio, per proiettare film di un certo livello, che vorrei far vedere ai miei studenti... ai proprietari costerebbe pochissimo... solo un po' di elettricità... dico loro che non sono in grado di pagare, ma, con la mia iniziativa, aumenterebbe il numero degli spettatori, che potrebbero poi venire anche alla sera... l'idea funziona... scelgo il mercoledì pomeriggio alle cinque... all'inizio, viene solo la mia classe... dopo un paio di volte, possono venire tutti gli studenti dell'Istituto che lo desiderino... ovviamente gratis... la scelta del film viene fatta da me e da Enzo, molto contento dell'impegno preso... a sue spese va a Roma a prendere le pellicole... le ho contrattate con il distributore, che me le lascia a un prezzo bassissimo, perché sa che mi accollo io tutte le spese... per portare un po' di cultura agli studenti... sono veramente stupito che mi faccia un prezzo quasi di regalo... cerco di trovarne la ragione... ci deve essere un motivo... infatti un giorno che, al posto di Enzo, vado io stesso a scegliere dei film, mentre discutiamo, riceve una telefonata, di pochi minuti, che termina dicendo: "Sta proprio qui con me, adesso"... ho l'impressione che non può essere altro che Pasolini... chiedo conferma al distributore... mi dice: "Sì, è grazie a lui, che le faccio questi prezzi ridicoli... è stato lui a chiedermelo"...

Di colpo tutto mi diventa chiaro... avevo conosciuto Pasolini a Berlino, dove, all'epoca, vivevo e dove lui era venuto per fare una conferenza, alla fine della quale ero andato a fargli i complimenti e a scambiare due parole... in quell'occasione, gli avevo anche proposto di fargli visitare Berlino, dato che mi aveva detto di non conoscerla... aveva accettato con piacere e, il mattino dopo, ero andato a prenderlo con la macchina al suo albergo... era sceso in compagnia del suo giovane compagno per passare la giornata con me, anziché con il rappresentante dell'ufficio culturale italiano, di cui era ospite per due giorni, in funzione della conferenza per la quale era stato invitato... mi ricordo che avevamo passato una bella giornata... e, lasciandoci, mi aveva detto: "Se passi per Roma, vienimi a trovare... nella casa che ho fuori città o nell'appartamento dell'EUR, dove vivo con mia madre"... cosa che ho fatto un paio di volte... ultimamente, l'avevo invece chiamato per dirgli della mia idea di fare il cinema d'essai e chiedergli di darmi una mano... e me l'ha data senza manco dirmelo, ma raccomandandomi al distributore cinematografico...

Destino della mia fortuna-sfortuna... proprio il giorno della sua morte, si stava proiettando nel cinema di Rieti un suo film, con un mio commento sull'autore....

In ogni caso, sono convinto che se si fa qualcosa di buono... ti ritorna indietro in qualche modo...

Attivandomi in cose estranee alla scuola, come il cinema d'essai, mi sento utile... ho la sensazione che la vita abbia più senso... mi pare di star cambiando radicalmente stile di vita... da viaggiatore solitario, sono diventato un campagnolo con tanto di orto, galline e conigli... ogni mattina, raccolgo le uova, l'insalata o i pomodori... ma allo stesso tempo, mi viene spontaneo il mettere energia in qualche cosa in cui credo... Da tempo mi incuriosisce l'esistenza a Rieti di un gruppo di donne che si incontrano regolarmente... una di loro è insegnante di lettere nelle mie stesse classi... le chiedo se posso partecipare al gruppo... unico uomo tra una decina di donne... sono molto stupite, ma mi accolgono con piacere... il giorno in cui diventa quotidiano il discutere sulla legalizzazione dell'aborto... scendo in campo e mi impegno seriamente... Siccome nel frattempo, sono diventato amico di Luigi De Marchi, persona estremamente attiva in questo settore... gli chiedo di aiutarmi per organizzare qualcosa anche a Rieti, piccola cittadina, piuttosto sonnolenta... riesco a mettere in piedi una buona manifestazione al riguardo... un enorme mazzo di fiori, alto quasi due metri, attorno al quale le persone possano parlare a turno, mentre viene distribuito del vino gratuitamente...

Convinco poi De Marchi a mandarmi ogni settimana, durante il periodo scolastico, un medico specialista, che venga da Roma per due ore, per ricevere ragazze e donne che intendono abortire... io mi occuperò di trovare uno spazio libero per quelle ore... cosa che riesco grazie a un minuscolo studio medico che funziona solo il mattino.

Nella mia classe succede sovente che, al momento dell'intervallo, diverse ragazze vadano in bagno e tornino abbracciate, ma in lacrime... immaginando il problema, propongo loro di restare nel dopo scuola... dico loro che immagino cosa le preoccupi, ma che non voglio assolutamente conoscerne i particolari... se qualcuna di loro ritiene però di avere un problema, può semplicemente andare dal ginecologo il mercoledì sera, dalle cinque alle sette, gratuitamente, dicendo che sono lì a mio nome... ma io non voglio nemmeno sapere chi di loro ci andrà...

Il risultato è che, ancora oggi, a 50 anni di distanza, mi succede sovente di incontrare signore anziane che, ovviamente, io non riconosco, ma che, incontrandomi casualmente, mi guardano sorridendo e mi dicono: "Professore... non mi riconosce?... ero sua studentessa... la posso abbracciare?"... è molto significativo!

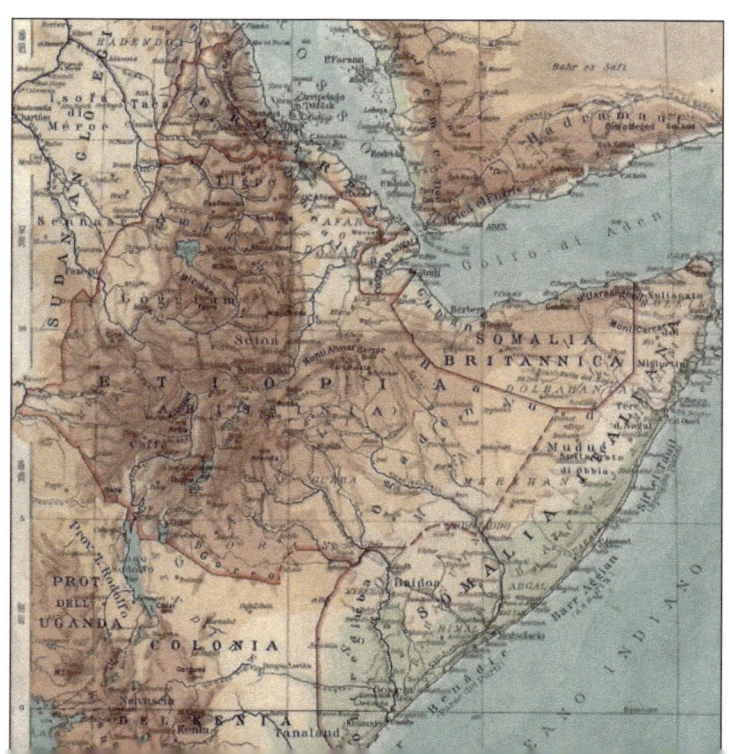

Etiopia

Mi è veramente piaciuto fare il prof, perché ho potuto inventarmi varie cose, che hanno reso il mio lavoro più intenso e interessante... ma dopo dieci anni, incomincio a voler affrontare qualcosa di nuovo... so di avere il diritto di chiedere di andare all'estero, per ottenere un posto in una scuola italiana o in un centro culturale, sotto l'egida del Ministero degli Affari Esteri.

Sono sempre molti i professori di ruolo, che si presentano all'esame di ammissione, quando il Ministero indice concorsi per assumere nuovi insegnanti, poiché la paga all'estero è superiore a quella che si riceve in Italia... molti insegnanti, quindi, tentano di ottenere un posto per guadagnare di più, mentre, per me, ciò che mi attira è di poter andare a vivere in un paese che non conosco e che mi incuriosisce.

Decido, dunque, di partecipare al concorso... si fa un esame scritto, a seguito del quale i più vengono scartati per mancanza di conoscenza delle lingue... io risulto essere il secondo nella lista di quelli accettati, non solo grazie al fatto che conosco delle lingue, ma anche per essere un giornalista...

Con mia grande sorpresa, vedo che c'è un posto libero in India... che gioia... per di più, si tratta di aprire una nuova sede, dato che, finora, c'è solo un centro culturale a New Delhi e il Ministero intende aprirne uno nuovo a Bombay... per me, è perfetto, amo rischiare con iniziative un po' azzardate, senza avere un capo che mi controlli continuamente... ultimamente, stavo spesso ripensando all'India e mi piacerebbe ritornarci per vedere come è cambiata...

Mi offrono, invece, l'Argentina... perché, dal mio incartamento, risulta che sarei adatto per fare uno studio e, poi, un libro sugli immigrati italiani... l'Argentina, però, non mi attira... ricordo l'anno trascorso a suo tempo nell'America del sud, come piuttosto noioso e non certo eccitante... rinuncio a meno che non mi diano l'India...

La direttrice dell'ufficio competente, con cui ho stabilito una certa empatia, mi dice che l'India è già riservata a un super-raccomandato... mi suggerisce di accettare la proposta, perché il posto in Argentina è ottimo... ma io insisto... e lei: "Se rinuncia, non le offrono altro"... allora, forse, è il mio destino... riprenderò a fare il prof...

Dopo tre settimane, ricevo una telefonata dal Ministero, in cui la direttrice mi comunica che si è reso disponibile un posto in Etiopia, non nella scuola, ma presso il Centro culturale... chi lo aveva ottenuto, è stato chiamato dall'Università di Trieste, dove aveva anche fatto richiesta di una posizione, che ora lui preferisce... mi piace l'idea... l'Etiopia mi interessa... conosco poco l'Africa... rispondo subito di sì... la direttrice, con la quale ho parlato a lungo nei giorni scorsi e che mi tratta con grande affetto, quasi come una madre con un figlio un po' "picchiatello", mi dice: "Ma professore, c'è la guerra in Etiopia, si combattono tra di loro continuamente"... io resto comunque convinto e confermo che sono pronto ad accettare... sono contento di un totale cambiamento di vita...

Devo pensare a chiudere la casa di Greccio... una casa che, nel frattempo, mi sono abituato ad amare... dovrò vendere gli animali, compresi i due cavalli...

Il Ministero mi comunica che mi metterà a disposizione un camion, e pagherà per il trasporto dei mobili e delle altre cose, di cui penso di aver bisogno, fino a un massimo di 20 quintali... la cosa mi pare enorme, ma ne approfitto... e quando arriva il camion, faccio caricare anche il pianoforte... sono sorpreso della generosità con cui vengono trattati i dipendenti del Ministero... il tutto ovviamente a spese dei cittadini, che lo pagano con le tasse!... dopo una quindicina di giorni, si chiude casa e partiamo per l'Etiopia, io, Silvana e il piccolo Dag.

Addis Abeba ci accoglie con tutte le attenzioni del caso... la direzione del Centro culturale ci ha prenotato un albergo per i primi giorni...

arriviamo di venerdì... sabato faccio un giro in città e, domenica, sono invitato a casa del direttore, con cui dovrò lavorare... ha invitato anche altri italiani per presentarmi e darmi l'occasione di incontrare dei compatrioti.

Avere un orario di lavoro fisso non è l'ideale per me, ma ci proverò... l'aria che ho respirato in casa del direttore non mi è piaciuta... non si è parlato minimamente della cultura locale, ma solo di dove si trovano i migliori ristoranti per mangiare all'italiana, e dove c'è il miglior cuoco... Per i primi mesi, mi annoio... gli italiani vivono tra di loro, mentre io, nelle ore libere, cerco di conoscere la città.

Mi rendo conto che la situazione politica è assai delicata, in quanto da pochi anni c'è stata una rivoluzione che ha rovesciato l'Imperatore e ha dato vita a un regime comunista nella linea dell'Unione Sovietica... tale governo per alcuni anni è stato molto rigido, ma ora sta gradualmente migliorando... gli stranieri non hanno il diritto di lasciare la capitale, senza un permesso governativo, non sempre facile da ottenere... lo si può avere solo per andare a passare qualche giorno di vacanza al lago di Awasa, dove è piacevole nuotare e fare del canottaggio... si tratta di una piccola zona che il governo ha lasciato aperta al pubblico, ovviamente però sotto controllo...

A poco a poco, mi sto facendo un quadro della situazione... la maggioranza degli stranieri è benestante... si frequentano tra di loro, invitando, occasionalmente, qualche rappresentante del governo, che potrebbe tornare utile... anch'io potrei vivere altrettanto bene... il Ministero mi ha dato una bella casa, con giardino e servitori, che, qui, sono essenziali... ho pure comperato due cavalli, con cui faccio scorrazzate ancora più belle che a Greccio... chiunque sarebbe contento... posso vivere come un pascià... ma mi manca una cosa, che per me è essenziale... far parte della società locale... conoscere la loro cultura... ripensando all'India, qui mi trovo spiazzato...

Il direttore è contento che io parli bene l'inglese, lingua che lui conosce poco... il che lo rende nervoso... non è, infatti, in grado di sostenere una vera conversazione con un intellettuale, o una persona comunque di cultura... se non parla italiano... cosa che comunque è ancora frequente, eredità del tempo della colonia fascista...

Fin dal primo giorno, il direttore mi dice: "Devi occuparti della biblioteca e del nostro cinema, uno dei migliori in città... soprattutto, devi fare tutto ciò che ti chiedo... ma, in genere, meno facciamo, meglio è... a Roma non si ricordano neppure che esistiamo... quindi, non abbiamo problemi"... sono sorpreso... non so come reagire... sto zitto, ma so di essere di uno stampo totalmente diverso... a me piace essere attivo, inventare cose... mentre, in questo ufficio, è proprio il contrario... cercherò di cavarmela altrimenti...

Dopo i primi mesi, incomincio a conoscere la città... ho visitato i vari musei, ricchi di reperti e documenti, che mi spingono a conoscere la storia del paese, assai ricca culturalmente... cosa quasi unica in Africa, fatta eccezione per l'Egitto... l'Etiopia è stata una vera potenza, non solo politica, ma anche culturale... ha assorbito il cristianesimo contemporaneamente a Roma...

E' proprio in un museo, che ho la fortuna di incontrare Worku, che

diventerà il mio migliore amico... la fortuna mi sta vicina, perché mentre sto osservando un dipinto religioso, con scritte in lingua e alfabeto a me sconosciuti, si avvicina un signore, che si mette a guardare con attenzione lo stesso quadro... lo osservo... e mi rivolgo a lui in inglese, chiedendogli se è in grado di decifrare lo scritto sulla tela... mi risponde in un buon inglese, con forte accento americano, e mi spiega il contenuto del dipinto... ne resto molto sorpreso... non riesco a trattenermi dal dirgli che gli sarei grato, se mi illustrasse qualche altra opera del genere... gli dico che sono nuovo in città, che lavoro da poco al Centro culturale italiano, e sono molto interessato alla cultura del paese... incominciamo una lunga chiacchierata che, dopo un'oretta trascorsa a spiegarmi altre opera museali, continua in un bar... e poi al ristorante, dove lo invito a cena.... serata memorabile... ci rendiamo conto di essere assai diversi, ma di avere qualcosa in comune... Worku è nato in un villaggio piccolissimo, dove non c'era nemmeno una scuola... quando un cugino del padre lo ha conosciuto, aveva sei anni... e ha pensato che fosse un bimbo particolare... che avrebbe dovuto andare a scuola... il padre glielo affida, affinché vada a vivere con lui, in un paese più grande, dove c'è una vera scuola... erano i tempi in cui il presidente americano, John F. Kennedy, aveva dato vita a un progetto internazionale, per stabilire futuri rapporti privilegiati con alcuni paesi africani... si aprivano scuole in cui si insegnava l'inglese, con appositi professori, che poi sceglievano gli elementi migliori, a cui dare una borsa di studio per passare alcuni anni negli Stati Uniti, e in tal modo entrare in contatto con lo stile di vita americano... quando poi fossero tornati nel loro paese di origine, sarebbero stati, automaticamente, dei validi collaboratori...

Worku fu tra gli studenti selezionati, visse per cinque anni negli Usa, dopo di che pensò che il suo obiettivo fosse di lavorare per il pro-

prio paese... ho subito sentito che sarebbe diventato un vero amico... l'ho abbracciato e gli ho proposto di vederci di nuovo ogni tanto... passano i mesi e diventiamo amici fraterni... Worku non ha un lavoro fisso, lavora spesso come traduttore in un ufficio governativo... una sera, mi dice che il governo vuole finalmente aprire le porte del paese agli stranieri... ne vede una possibilità per promuovere il turismo... il paese è bellissimo, ma nessuno lo conosce... lui ha conoscenza di questa ipotesi di apertura del paese agli stranieri, perché ha tradotto

molte lettere su questo argomento...

Passano i mesi... diventiamo sempre più amici, e mi trovo bene anche a casa sua, classica famiglia etiope, con due dolci suoi bambini, ma anche sempre aperta a altri eventuali bambini bisognosi... un giorno, gli chiedo se esistano dei libri illustrati sull'Etiopia... non ce ne sono!!... mi viene

subito in mente che potrei farne uno io, grazie alla mia pratica fotografica... ne parlo con Worku, che si incuriosisce, e mi dice di aver sentito dire che il governo sta aprendo un nuovo ufficio, con il compito di aprire il paese agli stranieri... un bel libro illustrato sarebbe la cosa ideale per promuovere il turismo... chiedo a Worku se sarebbe possibile proporre l'idea a un funzionario del governo... mi dice che avrebbe provato a chiedere... la burocrazia è assai lenta... passano i mesi...

Un giorno, Worku mi dice che ha tradotto una lettera che tratta di turismo... all'impiegato che ha ritirato la missiva, chiede se è possibile parlare con qualcuno dell'Ufficio governativo... il primo passo è fatto... la catena della mia ipotesi di fare un libro fotografico sull'Etiopia, organizzandolo con il governo, sarà certamente lunga... piena di ostacoli... ma un bel giorno, Worku mi dice che c'è un segretario statale che mi vuole parlare... mi accompagna da lui e gli espongo il mio punto di vista: se si vuole aprire la porta al turismo, è necessario che ci sia un libro illustrato, che faccia conoscere l'Etiopia al pubblico mondiale... io, grazie al lavoro fotografico fatto finora, sarei in grado di fare un libro del genere... mi dice che ne parlerà col suo direttore e mi farà sapere... passano mesi e, un giorno, Worku mi dice che finalmente il direttore mi vuole incontrare... capisco che in ogni caso, devo passare attraverso Worku... e la cosa mi fa piacere... è proprio la persona giusta, ama il suo paese e ha la mentalità giusta... incontriamo il direttore e gli ripeto nuovamente che un libro ben fatto è necessario per far conoscere il paese... gli racconto dell'India, del Medio Oriente e dell'America, dove sono stato per anni a fotografare... vedo che reagisce positivamente... dopo una buona ora di colloquio, mi chiede di preparare un progetto per realizzare il libro, con il costo e la durata del lavoro... ci potremo rivedere quando avrò il progetto in mano...

Iniziano mesi di discussione con Worku per pianificare il progetto... l'amore di Worku per il suo paese è fondamentale... gli suggerisco di scegliere uno scrittore locale di nome, che sappia mettere in luce in modo efficace l'Etiopia, per dare importanza alla sua cultura, oltre che alla bellezza dei suoi paesaggi... si tratta anche di scegliere quali siano le regioni più importanti da fotografare, dove si possa andare, tenendo conto della situazione di guerriglia ancora viva in varie parti del paese... se ci sia la possibilità di avere a disposizione una macchina con autista durante i viaggi di lavoro, per realizzare le fotografie necessarie per offrire un ottimo quadro del paese, con le sue meraviglie... nel frattempo, io mi informerò sulle condizioni migliori per far stampare il libro in Italia...

Telefono alla mia amica Lula, che lavora tuttora per la casa editrice De Agostini, e le propongo di partecipare al progetto... l'idea le piace e si informa quale sia la migliore casa editrice per stampare libri del genere, e il costo della stampa... mi propone di fare lei stessa l'impaginazione e la scelta delle foto, che le manderò a lavoro ultimato... mi piace l'idea di lavorare insieme...

Ne nascono interminabili chiacchierate con Worku, che continuano per mesi, dato che devo rispettare gli orari di lavoro al Centro culturale... alla fine, raggiungiamo un'intesa... faremo un libro con il testo a cura di Tsegaye Gabre Medhin, poeta etiope che da anni ormai vive in America, ma molto stimato dal governo... sarà illustrato con una ricca serie di fotografie a piena pagina, che mettano in luce la bellezza e la ricchezza dell'Etiopia... col progetto in mano, lo presentiamo al direttore del Turismo, per vedere se accetta le nostre condizioni... nel frattempo

etiopia
orma del tempo
alberto tessore

preparo la proposta definitiva...

Il governo etiope garantisce l'acquisto di 10.000 copie del libro, stampate alcune in italiano, e altre in inglese e in francese... mi assumo la responsabilità per la direzione del lavoro, teso a realizzare un libro degno di partecipare alle fiere turistiche mondiali... mi sarà messa a disposizione una macchina per viaggiare con Worku nei luoghi che sceglieremo in tutta l'Etiopia...

Passano di nuovo mesi con vari incontri, perché il direttore deve convincere i vari ministri ad accettare l'impegno economico, che si è preso con noi, per l'acquisto delle 10.000 copie e per mettermi a disposizione macchina e autista, lasciandomi la libertà di viaggiare nelle varie parti del paese... finalmente, si giunge al momento della firma da parte del ministro, che si impegna ad attuare il progetto.

Inizia il periodo in cui posso viaggiare a mio piacere con permessi speciali, sempre insieme a Worku... viaggiamo di domenica, per evitare di chiedere dei permessi al mio direttore... sento che devo iniziare con il conoscere bene la vita nel paese, per prepararmi alle situazioni più com-

plesse... meglio avere prima una idea dei territori sconosciuti, anziché approdare subito sulle regioni storicamente più importanti, come Lalibela e Aksum, di cui ormai ho un'idea, poiché continuo a leggere libri sull'Etiopia, che sono abbondanti nella biblioteca di cui ho la direzione io stesso, in ufficio, libri che però non hanno fotografie.

Esploriamo paesaggi diversi, come il confine con il Sudan, lungo il fiume... dove, per la prima volta, fotografo la foresta con elefanti liberi... mi muovo in zone dove il fiume si allarga, creando laghi ricchi di animali acquatici... approfittando dell'avvicinarsi dell'estate, mi accordo con il direttore per rimanere in ufficio durante i mesi estivi, quando tutti gli altri desiderano passare le vacanze in Italia... in cambio, chiedo di potermi assentare una settimana in aprile e una in maggio, per visitare luoghi lontani... dato che la cosa gli conviene, accetta... posso così programmare due spedizioni di otto giorni... ne parlo con Worku e fissiamo le date... ad aprile, andremo per la prima volta nel nord del paese.....

Come prima tappa, il lago Tana, molto interessante, con ben 37 isole dove si trovano splendide chiese, affrescate a colori vivaci... il lago ha per emissario il Nilo Azzurro, che forma le omonime grandiose cascate,

dirigendosi poi verso il Sudan, dove si unisce al Nilo Bianco... puntiamo successivamente verso le fantastiche chiese rupestri di Lalibela, scavate nella roccia tra il XII e il XIII secolo, per ricreare la Gerusalemme di Cristo... numerose chiese, tuttora sempre aperte, assai visitate da persone che vengono da ogni parte dell'Etiopia, talvolta facendo viaggi a piedi di settimane intere, pur di arrivare e poter pregare in questi splendidi, antichi edifici religiosi, che da secoli sono considerati il cuore del paese... mi rendo conto come la religione, in Etiopia, abbia ancora un ruolo fondamentale... in occasione delle festività, intorno alle chiese si ammassano centinaia, e talvolta migliaia di persone, che non entrano nella chiesa vera e propria, riservata solo a chi intende fare la comunione, ma pregano, costituendo parte della comunità...

Entro in una chiesa silenziosa, quasi buia, e vedo una donna stesa per

terra che prega... la vedo da vicino, e avverto l'intensità della sua preghiera, cosa che mi invade lo spiri-

to... ho l'impressione che la donna voglia come annullarsi, così sdraiata per terra, offrendosi totalmente a Dio... pur non pregando, io mi sento

un minuscolo granello nell'immensa natura di cui facciamo parte... non dimenticherò mai questa semplice donna in pre- ghiera... mi ha dato un vero insegnamento... mi viene in mente la storia biblica di Abramo, che doveva essere pronto a offrire il proprio figlio all'ente divino, come,

del resto, antica- mente era richiesto in varie culture... alcune più cruente, altre meno, ma tut- te hanno costruito monumentali edifi- ci, splendidi palaz- zi e chiese di ogni tipo, dedicati alla

misteriosa divinità di cui facciamo parte... millenni or sono, lo hanno fatto i Maya in America, gli antichi Egizi, i vari popoli dell'India, i buddhisti nel Tibet... sempre alla medesima ricerca di devozione... per l'ente sconosciuto che dà vita al tutto... non sappiamo né da dove viene, né come si sviluppa... ma il suo potere è assoluto...

Saliamo poi alla città di Gondar, a lungo capitale dell'Etiopia e ancora oggi ricca di edifici, che ricordano i propri secoli di grandezza... sono interessato alla storia del paese, e a fotografare i suoi punti più noti,

ma al contempo ritengo importante visitare e fotografare cose praticamente sconosciute, perché incoraggeranno futuri turisti che avranno visto il libro, per cui sto lavorando ad andare alla ricerca di luoghi poco noti e difficili da trovare... chiese importanti, anche se si raggiungono solo a piedi... so bene che i giovani turisti spesso amano arrivare in posti difficili, poco visitati, per potersi sentire quasi gli unici ad esserci arrivati.

Sia Worku, sia altri nostri amici, ci hanno suggerito una chiesa assai difficile da raggiungere... ma ne vale la pena... il programma è di partire al mattino alle 5,30... ci vogliono cinque ore, in parte a dorso di mulo, in parte a piedi, dove il cammino è troppo scosceso... siamo in una regione in continua guerriglia contro il governo di Addis Abeba... in casi del genere, si viene protetti da militari... ma alle 5,30, essendoci alzati presto con la guida, siamo sorpresi che i militari non siano puntuali... Worku ne parla con la guida, che dice che bisogna attendere le 8 per poter andare in ufficio e capire cosa sia successo... mi rendo conto che, almeno per il momento, è meglio attendere... conoscendo il paese, penso che il problema si risolverà... infatti, poco dopo, Worku esce dall'Ufficio dicendo che, all'ultimo momento, hanno deciso di darmi una vera scorta armata... dato che in pratica sto lavorando per il governo, non vogliono che possa capitare qualcosa di analogo a quando furono rapiti due giornalisti tedeschi, poi rilasciati dietro un riscatto assai elevato... quindi, hanno deciso di prendere un giorno per "rastrellare" la zona che dovremo scalare, ed essere certi che sia libera... il viaggio è rimandato di un giorno... la mattina seguente si parte alle 5,30...

Camminiamo per due ore a dorso di mulo e, quando il paesaggio si fa roccioso, cominciamo ad arrampicarci... ormai siamo vicini ai 4.000 metri... finalmente scorgiamo la chiesa... momento pregnante... mi dicono che, dal tempo della rivoluzione comunista, nessuno sia mai arrivato fin quassù... so che è stato eccezionale l'aver ottenuto questo

permesso, perché la zona è piena di ribelli... siamo nel Tigray, regione che vorrebbe separarsi da Addis... vedo venire verso di noi un gruppo di cinque miliziani armati, che si fermano ridendo con i quattro soldati, che ci hanno accompagnato finora... Worku mi spiega che sono militari, che hanno pernottato in zona per assicurarsi che non ci siano dei ribelli... adesso, abbiamo ben nove guardie armate a proteggerci...mi avvicino alla chiesa, che è chiusa... Worku chiede a due donne di passaggio, di andare a chiamare il prete...

la chiesa colpisce subito per la ricchezza e l'originalità delle decorazioni: ogni finestra è diversa dalle altre, alcune sono in legno, altre in pietra, mentre la porta è intagliata e dipinta nei minimi particolari... quando arriva il prete, ci sottolinea l'importanza del soffitto, a motivi geometrici, diversi in ogni riquadro.

Dopo aver fatto diverse foto, Worku insiste che dobbiamo ripartire... abbiamo altre cinque ore di viaggio... mangiamo due bocconi e ripartiamo... i miliziani, che non sono veri soldati, ma giovani del luogo, che intervengono quando l'Autorità li chiama, sono sempre armati e, in casi del genere, vogliono anche divertirsi... tramite Worku, mi chiedono se possono sparare in aria... sono la mia scorta e sono quindi io a dover dare o negare il permesso... ovviamente lo do, anche per la curiosità di vedere cosa succederà... è un immediato esplodere di colpi in cielo e un inventarsi dei tirassegni strani, da una pietra ben visibile a oggetti semi nascosti, seguiti da urla di gioia, canti e risate.

Il giorno seguente continuiamo verso Axum... zona pericolosa, perché si trova in una regione in continua guerriglia.... quasi al confine con l'Eritrea che, a furia di lottare, pochi anni dopo si staccherà dall'Etiopia per divenire uno stato indipendente.

Axum è famosa, essendo stata per secoli la capitale di un vasto regno... oggi, l'Etiopia è conosciuta soprattutto perché conserva la biblica *Arca*

dell'alleanza, che la Chiesa ortodossa afferma contenere le tavole della legge, su cui sono scritti i Dieci Comandamenti, portati da Mosè al suo popolo...

In Italia, l'Etiopia è soprattutto nota perché, nel 1937, durante la guerra coloniale, portammo via il famoso obelisco, alto ben 23,40 metri, che i soldati scoprirono, rovinato in vari punti... nonostante il peso di 150 tonnellate, lo trasportarono fino al mare, e da qui, in nave, a Napoli e quindi a Roma, per diventare una delle glorie del fascismo... per fortuna, la nuova Italia decise di restituirlo, se pur con parecchio ritardo, nel 2005... resto sorpreso nel vedere quanto numerose siano le steli e gli obelischi ancora integri... si ha l'impressione, che ovunque si scavi, si trova qualcosa di interessante...

Inevitabile il pensare quanto questa zona, nei tempi antichi, sia stata sviluppata... mondo di cui ricordiamo poco, ma sappiamo essere stato di notevole livello culturale e politico...

Partiamo per l'ultimo tratto del nostro viaggio, puntando su Asmara, città che risente ancora di essere stata la capitale della colonia italiana... spesso si sente ancora parlare italiano... mi sono preso l'impegno di fare una conferenza, per far rivivere il vecchio spirito della città... mesi prima, avevo partecipato a un incontro internazionale sulla cultura etiope, tenutosi ad Addis Abeba, in cui ero stato invitato dal direttore dell'Università, che mi aveva proposto di fare l'intervento, a fianco di tanti altri... non ritenendomi un vero conoscitore dell'antica cultura dell'altopiano, avevo deciso di presentare un quadro sull'attività, nell'Ottocento, di celebri personaggi italiani, vissuti nell'altopiano etiope, tra cui il Cardinal Massaia... per metterli a confronto con il possibile sviluppo del turismo.

Ho pensato di ripetere quello stesso intervento, senza la necessità di prepararmi... tutto va liscio, ma, dopo vari mesi, succede un pandemonio, che rovina la mia vita in Etiopia, fino ad allora piacevole e tranquilla...la conferenza viene stampata, senza che io manco lo sappia, sulla piccola rivista culturale pubblicata ad Asmara, fin dai tempi della colonia... mesi dopo, me ne viene spedita una copia ad Addis... non mi fa né caldo né freddo, trattandosi di una piccola rivista... qualche mese dopo invece, ricevo una lettera infamante, mandata in copia all'ambasciata di Addis, in cui si dice che sono una persona indegna di lavorare in un centro di cultura italiano... perché ho insultato le glorie dell'Italia...

Indago su chi ne sia l'autore, e scopro che è il padre cappuccino Antonino Rosso... la lettera è stata inviata al Presidente della Repubblica e a vari ministri, tra cui quelli dell'Interno, della Difesa e degli Esteri, Giulio Andreotti... resto sorpreso e quasi incredulo... indago meglio... scopro che il Rosso si sta da anni impegnando tenacemente, per ottenere che il Massaia venga ufficialmente canonizzato... reagisce così violentemente contro di me, a causa di certe frasi del mio testo, che mettono in luce come il Massaia abbia dato giudizi assai negativi nei confronti delle cerimonie religiose etiopiche... una presa di posizione che, nell'Ottocento, era accettabile, se non addirittura normale, mentre oggi potrebbe venir considerata in modo negativo, da parte della commissione religiosa romana, atta a dichiarare la "santità" del Massaia.

Vado in Ambasciata e, perfino l'ambasciatore, che fino ad allora mi mostrava una certa stima, anche per il fatto che il mio libro era molto piaciuto al governo, mi riceve freddamente... ha ricevuto una lettera contro di me... inviata dal Ministero, presso il quale il padre cappuccino aveva certamente contattato personaggi di rilievo... mi dice sottovoce che, in questo caso, avrei fatto meglio a scusarmi... a riconoscere di aver fatto un errore... e ritirare quanto avevo detto e scritto... dopo un po' di tempo, tutto sarebbe stato dimenticato...

Ovviamente, il mio direttore è ben contento che io venga messo in cattiva luce... di conseguenza, mi mette a dare lezioni alle elementari, per sottolineare il fatto che non so gestire la cultura... ma solo l'insegnamento della lingua...

Incomincia una battaglia che dura mesi: il Comitato, favorevole alla canonizzazione del Massaia, fa di tutto per ottenere che il Ministero mi cacci, come persona indegna... e ottiene facilmente la cosa dato che il ministro è Giulio Andreotti che, avendo ricevuto la lettera del Rosso, in data 28 giugno 1984, scrive: *"Il fatto è grave e mi colpisce, non solo come antico ammiratore del Massaia, nella lega missionaria studenti, ma come Italiano"*...

Ovviamente, a questo punto, il personale sia del Ministero che dell'Ambasciata ci penserà due volte prima di dire anche una sola parola favorevole nei miei confronti, sapendo che si metterebbero contro il ministro da cui dipendono...

Sono seccato che la mia posizione diventi così negativa, soprattutto perché sono già stato scelto per essere trasferito in India, dove dovrei aprire un nuovo ufficio a Bombay, cosa che mi piacerebbe molto... ne sono certo, perché la direttrice di Roma, che mi stima, mi assicura che il mio trasferimento è imminente... non riesco però ad accettare la situazione, e mi indigna il fatto che tutti in Ambasciata cambino opinione su di me, così facilmente...

Mi difendo, raccontando quello che mi sta succedendo, alle maggiori autorità culturali, sia locali sia straniere ...

Tadesse Tamrat, direttore del Centro di studi etiopi e professore all'università, con cui sono quasi in amicizia, scrive all'ambasciatore: "Il Massaia era, come tutti gli esseri umani, figlio del suo tempo. Aveva i suoi tipici pregiudizi, ma il testo scritto da Tessore nei suoi riguardi è assolutamente ineccepibile da ogni punto di vista..."

Il decano degli Istituti culturali stranieri, Dr S. Reile, direttore del Goethe Institut, mi scrive: "Tu sai, come io e i colleghi, sia europei sia etiopi, apprezziamo il tuo lavoro e l'atteggiamento aperto che hai verso l'Etiopia, in questi anni non sempre tranquilli... viste le difficoltà che ti riguardano, posso affermare che il tuo lavoro infaticabile ha decisamente contribuito alla preminenza dell'Istituto italiano, sulla scena culturale di Addis Abeba".

L'alto Commissario al Turismo, Fisseha Geda, in una lettera all'Ambasciata, scrive: "La partenza di Alberto Tessore ci priva di un buon amico, che ha fatto molto per noi, sviluppando maggiore comprensione e migliorando le relazioni culturali tra l'Italia e l'Etiopia".

Sono fiero di tante voci positive nei miei confronti, ma, nel frattempo, sono furioso contro il Ministero, che tira alle lunghe, senza neanche decidere se sono ancora al mio posto di lavoro o no...

incomincio a pensare che, forse, nel Ministero c'è qualcuno del personale che non vorrebbe perdermi... contrariamente a ciò che ha scritto il

Ministro stesso... effettivamente, non sono molti gli operatori culturali venuti dall'estero, che riescono a fare qualcosa di utile per il paese in cui son venuti a lavorare... come avevo fatto, portando personalmente al vicepresidente del governo etiopico il libro fotografico sull'Etiopia, che ha certamente contribuito ad aprire la porta al turismo... forse, il Ministero non intende perdermi... pensano che lasciando passare un po' di tempo... si metterà a tacere la cosa, per poi offrirmi un buon posto... Per mesi tutto si ferma, e non ricevo parola sulle dimissioni che avevo nel frattempo dato... al punto che non so più, quando vado a Roma per chiarire la mia posizione, se devo usare il mio passaporto ufficiale o quello da semplice turista... disgustato, ridò le dimissioni... so che perdo un buono stipendio... e so, in questo modo, di rinunciare ad andare a Bombay... ma non reggo all'idea di vedere il mio direttore, tutto contento di farmi fare le cose più banali... meglio ritornare a Greccio... ho una casa... e qualcosa capiterà...

Il 30 ottobre del 1984 mando una lettera al quotidiano *La Repubblica*, in cui spiego esattamente cosa mi è successo e di come il Rosso mi abbia sconvolto la vita... Scalfari, direttore del giornale, pubblica la mia lettera con qualche suo commento... ormai, mi sento totalmente coinvolto... avendo ricevuto parecchie lettere di incoraggiamento, da parte di intellettuali e alti personaggi, mi decido a scrivere anche al Presidente della Repubblica, l'Onorevole Sandro Pertini... la cosa prende sempre più spazio, non intendo desistere, anche perché trovo indegno che il Ministero non sappia decidere... mi trovo in una posizione ambigua, in cui non è chiaro se sono ancora un dipendente del MAE oppure no...

Ricevo continuamente lettere di incoraggiamento e di stima, soprattutto dagli ambienti culturali internazionali, come Roberta Cohen Korn, già specialista dei diritti umani presso la Segreteria di Stato degli Stati Uniti e ora nell'Ambasciata USA in Etiopia.

Dopo vari mesi, senza sapere se dipendo ancora dal Ministero degli Affari Esteri oppure dal Ministero della Pubblica Istruzione, il 5 marzo 1985 rientro in Italia... purtroppo, le complicazioni durano ancora a lungo... a seguito della lettera pubblicata da *La Repubblica*, Scalfari e io veniamo chiamati in tribunale, poiché il Rosso ci ha accusati di averlo apostrofato pubblicamente di essere *ignorante* e di aver usato al suo riguardo altri aggettivi spiacevoli... per cui chiede di condannarci entrambi a pagare una forte somma per averlo insultato... lui, un sacerdote...

Mi preoccupo veramente, perché non saprei come difendermi ma, per fortuna, Scalfari, data la sua posizione, può facilmente trovare aiuto da parte di un celebre linguista e di un avvocato... i quali sostengono che lo scrivere che una data persona *"si è comportata da ignorante"*, non equivale a dire che *"è un ignorante"*... il tribunale ci discolpa...

Tutta la storia è stata talmente ingarbugliata, che perfino il quotidiano *Corriere della Sera*, di Milano, il 23 maggio 1985, pubblica un articolo su cinque colonne, riguardo questa vicenda... nel frattempo, il Gruppo Internazionale Legale per i Diritti Umani, ritiene sufficientemente grave la situazione da presentarla all'UNESCO.

Così finiscono i miei cinque anni di vita in Etiopia, in cui ho avuto modo di conoscere una cultura interessante, ho vissuto momenti molto piacevoli... anche se gli ultimi mesi sono stati altrettanto spiacevoli, avendo spesso a che fare con persone ingrate e ambigue.

Il mio rapporto con l'Etiopia però non è terminato, poiché avevo molti contatti, sia con persone del governo, che con amici, tra cui soprattutto Worku, che ho continuato sempre ad andare a trovare, trattandolo come un fratello.

Il monumento del Leone di Giuda è uno dei monumenti più caratteristici di Addis Abeba. La statua, opera dello scultore Maurice Calka, fu commissionata dall'imperatore Haile Selassie ed eretta davanti al Teatro Nazionale nel 1954.

Nuova vita in Italia: progetti artistici

Vivo mesi di rabbia con il Ministero, e l'incertezza... se andarmene bruscamente sia la scelta giusta, anziché seguire il suggerimento di tutti... pazientare per qualche tempo, scusandomi ufficialmente della posizione presa... e poi esser mandato in India ad aprire un ufficio a Bombay, dove sarei stato io solo a gestire un nuovo centro culturale, poiché quello centrale di Delhi, sarebbe intervenuto minimamente...
Ma ormai ho deciso... non posso accettare il modo indegno in cui sono stato trattato... e del resto
mi sta venendo voglia di dar vita a qualcosa di nuovo... so bene che avrei diritto di riprendere la scuola, ma non ci penso nemmeno... l'idea di tornare indietro, non mi garba affatto... mi piace guardare in avanti... vengo a sapere che ho già la possibilità di andare in pensione con la minima... mi sembra conveniente, perché almeno mi garantisce il pane quotidiano e, nel frattempo, mi verrà in mente qualcosa da fare...
La cosa che mi pare più semplice è di riprendere a lavorare per le riviste... un lavoro che mi era piaciuto... chiedo alla redazione di Atlante, se sono interessati a dei reportage su paesi che conosco particolarmente... si dimostrano interessati... essendo curioso di sapere se l'India, che ho tanto amato, è cambiata in 25 anni, propongo un reportage sul Tamil Nadu, regione dell'India meridionale, ricca della la sua antica cultura... la proposta viene accettata... mi preparo bene, leggendo la storia del Tamil, che nel crogiolo di popoli, lingue, e religioni che costituiscono il mondo indiano, rappresenta la parte di più antica cultura... si tratta di un gruppo etnico dravidico, con propria lingua, di cui si conservano

documenti letterari risalenti a oltre duemila anni fa...

I Tamil si ritengono gli indiani per eccellenza, discendenti dei popoli che abitavano il subcontinente, prima dell'invasione Arya, avvenuta nel 2000 a.C... i conquistatori di allora, venuti dalle steppe della Russia, chiamavano i locali *pelle nera*, considerandoli dei poveretti senza naso, e idolatri, a causa del culto fallico da loro praticato... il cruento scontro tra i due popoli fu allora lotta tra due civiltà, che gradualmente si integrarono tra di loro... la religione si modificò... accanto alle antiche divinità vediche, personificazione delle forze della natura, si viene formando una trinità: Brahma, il dio creatore, Vishnù, il dio della clemenza e della conservazione, Shiva, il potente dio della distruzione.

Mi sembra strano partire per l'India, dopo tanto tempo da quando ci ero andato con Giuliano... sono curioso di vedere se rivivrò l'India con i medesimi occhi di allora...

Trovo subito le grandi metropoli assai diverse da come le ricordo... è logico che si siano sviluppate e modernizzate... sono contento di aver scelto il Tamil Nadu, che, in confronto al nord, pare sia rimasto ancora abbastanza legato alla tradizionale religiosità, che si respira ovunque... in ogni centro abitato, anche minuscolo, c'è un tempio o almeno un albero sacro, con l'effige del dio.

Presso i templi, si trovano botteghe artigianali, in cui si scolpiscono nella pietra le statue delle divinità, come da sempre fatto... si tratta di sculture di una bellezza anonima, un inno alla sensualità dell'universo, alla pienezza del dio, che si identifica nel cosmo, di cui l'uomo fa parte. Le movenze sono umane e divine, il viso è in genere assorto, quasi in contemplazione, mentre i seni e le anche delle divinità femminili sono di una rotondità gioiosa, sfarzosa, sovrumana. L'elemento erotico è onnipresente... l'unione del maschile e del femminile simboleggia l'incontro degli opposti, l'attrazione magnetica dei due poli, che si uniscono anche in Shiva, e trionfano nel lingam, simbolo fallico, che si vede in ogni tempio, a rappresentare la forza creatrice.

Contento del materiale che ho raccolto per il reportage, resto ancora diversi giorni, rimpiangendo il fatto che avrei potuto vivere per anni a Bombay, se il sacerdote Rosso non avesse voluto santificare il Massaia... per tornare con un bel ricordo dell'India, l'ultima sera me la godo partecipando a una serata di danzatrici, che si esibiscono di fronte alla folla, fino a tarda notte... impossibile dire se si tratti di una manifestazione sacra o profana...

Porto il mio lavoro alla redazione di Atlante, che non solo rimane soddisfatta, ma mi propongono di fare un reportage sull'Etiopia, che sta attraversando un periodo difficile, a causa di una persistente siccità...

Sanno che ci ho vissuto cinque anni e mi chiedono di proporre anche altri reportage... in ogni caso, avrebbero bisogno di un servizio sul Madagascar... sono contento di aver risolto così facilmente il problema *denaro*... ma mi fa piacere anche il riprendere a girare il mondo, fotografandolo... mi fa rivivere un'altra vita... ora però, mi sento maggiormente attratto dal mondo della creatività, dal senso artistico... non ho le idee chiare su cosa fare, ma sono convinto, che questa sia la direzione dove andare...

In Etiopia, avevo fatto amicizia con un giovane francese, medico, il caro Bernard, appassionato del volo, al punto di comperarsi un piccolo aereo... ma era anche appassionato di fotografia... un tipo veramente in gamba... diventiamo amici... dopo che ero rientrato a Greccio, vengo a sapere che vive in Francia da almeno un anno, e lavora come medico, con un suo studio... Io vado a trovare... bell'incontro amichevole... mi fa vedere certi giochetti che fa con le sue foto... usa due proiettori, passando dall'uno all'altro con sfumature opportune, con un sottofondo di testo, parlato e con musica... la cosa mi piace e quando torno a casa, mi attrezzo e provo a giocare in modo simile con le migliaia di foto che ho sull'Etiopia... interessante!... mi viene subito l'idea di utilizzare questo sistema per tematiche sorprendenti, di tipo curioso, poetico... ci provo, gliene parlo al telefono, e lui mi viene a trovare con il suo piccolo aereo, che può atterrare praticamente in qualsiasi spianata... ci mostriamo l'un l'altro i nostri lavori... mi dice che in Francia esistono gruppi di fotografi, che si divertono con questa modalità, e ogni tanto organizzano interessanti serate per il pubblico... decidiamo di individuare altri fotografi interessati a una collaborazione, e io mi do da fare per trovare una sala adatta... quattro mesi dopo, abbiamo la sala del cinema di Rieti per una serata, e ben sedici fotografi che proiettano il proprio lavoro, compresi noi due... è una piacevole serata, con un folto pubblico reatino, e molti si ricordano di me come *il prof di inglese*... infatti, parecchi di loro sono miei ex-studenti...

Il giornale locale ne parla... a me piace l'idea di sviluppare questo modo di usare la fotografia, per cui cerco di conoscere quali siano i gruppi in

Italia, e altrove, che si divertono con questo sistema... mi diverto anch'io, usando vecchie foto e facendone di nuove appositamente...

Continuo a fare reportage per le riviste, dato che è un modo per guadagnarmi da vivere, ma partecipo a vari incontri fotografici di questo settore, perché la cosa mi piace sempre più, e intendo continuarla, sviluppando idee originali... dopo qualche tempo, avendo ormai realizzato una ventina di spettacoli, che ho fatto vedere in varie situazioni, sia in Italia che all'estero, un assessore comunale di Rieti, Gianni Turina, mi chiede se sarei in grado di presentare uno spettacolo di almeno un'ora nella grande sala del Circolo di Lettura, a fianco del teatro, per dar vita al suo programma culturale, che fa fatica ad avere successo, come talvolta capita per mancanza di pubblico... ci ragiono un paio di giorni... ripenso al *Karnhoval*, che era stato un grande successo... ormai conosco bene diversi artisti in Italia e all'estero, che praticano l'arte della multivisione... ci ripenso per giorni... e decido di accettare... so che l'assessorato ha poche possibilità economiche, ma ottengo che venga pagato almeno il viaggio degli artisti più importanti, che intendo invitare... il gioco è fatto... avrò a mia disposizione per vari giorni la grande maestosa sala a fianco del teatro... sta a me riuscire a dar vita ad uno spettacolo sufficientemente accattivante, in modo da convincere il pubblico a partecipare in massa alla manifestazione...

Ho tre mesi di tempo per organizzarmi... mi metto in contatto con i pochi centri italiani attivi nel settore, e li convinco che a Rieti il livello della multivisione sarà notevole, perché ci saranno parecchi stranieri... sto rischiando, com'è mia abitudine... faccio un giro in Francia, Inghilterra e Germania per trovare i migliori foto-artisti, bravi in questo settore... ottengo numerose partecipazioni... e qualcuno, particolarmente in gamba, ma reticente a spostarsi, lo convinco dicendo che gli verrà offerto anche l'albergo...

Due mesi dopo, porto in Comune il testo per il manifesto del programma... è la prima volta che a Rieti vedono un così alto numero di artisti stranieri... alcuni amici mi dicono che sentono parecchia gente parlare di questo spettacolo che sto preparando, che hanno visto il manifesto, e sono curiosi di venire... certamente, ha giocato il fatto, che molti ricordano il tempo del cinema d'essai per la scuola, del gruppo Llullallaco

e di altre attività legate al nome dello strano prof. di inglese che ero stato... in ogni caso, lo spettacolo è un vero successo... la sala del teatro, spesso semivuota, durante i nostri spettacoli è al completo... applausi a non finire...

Mi pare evidente che ho in mano una carta che può portare frutti... si tratta di farla maturare... da una parte, partecipo con i miei lavori,

in ogni occasione in cui si possono incontrare artisti di valore, dall'altra inizio a sondare se la città potrebbe veramente essere disposta a investire in un progetto di rilievo, per attirare pubblico, come fa Spoleto, con il suo Festival... penso a un evento del genere, tutto puntato sulla fotografia in movimento... ipotizzo la possibilità di dar vita a "Arte Multi Visione", così si chiamerà l'associazione che farei nascere, per poter regolarizzare ufficialmente un festival... incomincio a parlarne con qualche amico.. so di poter ancora usufruire del locale usato per Llullallaco, in quanto sia Osanna che Enzo sono pronti a collaborare, anche se ormai camminano ognuno per la propria strada... immagino l'idea di un vero festival, che ovviamente attiri pubblico anche da Roma...

Con molta tenacia, e mettendomi in contatto con le persone giuste, in Provincia e in Regione, oltre che al Comune, alla Camera di Commercio e a varie persone di rilievo... riesco a creare un gruppo di persone che credono in Arte Multi Visione, che ufficializzo come associazione culturale, della quale Catherine Girault, che ormai da anni è diventata mia compagna, e Ubaldo Munzi, carissimo amico, saranno i collaboratori più stretti, dando vita a una direzione a tre, ognuno col proprio settore. Il tutto viene deciso nella primavera del 1994... passata l'estate, all'inizio di settembre si inizierà il festival... faccio una scappata in Germania per assistere alle giornate annuali di fotografia, dove ero già stato, e sapevo che avrei incontrato persone interessanti... tra la ventina di fotografi che espongono, scelgo i cinque migliori, e propongo loro di venire a settembre a Rieti... sarò in grado di ospitarli... rischio, perché so già che avrò un budget da spendere, ma non conosco ancora il quantum... mi faccio coraggio da solo, e spero nella mia solita fortuna... infatti, ecco un tocco di lei: l'ultima sera del convegno... un'americana, Nancy Lytle, fa vedere il suo lavoro, con quattro proiettori... spettacolo sorprendente, che mi piace veramente... la complimento, andiamo a cena insieme e le racconto il progetto del mio festival... la cosa la entusiasma... ama molto l'Italia, dove è già stata due volte... le piacerebbe venire, e mi parla anche di suoi amici, che sono attivi quanto lei nel campo della multivisione... da come si comporta, penso che sarebbe bene se potesse venire... ma non voglio correre troppo... sono solo all'inizio del progetto... ritorno a Rieti e mi consulto con gli altri... passiamo due settimane, cercando di sapere,quale sarà il budget su cui contare... e le spese da affrontare... nell'insieme, pare che siamo sulla buona strada... avremo l'intero teatro a nostra disposizione... grazie a Catherine e a Ubaldo, stiamo trovando parecchia pubblicità, che arricchirà il catalogo del Festival, portando denaro alla cassa, gestita da Ubaldo alla perfezione, mentre Catherine si dà da fare a trovare ragazze, che daranno una mano volontariamente durante la manifestazione... tutto sta diventando giocoso e simpatico... decido di fare una volata a Londra e in California per parlare con Nancy, con cui sono rimasto in contatto, sia per lettera, che per telefono...

potrebbe essermi molto utile... è per questo che volo a San Francisco, per conoscerla meglio... sapendo che ama l'Italia, le do un'immagine positiva e gioiosa di come sarà il festival... lei commenta: "Lo credo, voi siete sempre più bravi di noi a divertirvi"... dopo due giorni, non solo lei si decide a venire al festival, ma convince alcuni artisti americani e inglesi a partecipare... successo insperato... sento che il festival funzionerà... il catalogo che stiamo preparando sta diventando

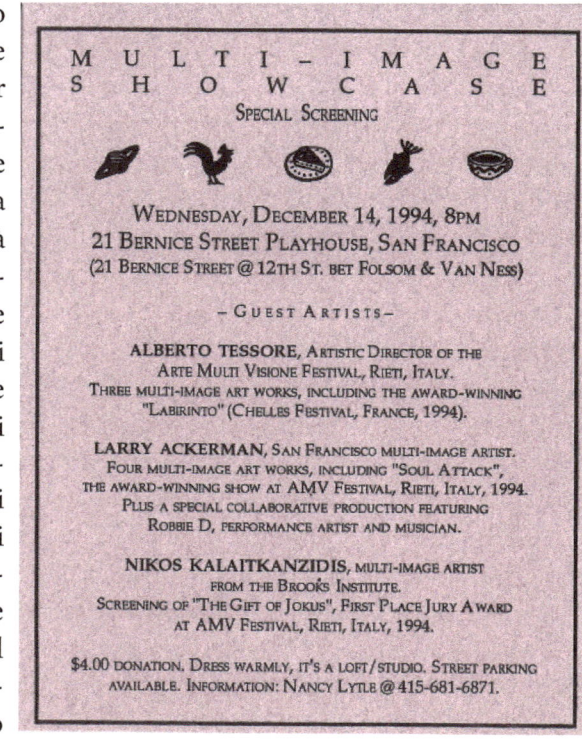

MULTI-IMAGE SHOWCASE

SPECIAL SCREENING

WEDNESDAY, DECEMBER 14, 1994, 8PM
21 BERNICE STREET PLAYHOUSE, SAN FRANCISCO
(21 BERNICE STREET @ 12TH ST. BET FOLSOM & VAN NESS)

– GUEST ARTISTS –

ALBERTO TESSORE, ARTISTIC DIRECTOR OF THE
ARTE MULTI VISIONE FESTIVAL, RIETI, ITALY.
THREE MULTI-IMAGE ART WORKS, INCLUDING THE AWARD-WINNING
"LABIRINTO" (CHELLES FESTIVAL, FRANCE, 1994).

LARRY ACKERMAN, SAN FRANCISCO MULTI-IMAGE ARTIST.
FOUR MULTI-IMAGE ART WORKS, INCLUDING "SOUL ATTACK",
THE AWARD-WINNING SHOW AT AMV FESTIVAL, RIETI, ITALY, 1994.
PLUS A SPECIAL COLLABORATIVE PRODUCTION FEATURING
ROBBIE D, PERFORMANCE ARTIST AND MUSICIAN.

NIKOS KALAITKANZIDIS, MULTI-IMAGE ARTIST
FROM THE BROOKS INSTITUTE.
SCREENING OF "THE GIFT OF JOKUS", FIRST PLACE JURY AWARD
AT AMV FESTIVAL, RIETI, ITALY, 1994.

$4.00 DONATION. DRESS WARMLY, IT'S A LOFT/STUDIO. STREET PARKING
AVAILABLE. INFORMATION: NANCY LYTLE @ 415-681-6871.

un vero libriccino, scritto in italiano e in inglese, per far conoscere ogni artista che sarà presente, e la sua opera, il che tornerà assai utile alle due giurie... infatti ne sono previste una composta da cinque esperti e una popolare, a cui può partecipare tutto il pubblico... saranno le due giurie congiunte, a premiare i tre migliori artisti...

A inizio settembre il lavoro diventa complesso... pochi giorni prima dell'8 settembre, incominciano ad arrivare decine di artisti, che vengono da vari stati europei, e anche dal Giappone e dagli USA... dei 45 artisti in gara, con opere che durano da un minimo di due minuti a un massimo di 30, quindici sono le persone che conosco personalmente, mentre trenta, sono quelli accettati tra i 42 che avevano inviato il loro lavoro da esaminare.... da giovedì a domenica, mattina-pomeriggio e sera, vengono proiettati i lavori degli artisti... la sala è sempre affollata di pubblico, che partecipa anche alla scelta dei vincitori.

Il primo premio va a *Lichtmusik,* opera creata da Franz, un artista austriaco, che da anni sviluppa spettacoli molto originali... qui, ne ha presentato uno con quattro proiettori, su di un unico schermo... lavoro della durata di 30 minuti, con musiche complesse e un testo poetico, in parte tratto niente meno che da Dante:

"Per me si va nella città dolente
Per me si va ne l'eterno dolore
Per me si va tra la perduta gente
Giustizia mosse il mio alto fattore"...

Su testi del genere intervengono attori, danzatori, musicisti... che interpretano temi come l'inferno, l'esilio, la pazzia, l'amore, il dolore, l'odio... opera veramente eccezionale, che ha lasciato il pubblico sorpreso, stordito... il giorno della premiazione il pubblico ha chiesto addirittura un bis, seguito da un battimano a non finire, e gioia diffusa.

Catherine svolge il ruolo di vicedirettrice, aiutandomi a tener testa a tutto... infatti l'insieme è talmente complesso, che perfino Dorian, che ha ormai la propria vita totalmente autonoma, è venuto a darmi una mano... ci sono anche dei workshop per bambini, degli incontri dibattito, mostre fotografiche e installazioni multimediali... la cosa più sorprendente, è lo spettacolo di Nancy, che ha convinto a venire alcuni suoi amici da San Francisco... grandioso spettacolo, che si fa la sera in un cortile, con le mura intorno che funzionano da schermo semicircolare, nel bel centro di Rieti... si tratta di 15 proiettori, che si accendono quasi contem-

poraneamente, illuminando le varie parti del cortile... lo spettacolo, dal titolo *Cortile contrappunto,* dura 18 minuti e viene ripetuto fino a mezzanotte...

Il successo è

strepitoso, i giornali ne parlano ampiamente, il Comune, e tutti gli enti che hanno contribuito a dar vita alla manifestazione, sono soddisfatti, e danno per certo che il festival si ripeterà... è talmente evidente, che prendo contatti con il Comune per rendere il Festival annuale, in modo da poter programmare l'evento con calma, cercando di far intervenire i migliori fotografi del settore, da ogni paese del mondo e, allo stesso tempo, decidere le date, in modo da poter utilizzare con certezza, l'intero spazio del teatro comunale.

Per due anni, miro ad allargare il contenuto del Festival... Gli spettacoli di multivisione restano il fattore principale, e ogni anno fanno venire artisti mai visti prima, come quelli giunti dalla Polonia e dall'Ungheria; non avevo invitato questi paesi, non avendo contatti diretti; ma gli artisti stessi hanno chiesto telefonicamente di poter partecipare, il che significa che avevano inteso parlare in modo assai positivo del Festival, e le loro opere, all'arrivo per il controllo, mi risultano splendide.
Dato che ora abbiamo il teatro a nostra totale disposizione, ritengo che sia interessante, durante il Festival, inserire anche spettacoli teatrali.

È il caso di Massimo Achilli, noto come Max, che avevo conosciuto quando ha partecipato la prima volta ad Arte Multi Visione, ed aveva-

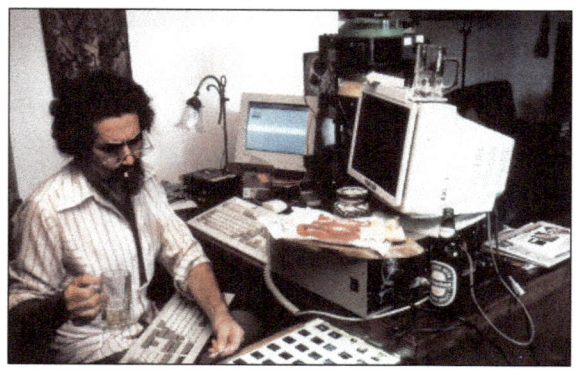

mo subito sviluppato un inizio di amicizia... Max vive a Orvieto, dove è ben conosciuto, in quanto gestisce uno spazio teatrale... essendo venuto un giorno a trovarmi a casa, casualmente prende in mano il mio libro *Camere a gas*, scritto vent'anni prima, in stile Gruppo '63, che all'epoca frequentavo... non avevo mai deciso di pubblicarlo, perché non mi convinceva pienamente... Max lo sfoglia... ne legge alcune pagine... lo interessano... mi propone di fare insieme uno spettacolo teatrale, partendo da quel libro.. così nasce *Il*

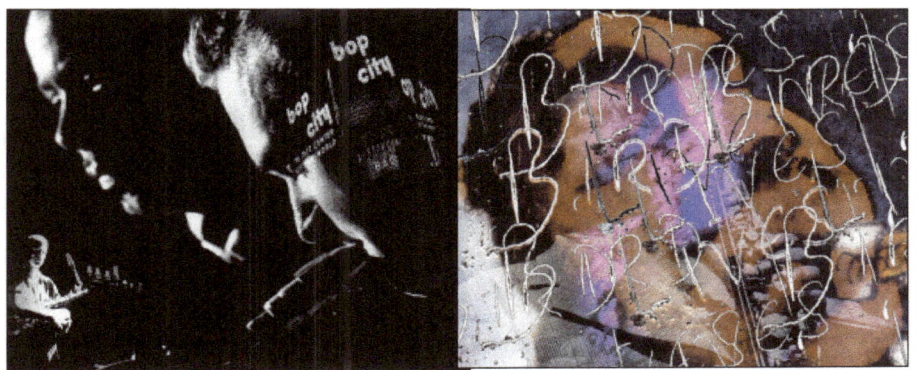

nastro, realizzato nel quadro di Umbria Jazz Winter, che Max frequentava da tempo... il risultato è veramente buono, ed entrambi restiamo soddisfatti...

Con piacere reciproco iniziamo un periodo di collaborazione, che durerà per anni, facendo spettacoli insieme, in varie situazioni... come l'installazione multimediale *JAZZZZZ* e soprattutto lo spettacolo *De corporis fabrica*, realizzato nel teatro di Rieti, durante il festival AMV... vero spettacolo di multivisione, in quanto l'enorme schermo del teatro prende vita, grazie a decine di foto del corpo della danzatrice Valentina, che contemporaneamente sta veramente ballando in scena, dando quindi continua ricchezza a ciò che si vede sullo schermo...

Visto l'enorme successo, l'anno precedente, di *Cortile contrappunto*, proiettato all'aperto, voglio avere uno spettacolo simile, possibilmente però fruibile durante tutto la giornata... a fianco della cattedrale, ci sono gli archi del palazzo papale, spazio che può funzionare assai bene, in quanto è completamente coperto, ma con due pareti rette solo da colonne, che quindi lasciano passare la luce... invito a venire un amico, Gianfranco Iannuzzi, che da anni lavora in Francia, realizzando spettacoli del genere... viene con molto piacere e riesce a dar vita a uno

spettacolo fantastico... coprendo una parte dello spazio degli archi del vescovado, con un grande telone di plastica per terra, riesce a realizzare un laghetto, che a mo' di schermo, si illumina grazie a numerosi proiettori sparsi nel soffitto, in modo da dare l'impressione di essere a Venezia, vedendo i vari canali e palazzi illuminati in modo continuamente diverso.

Altre novità del Festival sono una serie di mostre fotografiche e di spazi lasciati liberi per alcuni artisti, che sanno stupire il pubblico, facendolo entrare uno alla volta, e sperimentando scherzi che riguardano immagini proiettate, o altre idee curiose legate al mondo della fotografia...

Visto il successo senza pari della manifestazione, con buona parte del pubblico, che viene anche da Roma, decidiamo di realizzare spettacoli del genere anche per le feste di Natale... da parte mia penso che se si

continua così, Rieti potrebbe diventare città nota in tutta Europa, grazie alla multivisione, cosa che porterebbe vantaggi economici non indifferenti.

Ormai vivo di questo settore dell'arte... sono spesso a Milano, Torino e altre città, sia in Italia che all'estero... utilizzando spazi teatrali, ma anche scolastici... con grande piacere, invento nuovi lavori, collaborando con artisti noti, come il pittore Kokocinsky... nel caso suo, fotografo numerosi particolari dei suoi quadri, facendoli vivere con vari proiettori, creando così uno spettacolo di grande impatto, grazie anche al testo poetico e la musica scelta appositamente... la sala Cutu di Perugia, ci accoglie frequentemente con tali spettacoli di rilievo, come pure il mio *Metamorfosi*... 230 diapositive di una danzatrice con il corpo dipinto, sulla musica di *Sagra di primavera* di Strawinsky

Sono anche divenuto amico di un musicista di rilevo, il saxofonista Roberto Laneri, che per vari anni fa parte del nostro gruppo, abile come è a improvvisare musica, attinente a nuovi spettacoli... è a lui infatti che chiedo di suonare in pubblico, quando abbiamo spettacoli teatrali, e anche di creare la musica per delle situazioni, che devono essere registrate, come gli spettacoli che vengono ripetuti a catena... ad esempio le mostre, che restano aperte per lungo tempo.

Nonostante l'enorme successo, dopo la terza edizione del Festival, trovo difficoltà nel dar vita al quarto anno... si dovrà saltare un anno... son molto deluso con gli enti pubblici, che non si comportano in modo chiaro... perché sospendere per un anno?

Trovo la situazione assurda, ma per fortuna mi viene spontaneo produrre spettacoli nuovi... per un anno non ci sarà il Festival, ma avrò il piacere di riempire i mesi con opere d'arte...

Come lavoro volentieri insieme a Max, così è con Ivan Tanteri, attore che per anni è stato con il gruppo teatrale Potlach... per poi mettersi in proprio, lavorando sia in Italia che all'estero, come quando è restato per mesi in Sudamerica.

Siamo veri amici e lavoriamo talmente bene insieme che, una sera, venuto a fare una prova per un mio spettacolo, nello scantinato di casa, poiché non abbiamo uno spazio adatto in città, iniziamo dicendoci che vogliamo provare *fino a mezzanotte*... a un certo punto, comincio a sentirmi un po' stanco... guardo fuori... è l'alba!... andiamo in cucina a prepararci una splendida colazione...

Constatando che gli spettacoli che organizziamo, basati sulla multivisione, quindi con proiettori che illuminano ogni parte dello spazio che è stato scelto, hanno sempre notevole successo... mi viene l'idea di uno spettacolo che sia un inno all'amore... tematica che se ben messa in atto, coinvolge sempre il pubblico... vorrei trovare però uno spazio, che sia non troppo grande, ma della giusta misura, in cui possa prender vita l'amore... cerco un po' da per tutto, e finalmente mi decido, avendo ottenuto dal Comune di Terni l'uso della cappella di Palazzo Gazzoli... una vera ex chiesa, che per lungo tempo ha vissuto di amore divino... e dove ora intendo mettere in luce l'amore terreno, con poesie degli antichi greci, di Dante e anche di poeti moderni... il tutto a sottolineare che l'amore è sempre stato la chiave della vita... l'idea proprio mi piace... e quando la propongo a Max, accetta con entusiasmo di collaborare... ci confrontiamo con parecchi problemi tecnici, ma, alla fine riusciamo a piazzare numerosi proiettori, che illuminano l'intera cappella... con fotografie d'arte, che passano da una parte all'altra delle pareti, arrivando fino sull'arco del soffitto... questo complesso visivo, grazie anche alla bella voce, registrata, di Ilaria Drago, che declama le poesie, accompagnate dall'imponente fondo musicale... riempe lo spazio di grandiosità d'amore... è un trionfo... per ben 18 giorni, la cappella rimane aperta al pubblico. che si gode gratuitamente lo spettacolo.

Trascorso l'anno, durante cui ho sempre tenuto il contatto con il Comune, per sapere fino a che punto avrebbero continuato a finanziare il Festival, riesco finalmente ad assicurarmi il loro appoggio, anche se in versione più limitata... pianifico il progetto in maniera più modesta... invito meno artisti, per limitare il numero di biglietti aerei che devo acquistare... scelgo iniziative meno costose, se pur di sicuro successo... quando tutto è pronto, partiamo col medesimo entusiasmo...

Il giorno in cui si inaugura il Festival, sono in piazza per risolvere alcuni problemi, quando, con mia grande sorpresa, vedo arrivare un amico di San Francisco, a cui avevo scritto che non ero in grado di invitarlo, per mancanza di denaro... mentre ci abbracciamo, mi dice: *"Ho voluto venire a mie spese... questo incontro di Rieti è il migliore che conosca... qui, si vedono le vere novità artistiche... unico posto dove si impara ancora qualcosa"...* Sono felice, anche perché sono l'ideatore e realizzatore di uno spettacolo, *Nella foresta incantata*, che è in mostra in un nuovo grande spazio del Comune, ristrutturato per la nuova biblioteca, che vi sarà sistemata tra pochi mesi, ma che per il momento è vuoto... ho programmato uno spettacolo in vari spazi, per cui ci vogliono ben 20 proiettori... grosso sforzo per me, che ho pure la responsabilità del Festival, ma ho voluto mettermi alla prova, confrontandomi con un tipo di spettacolo, con cui non mi ero mai cimentato... per fortuna, il risultato è ottimo...

Come sempre, usiamo il teatro per proiettare sullo schermo tutti gli spettacoli degli artisti invitati... mentre in questo nuovo spazio, che siamo autorizzati dal Comune a utilizzare, vari artisti producono installazioni, tra cui interessante è quella di Catherine, specializzata in opere per bambini... lei ha pure sviluppato un progetto per le scuole, preparando il materiale necessario agli insegnanti, a cui terrà un breve corso, per insegnar loro come utilizzare il materiale in classe.

Il Festival termina tra mille abbracci... ma purtroppo, ho la sensazione che siamo alla fine... con il cambio politico delle province, divenuto definitivo nella regione Lazio, l'ufficio di Rieti non paga il denaro che aveva fissato per il nostro Festival... come spesso capita, gli enti decidono una certa cifra, che però pagano solo a lavoro ultimato, spesso con un certo ritardo... ne ero abituato e anticipavo con soldi miei, prestati all'associazione AMV, fidandomi degli uffici competenti... questa volta invece, risulta arduo riuscire a incassare la somma stabilita... dovrò aspettare mesi prima di essere rimborsato...

Purtroppo, il Festival muore... resto molto deluso... è un'enorme perdita per Rieti... il Comune non ha saputo gestire una situazione, che avrebbe potuto diventare una ricchezza a livello europeo.

Mi prendo qualche giorno di riposo... e poi un paio di settimane in montagna per "far pulizia" nella testa... ipotizzare cosa fare ora... sono abituato a cambiare... ma ogni volta che finisce un'avventura, devo aspettare tranquillo, che ne cominci una nuova...

Utilizzo il tempo per mettere un po' di ordine nelle cartacce, che sono solito accumulare insieme ai miei diari... mi rendo conto di avere decine di appunti del tipo... *cos'è l'arte? a cosa serve? chi decide cosa è bello e cosa non lo è? i bambini sono tutti artisti?*

Ed ecco l'idea giratami in testa da tempo... scrivere un libro sull'arte... l'idea mi piace... penso di potermi mettere al lavoro... mi rendo conto che sarà un'impresa enorme... ma sono libero... non ho più l'impegno del festival... ho tutto il tempo per me... tanto vale aprire una nuova strada... sono abituato a cambiare stile vita... almeno mi darà la soddisfazione di dimostrare che *tutti i bambini hanno un tantum di creatività*, che spesso viene stroncata dalla scuola o dai genitori... ovviamente, il *quantum* di idee personali è ben diverso, a seconda dei bambini... alcuni hanno la tendenza e il talento per l'arte, giocando sviluppano idee in mille modi... mentre altri, meno fortunati, non ricevendo stimolo né dai genitori, né dalla scuola, ripetono svogliatamente le poche cose imparate a scuola, come capita quando si studiano a memoria certe poesie, senza che l'insegnante sia stato in grado di trasmetterne l'essenza... quindi, da grandi, o non andranno mai a vedere mostre e musei, oppure, andandoci, ripeteranno banalmente ciò che hanno sentito dire, riguardo alle opere esposte, senza penetrarne e gustarne l'essenza... il mio intento sarà proprio quello di dare risposte alle persone, che, inevitabilmente, si pongono il problema di non riuscire a interpretare l'arte contemporanea, così diversa da quella dei secoli precedenti...

Avendo finalmente tutto il tempo necessario, compero vari libri sull'arte, per approfondirne la conoscenza... dopo più di un anno di lavoro, incomincio a scrivere seriamente quasi 200 pagine, ricche anche di fotografie, necessarie a un testo sull'arte... e quando mi pare maturo, lo presento, con il titolo *Opera d'arte, sì o no? Arte come modo di vivere*, al direttore della collana d'arte Guida, editore di Napoli, che lo pubblica, inviandomene dieci copie...

Lo trovo ben stampato, con

ALBERTO TESSORE

Opera d'arte, sì o no?

Arte come modo di vivere

Guida

tutte le numerose illustrazioni, purtroppo in bianco e nero, non ideale per delle opere d'arte, ma accettabile... sono soddisfatto... ricevo varie telefonate di amici, che non vedo da quando frequentavo il Gruppo '63... hanno comperato il mio libro alla libreria Feltrinelli di Roma, e mi fanno i complimenti... mi fa piacere constatare che il libro circoli... mi piacerebbe farne un altro... ci penserò in futuro...

Nel frattempo penso seriamente a mio figlio Dag, fortemente portato allo studio, fin da quando frequentava le medie e imparava per conto suo il cinese... aveva trovato in casa un libretto, che io avevo comprato a Londra anni prima, per avere una idea del funzionamento degli ideo-grammi... ma che poi non avevo utilizzato... Dag, quando lo vide, se ne impossessò per studiarlo... tanta era la sua passione per le lingue, che la mattina si alzava presto per dedicare una buona mezz'ora a ricopiare i caratteri cinesi, prima di andare a scuola, il che comportava pur sem-pre 10 buoni minuti di bicicletta, con zaino a spalle, per arrivare alla stazione, e poi altri 10 minuti di treno per arrivare al ginnasio a Rieti. Durante il liceo e l'università, il suo interesse per le lingue e le religioni diventa senza limiti... decide di fare la tesi di laurea sul Corano... quindi impara l'arabo e approfondisce la conoscenza della religione islamica.
Il giorno stesso della laurea, decide di entrare in un monastero cister-cense con l'intento di dedicarsi totalmente a Dio, in qualità di monaco... lo accompagno fino alla porta del convento, e mi dice: "Adesso ti chiedo di non telefonarmi, ne scrivermi, fino a quando non mi faccio vivo io"... spiacevole per me... ma rispetto la richiesta... quando però, dopo soli due mesi, ricevo una sua lettera, che leggendola mi fa immediatamente capire che non è soddisfatto, vado dall'abate del monastero, dicendogli che desidero vederlo... dopo due ore insieme, mi è chiaro che avrebbe abbandonato il convento... infatti dopo solo un mese, improvvisamente arriva a casa...
Serate intere, fino a notte inoltrata, a discutere il futuro della sua vita... il senso che le vuole dare...
per fortuna dopo vari mesi di incertezza, mette a frutto la sua cono-scenza delle lingue e del mondo religioso, trovando lavoro in ambienti cattolici, insegnando in diversi Istituti, e anche lavorando come segreta-

rio dell'Arcivescovo di Pescara... inoltre fa traduzioni di testi dal greco e dal latino...

Poi, va a vivere in Grecia, conoscendo già bene il greco, sia antico che moderno... frequenta il parroco della chiesa ortodossa locale il quale, rendendosi conto della sorprendente conoscenza in campo religioso di Dag, ne parla al metropolita, che, non trovando un parroco per un paese montano, dove la gente è restata da tempo senza il prete, lo consacra sacerdote...

Per vari anni fa la vita da parroco... ma poi, per motivi famigliari, decide di abbandonare la Grecia, e si trasferisce in Marocco... manifesta un profondo interesse per l'Islam, e si stabilisce in un paese musulmano, in un'epoca in cui alcuni estremisti commettono brutali uccisioni dei nemici e dei dissidenti... soprattutto in Siria, dove ha preso vita uno Stato, rigidamente islamico, in cui è quotidiano venir uccisi, se non si rispetta esattamente la legge coranica...

Temendo che Dag possa diventare un estremista, sento che è mio dovere chiarire il suo rapporto con l'Islam, religione di cui la mia conoscenza è limitata, ma della quale in Europa si discute enormemente, soprattutto in Francia, dove vivono molti islamici, e succedono spesso episodi di gravissimo terrorismo, con morti e feriti...

Finora non avevo mai interferito nella vita dei miei due figli... Dorian, con una buona laurea in ingegneria, per qualche tempo si interessa più di arte che di ingegneria, ma ero convinto che sarebbe riuscito a pianificare la sua vita come meglio crede, e che prima o poi avrebbe trovato la sua giusta strada.... mentre con Dag, conoscendo il suo profondo interesse per la religione, avevo timore che si avvicinasse troppo agli estremismi, che considero sempre pericolosi, quindi voglio comprendere fino a che punto il suo pensiero accetti tali estremismi...

Gli propongo quindi di venirmi a trovare a Greccio per qualche settimana... desidero stare un poco insieme... abbiamo sempre avuto un ottimo rapporto... passiamo intere giornate a parlare di religione, esprimendo le nostre posizioni non solo diverse, ma spesso contrarie... arriviamo alla decisione di fare insieme, niente di meno che un libro... tre mesi di discussioni continue... confrontando i nostri punti di vista... ottima esperienza per conoscerci meglio...

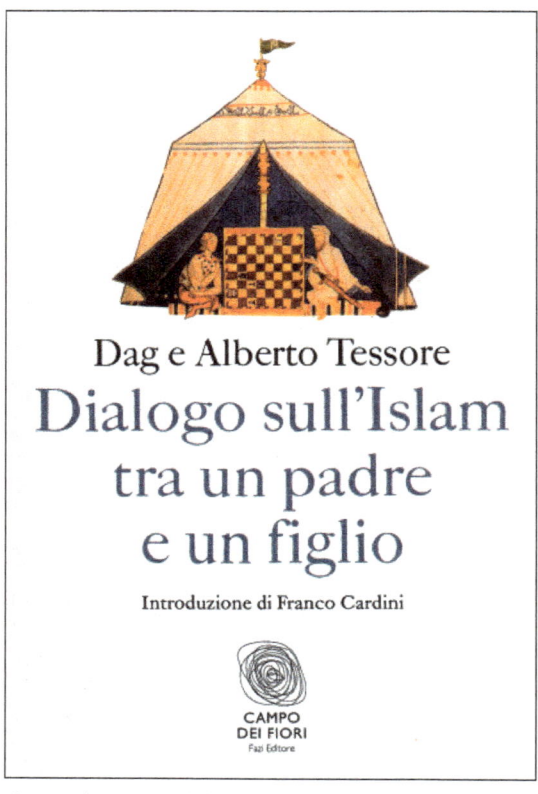

Dag e Alberto Tessore

Dialogo sull'Islam tra un padre e un figlio

Introduzione di Franco Cardini

CAMPO
DEI FIORI
Fazi Editore

Dopo vari mesi esce il libro *Dialogo sull'Islam tra un padre e un figlio*, con introduzione di Franco Cardini... Il libro è un continuo confrontarsi... parlando e discutendo... e al contempo ascoltando, rimettendo in forse le proprie convinzioni, per cercare di comprendere quelle dell'altro... intende essere una riflessione approfondita sulla religione islamica, e il suo impatto sulla storia e sul mondo odierno. Inoltre questo confronto con Dag mi fa capire che i miei timori su un suo possibile avvicinarsi all'estremismo islamico erano infondati.

Quando esce il libro... è un discreto successo... ma mi è costato fatica... per cui ora sento che aver lavorato intensamente a due libri, di argomenti così impegnativi, come l'arte e la religione... merita qualcosa di nuovo...

Ripenso sovente a quanto era piacevole fare il festival di AMV... cerco di ipotizzare cos'altro potrei inventare di quel genere... l'idea di tornare attivo nel mondo dell'arte, incontrando artisti più o meno giovani, mi attira... forse, potrei prendere spunto dal mio libro sull'arte... tirarne fuori qualcosa, che mi piaccia... e poi realizzarla... la mia testa diventa una girandola... a furia di ipotizzare, trovo un'idea che mi soddisfa... *l'arte contemporanea è spesso incomprensibile* per persone che frequentano i musei... perché, senza pensarci, la paragonano a quella classica, che conoscono e amano, ritenendola, erroneamente, l'unica valida... spesso, senza rendersi conto che è cosa assai diversa... da affrontare senza paragonarla ad altro... *e se provassi a rovesciare la cosa?... mostrare opere contemporanee a un pubblico inesperto, che non frequenta né musei né gallerie... quindi, ovviamente, non fa paragoni, che spesso rendono incomprensibili ai più certe opere odierne...*

L'idea mi pare interessante, ma come realizzarla?... gira e rigira... mi viene l'idea, che la strada potrebbe essere quella di provare a convincere un professore di storia dell'arte, a portare un certo numero dei suoi studenti dell'ultimo anno, abituati ovviamente a vivere in una città con musei e gallerie d'arte, ché infatti è in città del genere che esistono le migliori scuole d'arte...

L'idea dunque sarebbe di portare, diciamo una ventina di giovani artisti a vivere in semplici paesi, piuttosto lontani da una città, e a creare opere d'arte in loco, che poi resterebbero in paese come dono per gli abitanti... l'assessore Rinaldi trova il progetto interessante... è disposto a collaborare...il primo passo è fatto... ora viene il più delicato... individuare un professore di storia dell'arte, che avrà il ruolo fondamentale del progetto... come sempre, è meglio puntare in alto... so che Penone, artista piemontese di fama mondiale, è insegnante presso l'École des Beaux-Arts di Parigi... potrebbe essere la persona giusta... non solo è un artista assai noto, ma ha in mano Parigi, che tuttora è uno dei massimi centri d'arte del mondo...

Lo cerco al telefono... lo vado a trovare a Torino, dove ha uno studio... gli propongo l'idea... mi guarda un po' stranito, ma lo vedo abbastanza attento... mi suggerisce di andarlo a trovare a Parigi, dove potrò incontrare i suoi studenti... intuisco che ci sta pensando con interesse... dopo tre giorni, vado a Parigi, e passiamo una giornata insieme... mi è chiaro che ha preso l'idea sul serio... lui ha un ruolo assai importante nella sua scuola, che è il meglio che ci sia a Parigi in questo settore... dopo 15 giorni viene a Roma una prima volta, per vedere i paesi che potrebbero ospitarci, parlando anche con i relativi sindaci... ritorna dopo un mese insieme a venti studenti, che devono vedere i luoghi, e possibilmente scegliere in che paese lavoreranno, per poi essere in grado di decidere quale lavoro potranno preparare... Penone ha deciso che il progetto diventi il compito dell'anno scolastico... le opere degli allievi dovranno essere in stadio avanzato, quando, a maggio, torneranno nei paesi per loro stabiliti, per restarvi una settimana abbondante, al fine di completare l'opera... tenendo conto del rapporto che avranno con il pubblico, che li vedrà lavorare a realizzare la loro opera... che spesso sarà a prima vista incomprensibile... il che è esattamente ciò che desidero... poter osservare come reagiscono persone totalmente estranee all'arte contemporanea... vedendo però dei giovani che sono contenti di creare opere che considerano arte...

A maggio, prima che gli artisti si rechino nei vari paesi stabiliti, si ha l'inaugurazione a Villa Medici, splendido palazzo nel centro di Roma, che però da oltre un secolo appartiene alla Francia, dove infatti interviene anche il direttore generale dell'accademia, venuto appositamente da Parigi, a sottolineare l'importanza della manifestazione... Penone sottolinea che mondialmente è la prima volta che avviene un incontro del genere, tra giovani artisti all'ultimo anno del loro studio, i quali espongono direttamente alla vista del pubblico il proprio lavoro di fine anno scolastico...

Per fortuna, mi son dato da fare per avere la stampa presente, grazie alla quale arriverà poi molto pubblico... su vari giornali si leggono cose del genere: *l'arte è elemento vitale della vita... è presente per le strade... nelle vetrine... non è un bene di lusso... ma pane per tutti...*

Non potevo avere un più soddisfacente successo, dopo che il mio libro sull'arte è stato mandato al macero, perché l'editrice napoletana Guida ha chiuso la collana.

La manifestazione, nei quattro paesi prescelti, ottiene successo... i giornali di Roma ne parlano e, durante i mesi estivi, il sabato e la domenica, i paesi sono spesso affollati di gente venuta da Roma.

Visto il successo, inizio subito a pensare all'anno prossimo... è ovvio che la manifestazione deve diventare annuale... penso alla Germania, dove ho parecchi amici... è chiaro che, con i commenti positivi della stampa, e potendo raccontare come si è sviluppato il lavoro con la classe di Penone, ho le porte aperte... contatto quindi il Goethe Institut di Roma... grazie ai loro suggerimenti, mi rivolgo all'Accademia Weissensee di Berlino, dove vengo ricevuto da Karin Sander che, oltre a essere

20 eventi
Arte contemporanea in Sabina
2006 - 2010

un'ottima insegnate, ha appena ricevuto un incarico presso la prestigiosa università di Zurigo.

Sta a me scegliere le scuole più importanti, dove ci siano studenti di ogni parte del mondo... sono loro, che incarneranno il futuro dell'arte, esportando ovunque ciò che hanno appreso in Europa...

La Sander mi riceve amichevolmente, fino al punto di invitarmi a essere ospite dell'Accademia... in pochi giorni... il gioco è fatto... le piace il progetto, ne discutiamo, e resta deciso che verrà da noi a maggio con i suoi studenti, un buon terzo dei quali sono stranieri, venuti solo per studiare, ma che poi intendono tornare nel loro paese... discutiamo a lungo con

loro sui progetti che pensano di realizzare tra breve in Sabina, e in futuro nei propri paesi in cui torneranno a vivere... e specificamente, cosa vorranno fare in Sabina... rimango sorpreso dalla qualità delle loro proposte, che vanno da una curiosa numerazione di centinaia di mattonelle in uno dei paesi scelti, all'andare in giro in compagnia di un asino, per fargli

vedere le opere degli altri artisti...

Anche quest'anno otteniamo notevole successo... penso che, per le prossime annate, convenga rendere ancora più importante l'evento, invitando artisti italiani, che peseranno poco sul bilancio economico, ma che aumenteranno notevolmente il numero delle opere in mostra, il che attirerà più pubblico, stimolando un maggior numero di visitatori da Roma o da altre parti d'Italia... e inoltre facilitando scambi a tutti i livelli tra artisti stranieri e italiani.

Inizio quindi con l'invitare artisti, amici miei di lunga data, come Ugo Antinori, Mauro Pulcinella, Massimo Achilli, Diletta Boni, Vittorio Fava, Danilo Santilli, Tine Fehr... e altri ancora, spesso suggeriti da questi stessi artisti.

La terza annata è dedicata a Londra, dove vado con piacere, e dove trovo immediata collaborazione, anche grazie alla rinomata scuola inglese di Roma, che collabora totalmente... l'arrivo degli artisti è puntuale, le loro opere attirano molto pubblico a passare un weekend in Sabina, il che conviene a tutti... agli artisti, che così vengono conosciuti, ma anche ai ristoranti e alberghi...

Decido di dare maggiore spazio all'Abbazia di Farfa, antichissimo centro storico culturale che, tra l'altro, ha una antica biblioteca di grande valore... riesco a stabilire un buon rapporto con il priore, con la cui collaborazione do vita a un concorso tra artisti, che presentino progetti di giochi per l'infanzia, realizzabili nel vasto spazio a fianco dell'abbazia...

vengono presentati parecchi progetti, tra i quali l'opera vincente consiste in una scultura, passando sotto la quale i bambini possono rincorrersi, ma anche salirci sopra e giocare col piccolo elefante,

che si trova in cima. Il progetto funziona bene, al punto che, per due anni, si moltiplicano le strutture create da artisti per trasformare uno spazio, finora un semplice prato, in un campo da giochi che, senza volerlo, dà un'idea ai bambini di cosa può essere l'arte...

Nel complesso si può dire che questo Festival, che abbiamo chiamato 20 Eventi, nato solo tre anni fa, si sta sviluppando bene... a Toffia, ad esempio, grazie alla complicità di alcune persone, particolarmente attive, si riesce a utilizzare una vecchia chiesa, semiabbandonata, in spazio per installazioni artistiche e spettacoli teatrali...

Il tutto quindi funziona bene e si continuerà a invitare annualmente giovani artisti dall'estero, con l'impegno di lasciare le proprie opere sul posto... ogni anno quindi, ne aumenterà il numero nei vari paesi... facilitando visite di turisti di ogni tipo, che passeranno un weekend in Sabina... è evidente che molte opere scompariranno, non essendo fatte per restare, ma altre, incise sui muri, nella pietra o cose simili, resteranno per decenni!

Si tratta dunque di individuare il giro turistico più conveniente, per vedere il meglio delle opere nei vari paesi… realizzo e mando in stampa *Le Vie dell'Arte*, rivista con fotografie e testo, italiano e inglese, che viene distribuito negli Istituti artistici più rinomati in Europa… grazie anche all'amicizia con qualche giornalista, appaiono articoli che propongono di pianificare weekend, passando da un paese all'altro, per godersi l'arte contemporanea, proposta interessante anche per turisti di passaggio a Roma.

Per i due anni successivi, arrivano giovani dal Belgio e da Barcellona… che si integrano perfettamente con gli artisti italiani, sempre più numerosi…

Ormai, ho un'equipe di persone che lavorano con me… si incomincia a cogliere i frutti di questa manifestazione… penso che andrà lontano….

Invece… dopo cinque anni di lavoro serio, e ottimi risultati, succede come per AMV… nonostante gli sforzi dell'Assessore Rinaldi, che si dà da fare, e che finora ha collaborato seriamente, mi dicono che non si può più continuare… non si riesce più a trovare i fondi… le province non hanno più potere…

Così, muore un progetto, che avrebbe potuto dare molti frutti

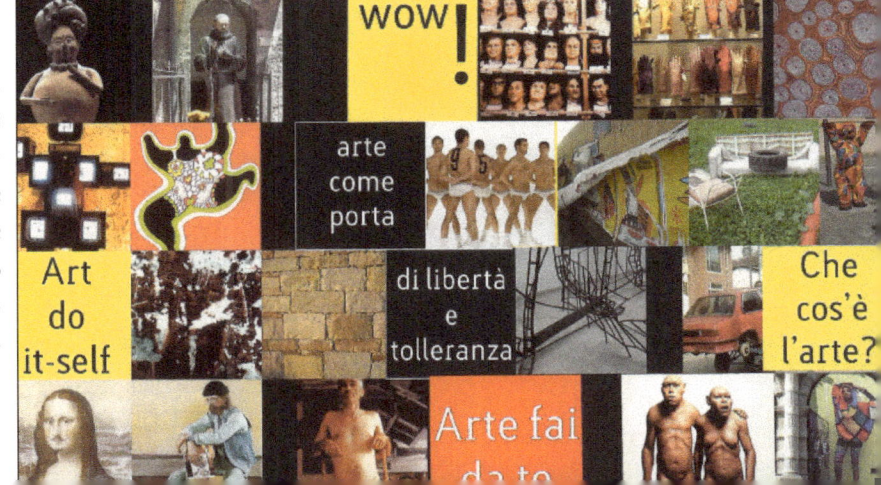

ti... non vengo pagato quanto stabilito per il 2010... un budget che comprendeva non solo il costo degli artisti venuti dall'estero, ma anche quello di tutti i collaboratori, che *per principio* pago immediatamente di tasca mia, tramite l'associazione AMV, sopravvissuta nonostante la fine del Festival Arte Multi Visione... ci è voluta per me un'attesa di ben quattro anni!!! con continue insistenze, per venir finalmente rimborsato!

In questi ultimi anni, in cui sono stato spesso preso da responsabilità non indifferenti, è successo un avvenimento di estrema importanza nella mia vita... a maggio del 2005, Catherine ha l'immensa gioia di diventare mamma di una meravigliosa bambina, di nome Anna, nata in Etiopia,... il suo arrivo nella mia vita e nel mio cuore è fonte di grande gioia...

Tuttora mi rivedo darle il biberon, considerandola in pieno come una figlia, facendola giocare per anni nella casa di Greccio, come avevo fatto per gli altri due figli... portarla spesso a scuola, sia in paese che a Rieti, in tutti gli anni che ha vissuto a Greccio... fare il fuoco insieme a lei, nel camino all'aperto, per cuocere le salsicce che le piacciono tanto... lasciandola però fare un suo piccolo fuoco a fianco di quello grande, se pur con attenzione che non si faccia male, ma capendo che vuole farlo da sola...

Già allora intuivo che ha un forte impulso di creatività... che ama far le cose di testa sua, inventandole come le gira... e come dimenticare il grande piacere che avevo nel portarla a spasso sulle spalle, sia in campagna che per le strade di Parigi, cosa che le soddisfaceva un mondo... che continuò talmente a lungo, al punto che quando aveva già superato i 13 anni... un giorno io per scherzare, le dissi: "Ma guarda, che se ti piacerà ancora, io ti porterò a spalle, anche quando ti sposerai"... *tanto mi sento attaccato a questa figlia...*

Ultimi slanci di vita

Ormai ho ampiamente superato i settant'anni... gli ultimi 15 sono stati faticosi... ho bisogno di riposo... non penso più di inventarmi qualcosa di impegnativo, ma semplicemente di vivere momenti piacevoli... facendo il sunto della vita... incontrando persone simpatiche...

Siccome l'amore per il viaggio, che è stato vera passione per me, è tuttora vivo... mi iscrivo a SERVAS, l'associazione internazionale, i cui soci aprono la propria casa per tre giorni, a confratelli di qualsiasi paese, dopo aver ricevuto lettera dalla persona che vorrebbe essere invitata e a cui hanno risposto che nei giorni scelti sono disponibili... mi piace, perché invece che andare in albergo, dove non conosci nessuno, sei ospite di una persona che condivide il piacere di viaggiare... si vive per due o tre giorni con una persona del posto, che spesso ti fa visitare la città, ti porta in giro, e talvolta, dopo qualche mese ti viene a trovare...

Trascorro così due settimane in Sicilia, ospite di cinque soci SERVAS, a turno, che mi fanno conoscere la Sicilia, assai meglio che se fossi stato da solo.

Sono così soddisfatto di questo modo di viaggiare, che nel 2014, tra febbraio e settembre, vado prima in Israele, poi a New York, città che amo soprattutto in tarda primavera, quando è in piena fioritura ... poi in varie città della Russia... per finire con Vienna... ovviamente anche io ho aperto la casa a vari SERVAS... e buona parte di quelli da cui ero stato ospite, son venuti a trovarmi... nascono amicizie...

Sono tranquillo di non avere più impegni... ma un giorno, passeggiando a Rieti, incontro per strada Aldo Vella, con cui, dopo lo spettacolo che oltre 40 anni prima avevamo fatto insieme, ero restato amico, ma senza frequentarci veramente... il mio modo di vivere si era impegnato in nuove cose, e lui aveva ripreso a mettere in scena spettacoli teatrali, tipicamente tradizionali... chiacchieriamo un poco insieme... mi dice che gli sono stati raccontati gli spettacoli di AMV, ma che non ha potuto vederli, poiché ormai è praticamente cieco... ma che gli han riferito essere stati di gran classe... poi tace un momento... e improvvisamente mi dice: "Sono anziano, sai, posso fare poche cose ormai, essendo cieco... ma ce n'è una, che vorrei fare prima di morire... *uno spettacolo con te... finire la mia vita in teatro*"...
Resto perplesso... le sue parole sono state una botta in testa per me... non riesco a dirgli che sarebbe una cosa difficile, ormai che è cieco... ma in un certo senso mi dico... che io ho la fortuna di non essere cieco... quindi sento che devo fare qualcosa per lui... ma come riuscire a trovare una soluzione?... sento non il desiderio, ma il dovere di fargli questo regalo... ma come fare? sarà difficile... dovrà imparare tutto a memoria... senza vedere l'altro cosa fa... e io?... ho ancora la capacità di inventare uno spettacolo del genere?... se mi decido, deve essere una cosa ben fatta, perché Aldo conosce il mondo del teatro... sa giudicare... devo creare una cosa di alto livello... altrimenti è meglio niente... si sentirebbe preso in giro...
Gli dico che ci penserò... voglio tentare di trovare una idea... nei giorni seguenti mi faccio girare in testa mille ipotesi, e alla fine arrivo a Beckett... forse troppo difficile affrontarlo... ma di colpo mi fermo su di un'idea particolare... *un vecchio attore ripensa ai giorni di gioventù, quando per un mese intero recitava in teatro un testo di Beckett... ora tenta di ricor-*

dare... *immagina di ritrovarsi in teatro... fa degli errori... li corregge...*

Mi piace l'idea... è appropriata alla situazione di Aldo... quindi può essere realizzabile... allora mi tuffo con tutta la mia energia... sarà forse l'ultimo sforzo in vita mia... ma se mi tuffo, deve essere fatto bene... ci ripenso continuamente per tre giorni... poi decido: ecco il titolo: *Ultimo atto... ricordando Beckett...*

Scrivo il testo, e lo recito in sua presenza, registrandolo in modo che, ascoltandolo varie volte, lentamente riuscirà a impararlo... facciamo un anno intero di prove... Aldo lavora con pazienza... il risultato è grandioso... sala zeppa per tre giorni consecutivi...

Sono proprio soddisfatto di esser riuscito a fargli il regalo che desiderava... momento generoso, e bello della vita...

Poi giorni di riposo... ma avendo preso gusto a creare questo spettacolo, mettendoci tutta la mia energia, mi viene l'idea di fare di nuovo qualcosa di serio... scrivere un libro?... perché no?...

mi è inusuale passare giornate vuote... penso sempre a mille cose... ipotizzo di scrivere tutto ciò che mi passa in testa in una giornata... nasce così *Una giornata fatta di...* libro su cui ho lavorato almeno per un anno... *come trascorre una giornata Ka, che de facto sono io, col nome che si rifà a Kafka... uno dei miei scrittori preferiti.*

E' il racconto di una giornata, da quando Ka si sveglia... esce dai suoi sogni, inizia gli esercizi che fa per tenersi in forma il corpo... poi una passeggiata in campagna, per sentire quanto il suo corpo sia simile a un misero granello di natura... via via fino alla sera, quando entra in cantina, dove ha l'abitudine di "incontrare" i suoi scrittori e artisti preferiti...

Lungo la giornata, Ka cade in continui ripensamenti... la poesia... la sacralità... il lavoro... il tutto sempre nella consapevolezza della piccolezza umana... quindi la dura lotta di molti per diventare capi, prendere il potere, schiacciare i deboli... ecco perché i più fanno la guerra... poiché se uno vince, sta dalla parte dei più forti... quindi vale la pena tentare... e Ka rivede la battaglia di Beresina, col trionfo di Napoleone, dal cui carisma migliaia di francesi sono ancora ammaliati... hanno creato vari club, gemellandosi con altri in Europa... per giocare a rifare la battaglia ogni x anni... si allenano per mesi, lustrando stivali e dando grasso a cavezze, per partecipare alla battaglia... giornate che considerano infinitamente più eroiche da vivere, combattendo per l'imperatore corsicano, che la bieca e monotona vita di impiegato comunale, dove si annoiano ogni giorno, con solo scartoffie balorde in mano...

Alberto Tessore

UNA GIORNATA FATTA DI ....

Quando ho ritenuto il libro maturo per andare in stampa, ho voluto inserire in prima pagina un breve testo di Omar Khayyam, che amo e

che condivido in pieno:
il vasto mondo: *granello di sabbia nello spazio*
l'intera scienza che ci è nota: *parole*
i popoli, gli animali, i fiori di ogni clima e regione: *ombre*
il risultato della meditazione: *il nulla*

Mi ha fatto bene lavorare così a lungo sul libro, senza una vera scadenza... senza una finalità particolare... per il piacere di farlo... non ho bisogno dei quattro soldi che potrei eventualmente guadagnare se trovassi, con molta fatica, un editore... la minima pensione che ho mi è sufficiente, visto che non ho da pagare l'affitto, avendo casa mia...
Penso allora di inventare qualcosa di nuovo... giocando con le migliaia di foto che ho in casa... semplicemente per il mio piacere... mi diverto a sviluppare situazioni simili ai tanti spettacoli visti quando era il tempo di AMV... allora lavoravo seriamente, con il piacere di farlo, ma anche

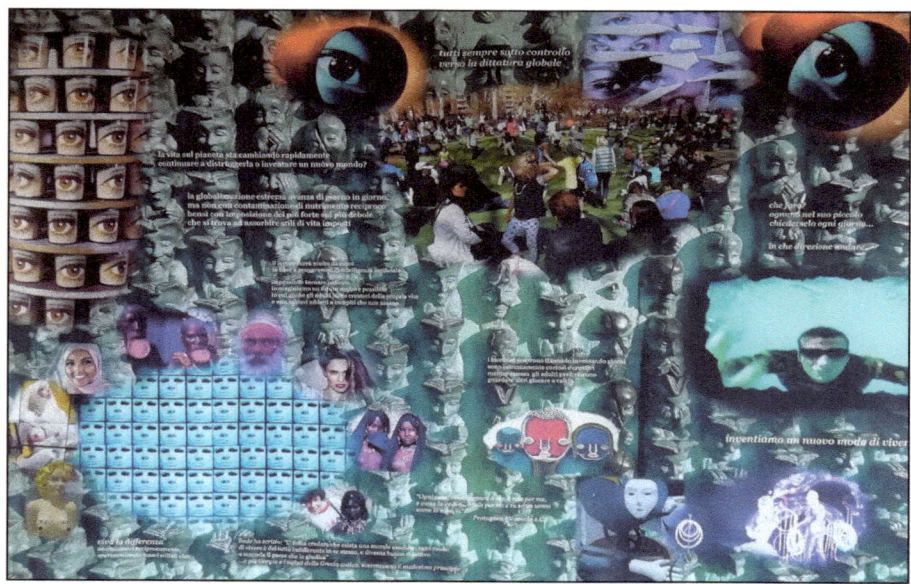

con la responsabilità che tutto funzionasse in base ai tempi stabiliti... ora si tratta di un puro piacere, che aiuta però a comprendere il senso della vita... cosa che rincorro da sempre... cercando di approfondire *domanda e risposta*... Nascono così cilindri, piramidi ed altri oggetti e spazi fatti di diapositive...

Mi faccio aiutare dall'amico Ubaldo, che è bravissimo a manovrare il computer, mentre io sono una scarpa rotta... ma quando proprio ci tengo, per un lavoro che mi piace, riesco a imparare... e il risultato allora è buono... e mi diverto... senza volerlo, rientro nel mondo dell'arte, e anche bene... essendo amico di Mauro Pulcinella, un artista che organizza mostre a Narni, partecipo anche io, per ritrovarmi con gli amici...

Poi viene il COVID... non si può uscir di casa... devo in qualche modo occupare le giornate... avendo imparato, grazie a Ubaldo, sufficientemente bene a gestire il

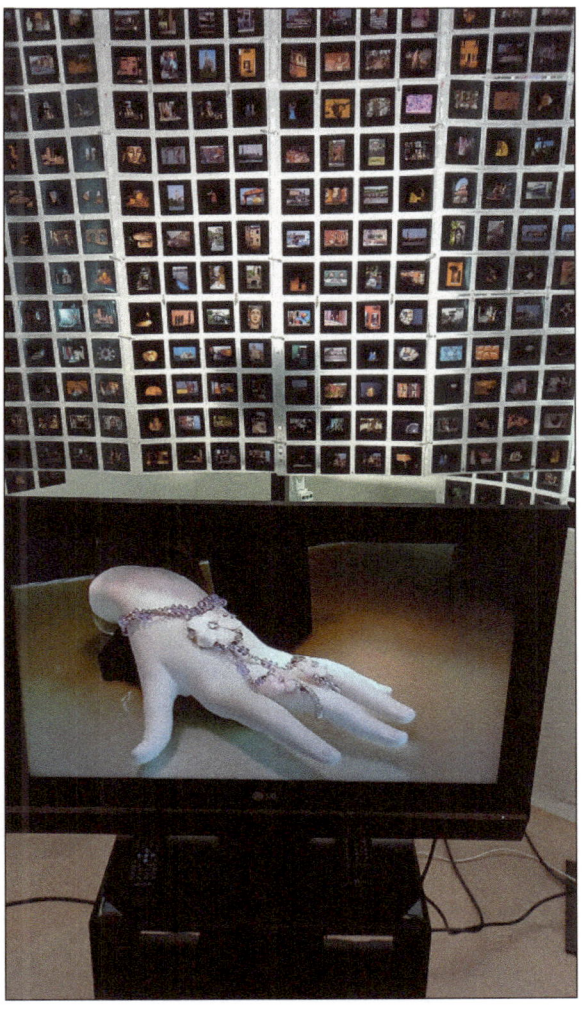

computer per questa specifica necessità, decido di fare un libriccino, divertendomi a costruire immagini, con brevi testi sull'andamento, più o meno balordo, della vita... piccoli ripensamenti... forse anche suggerimenti, di come si potrebbe vivere un po' meglio... se non si fosse troppo avidi di denaro, e di potere... ne risulta HOMINI[1], che ho fatto stampare, per regalarlo agli amici.

---

1 *https://issuu.com/alberto.tessore/docs/hom_ni*

alberto tessore

homìni
con cervellone

miliardi di stelle...
chi governa le loro orbite?

Who

Where **When**

Why **What**

chi siamo ?

omuncoli
intelligentoni
astronauti
microbini
filosofi
guerrieri
schiavi
poeti

**vasto fiume della vita che scorre
e noi ne facciamo parte
milioni di puntini fluttuanti
alla deriva**

*passo dopo passo
alla continua ricerca
e poi...improvvisamente
goccciolina di rugiada
offre la risposta*

1

virus virus virus virus virus virus virus virus covid covid corona virus

da vari mesi non si parla che del virus /
pensando che il pianeta potrebbe
diventare in poco tempo come
ora è Chernobil, ho pensato
di scrivergli una letterina

Greccio, 20-5-2020

Caro Corona virus

metà dei sapiens bloccati in casa da te / hai causato gravissimi problemi e fatto
morire molte persone / capisco che anche tu sei trasportato dal vasto fiume,
vivendo la tua normale vita da virus / desidero però dirti che nonostante il disastro,
è positivo che ci stai costringendo a ripensare a vie di uscita, per non sprofondare
nel baratro: il rischio di perire come i neanderthal / tu te la caverai molto meglio /
sapete gestire il futuro voi / personalmente ho approfittato della solitudine per
ripensare a me stesso in lunghi soliloqui / non potendo incontrare persone ,
sono entrato in sintonia con la vita vegetale e animale, elaborando nuove idee /
ho anche trovato il tempo di fare questo libricino / tu mi dirai: a cosa serve, se altri
più bravi di te hanno già scritto cose simili? / e hai ragione, ma è servito a me, e forse
sarà utile a qualcun altro
ti prego di stare tranquillo adesso, almeno per lasciarci fare le vacanze
con un caro saluto...
sperando però di non incontrarti

23

bellezza

cos'è la poesia?
già Platone se lo chiedeva

mi sai dire, Socrate, come fai a distinguere
le cose belle da quelle brutte?
mi sai dire cosa sia la bellezza?

per l'amore dei poeti
porte aperte della morte sull'infinito
scriveva il caro Dino, che ha diritto alla nostra commozione
essendo morto in un centro psichiatrico, percorrendo il tunnel
della solitudine e della follia
che la sola ragione di vivere è amare
in quanto la nostra testolina ha addobbato di poesia
il banale atto riproduttivo

cos'è l'arte?

ciò che è stato deciso essere arte... come hai
imparato a scuola / penso invece che sia soprattutto
il momento magico in cui entri in un mondo
inebriante, misterioso / provocato dalla vista di
un quadro, una scultura, dall'udire una musica,
una poesia... l'arte è vitale, nell'istante in
cui la vivi / altrimenti è cosa morta / prende vita
se si sviluppano vibrazioni segrete...

poesia

là où tout se ressemble
là tout est en ordre - c'est la mort

et là où tout est bizarre
tout mélangé - c'est la vie
C.Bobin

se tutto
è arte
perchèfare
arte?

io
dubito

is this
art?

Ben

37

Poesie è il mio ultimo libricino, pubblicato mesi or sono, facendo una scelta tra tante poesie scritte negli ultimi 30 anni… e lasciate in cassetti e fascicoli spersi nel mio studio…

Il mio mondo è proprio quello… testi che tentano di decifrare un mondo… alle volte testi brevi, che ti fan volare in cielo… vagando nel mondo della poesia… che tocca in profondità…

ora navigo solitario nel mondo della poesia

ora navigo solitario nel mondo della poesia

ora navigo solitario nel mondo della poesia

ora navigo solitario nel mondo della poesia

ora navigo solitario nel mondo della poesia

ora navigo solitario nel mondo della poesia

ora navigo solitario nel mondo della poesia

ora navigo solitario nel mondo della poesia

ora navigo solitario nel mondo della poesia

ora navigo solitario nel mondo della poesia

ora navigo solitario nel mondo della poesia

navigo solitario nel mondo della poe

igo solitario nel mondo della

solitario nel mondo dell

itario nel mondo

tuffarmi in mare
con rischio di scogli in tempesta
tra mostri marini e sirene

minuto dopo minuto
si sfilaccia la vita che ci è concessa

scivolando nel fango
dove solo la poesia
aiuta a risalire
ritrovando la luce

arcano ribollire di vita
nel ventre di Venere

canti notturni
di poeti millemari
con eco in coro

stelle immobili luminose
a inebriare gli amanti

i mille fiori... margherite... viole... jacaranda
a giocare tra nuvole vaganti

Alberto Tessore

Poesie

Brevi poesie, alcune scritte 30 anni fa,
altre molto più recenti...
alcune riflettono semplicemente
un momento di gioia... o di tristezza...
altre cercano di approfondire il senso della vita,
tematica che fluisce nel mio sangue,
da quando ho 18 anni

J'aime à voir
qu'à mon âge
je peux encore
m'amuser
avec
toutes
les
couleurs
de
l'amour

FONTE DELLA VITA

La misteriosa fonte della vita...
origine del tutto...
arcobaleno di stelle lontane
incastonate in cielo
dove i poli si incontrano
si scontrano
scoppia l'energia
incontro degli opposti
dualità della vita
dove si sviluppa l'universo delle creature

Scomporre il corpo in membra surreali
vaganti in prati stellari
superando i limiti quotidiani
le barriere della pelle
la prigionia degli arti

parlami ancora con labbra socchiuse
di quando nel nostro spazio segreto
sgorgava linfa vitale
misteriosamente divinizzata
devotamente auscultata

L'albero parla...
ascolta l'albero che parla
fiori, pietre, muschio, conchiglie, arcobaleni
misteriosi segreti ovunque ti giri

e noi homìni... in ginocchio
supplici in preghiera

ai piedi del mitico triangolo
fonte di vita

triangolo divinizzato
di fronte al quale
si prega il sorger della vita
buco nero nel cosmo

due corpi abbracciati
fusi nell'atto d'amore
adoranti il dio della vita

petali cadono lentamente da fiori di loto
mentre ammiro l'universo con occhi rinati
terra e cielo insieme in un abbraccio
mirando lo spazio stellare

e osservo nello specchio iridato
il mio corpo
assumere forme dilatate astrali
catapultate verso mondi ignoti

mentre sgorga rugiada dalla pelle
in gocce traboccanti nel lago di cristallo
dove appare riflessa la montagna sacra
del mitico Kailash*
origine del mondo

ere geologiche che si sfanno
e rifanno a occhi chiusi

mentre mi inoltro tra le vene del pianeta
avverto mani insinuarsi tra le rocce...
radici arboree infiltrarsi ovunque...
respiri e sussulti di vite nuove
occhi veggenti e ciechi
mani incastonate
in future fratture del pianeta

* Montagna dell'Imalaia, considerata sacra agli in-duisti, essendo considerata
la sede del dio Shiva.

Postfazione

Ecco questo ultimo libro... in cui ho rivissuto situazioni in maniera talvolta così intensa, da avere lacrime agli occhi.... pagine che raccontano come ho vissuto... prima di dare l'addio... che è ormai l'ora di darlo... Gli anni sono tanti... l'energia diminuisce... la memoria se ne va... Viaggiando spesso da solo, mi sono abituato a chiudermi in me stesso... mi fa piacere che qualche granello, seminato da me, sia germogliato... penso a Toffia, paese della Sabina, che ha fatto culturalmente un primo passo durante la mia manifestazione 20Eventi, e ora, col nome di 33 Officina Creativa, presenta, ogni sabato, serate culturali di ottimo livello...
Penso anche al campo giochi all'abbazia di Farfa... con l'elefantino sulla grande scultura, con cui i bambini giocano... ormai da più di 15 anni... mi fa piacere saper di aver lasciato qualcosa, a contatto con l'arte, che è diventato fonte di giochi per bambini...

L'aver scritto questo libro, ha messo in luce quanto sia cambiato il mondo in 60 anni!!!
Comprensibile, quindi, il suggerimento di Catherine e Dorian nello spingermi a farlo... ho raccontato il mondo di allora, soprattutto l'India del '58-'59, quando io avevo 21 anni... un mondo che in gran parte non esiste più...

Ho cercato di comprendere cosa ha lasciato in me l'India... e, via via, chiedermi perché ho cambiato continuamente stile di vita... alla ricerca... di qualcosa che non so definire....
Il Qutab Minar e altri splendidi capolavori, sono ormai noti a tutti, essendo meta di continui gruppi turistici in India... mentre allora furono una vera sorpresa per me... il turismo non esisteva... si viveva

cercando di riparare i disastri successi nel mondo durante la seconda guerra mondiale... gli imperi coloniali francesi e inglesi erano in via di scioglimento, spesso con guerre in atto...

Oggi il turismo invade il mondo... gruppi di Peruviani si mettono in posa vestiti all'antica, per farsi fotografare, e ricevere quattro soldi, ridicolizzando culture ormai morte...
Migliaia di Cinesi son convinti di poter conoscere la Francia o l'Italia in 15 giorni, fotografando a casaccio, mettendosi in fila per farsi un selfie a fianco di un quadro, in modo da far sapere agli amici che sono proprio andati a Parigi a vedere Leonardo...
E' cambiato anche il rapporto con la sessualità... ricordo la mia sorpresa arrivando a Khajuraho... all'epoca, non circolavano immagini erotiche e l'unico luogo dove si vedevano fotografie di donne seminude, era il barbiere... mentre oggi, basta cliccare in internet KHAJURAHO e, pur senza alcuna conoscenza della cultura e delle religioni indiane, appare una sequenza di foto, che mettono in mostra le più complesse posizioni di atti sessuali....

Certamente gli otto mesi vissuti in India, hanno contribuito a formare il mio modo di vivere... perfino ora, a più di 60 anni di distanza, mi rimbomba in testa la disperata cantilena di quei due bimbi indiani... *no papi, no mami, I am angry, please give me bread*... cosa che mi ha talmente marcato, che tuttora mi è impossibile gettare del cibo... se a pranzo non finisco un piatto, lo tengo per la sera, o per il giorno dopo... sovente rivedo quei bambini affamati... da cui ho imparato a comprendere cosa significhi la povertà estrema...

Amo ormai vagare nel mondo della poesia... talvolta riguardando i mille oggetti della mia stanza, ognuno dei quali mi ricorda un'avventura... mi piace sentirmi sperso tra nuvole e stelle in cielo... o nella slabbrata corteccia di un albero... più grave sentirmi sprofondare in abissi oscuri... Conscio di essere ignorante in tanti settori, ho l'impressione di scoprire cunicoli segreti per volare... a occhi chiusi... ma come se fossero spalancati tra le stelle...

Milton Keynes UK
Ingram Content Group UK Ltd.
UKHW050410210724
445438UK00008B/35